# ALLMENDE

· Nummer 44 · 15. Jahrgang · 1995 ·



Herausgegeben von

Hermann Bausinger
Manfred Bosch
Leo Haffner
Adolf Muschg
Matthias Spranger
Martin Walser
André Weckmann

EDITION ISELE

Gedruckt mit Unterstützung des Stuttgarter Schriftstellerhauses e.V. aus Mitteln des Ministeriums für Familien, Frauen, Weiterbildung und Kunst Baden-Württemberg sowie des Kulturbeirates der Regierung des Fürstentums Liechtenstein

ALLMENDE Nr. 44, 15. Jahrgang, 1995
Redaktion dieser Nummer: Ralph Kellenberger
BILDNACHWEIS
Umschlagmotiv: Georg Malin, A-Würfel, Polierter Chromstahl, 33 x 33 x 33 cm
ALLMENDE erscheint halbjährlich als Doppelnummer im Umfang von je rd. 260 Seiten. Bestellungen in jeder Buchhandlung und beim Verlag. Das Doppelheft kostet DM 30.-/SFr. 30.-/S 234.-/FF 100.-. Das Abonnement ohne Porto (jährlich zwei Doppelhefte) kostet DM 53.-/SFr. 53.-/S 413.40/FF 185.-

Manuskripte bitte ausschließlich an: Redaktion ALLMENDE, Manfred Bosch, Lenbachstr. 30, D-79618 Rheinfelden (Tel. 07623/6791) erbeten. **Unaufgefordert eingesandten Manuskripten bitte unbedingt Rückporto beilegen.**
Alle anderen Zuschriften bitte an: Edition Isele, Heidelstr. 9, D-79805 Eggingen (Tel. 07746/91116, Fax 07746/91117).

Es gilt die Anzeigenpreisliste vom 1.1.1994
ISSN 0720-3098
ISBN 3-86142-052-X

# Inhalt

# Einleitung

> Wenn wir Deutschen nicht aus dem engen Kreise unserer eigenen Umgebung hinausblicken, so kommen wir gar zu leicht in... pedantischen Dünkel.
>
> *Goethe*

»Als man in Buchenwald...den Wald zu roden begann, um dort für die Bewohner des Konzentrationslagers eine Küche südlich, eine Wäscherei nördlich einzurichten, ließ man allein die Eiche stehn; die Eiche Goethes... An dieser Eiche gehen jeden Tag die Insassen des Konzentrationslagers vorbei; das heißt: sie werden dort vorbeigegangen... An der Eiche, unter der Goethe mit Fr. v. Stein gesessen ist und die dank dem Naturschutzgesetz noch wächst, ist bis jetzt, meines Wissens, noch kein einziger der Insassen des Konzentrationslagers ›angebunden‹ worden; vielmehr an den andern Eichen, an denen es in diesem Wald nicht mangelt.« Das Manuskript, aus welchem diese Sätze entnommen sind, trägt das (von fremder Hand hinzugefügte) Datum 22. Mai 1939; es stammt von Joseph Roth, entstanden einen Tag vor seinem Zusammenbruch, fünf Tage vor seinem Tod.[1]

Das bewegende Dokument kann auch Zeugnis davon ablegen, wie die Geschichte in die kulturelle Entwicklung »eingegriffen« hat – in die Entwicklung Deutschlands, des deutschsprachigen Raums überhaupt. Vor diesem Hintergrund mag es verständlich und notwendig zugleich sein, den schillernden und bereits etwas abgegriffenen Begriff der Identität ins Zentrum zu rücken. Denn Identität demonstriert nach David J. de Levita vor allem, wie man sich in der Welt einrichtet. Daß es sich dabei kaum um die nationale Komponente handeln kann, verdeutlichen bereits die historischen Belastungen. Doch auch Identität ist nicht wertneutral. Sie wird nicht zuletzt durch Sprache markiert, welche wiederum mehr bedeutet, als es für die reine Kommunikation erforderlich wäre. Wenn man Luhmanns These folgt, soziale Systeme bestünden nicht aus Handlungen, sondern aus Kommunikationen, ist in letzteren das Resultat der Verständigung in konkreten Interaktionssituationen zu sehen. Genauso ließe sich auch Identität »festlegen«: als Ergebnis eines dynamischen Verständigungsprozesses, basierend auf einem gemeinsamen Nenner.[2] Die Diskussion ist dann vordringlich, wenn das Gemeinsame nicht (mehr) als selbstverständlich erfahren wird – eine Annäherung dazu ist an einer internationalen Tagung versucht worden, welche unter dem Titel »Identität im deutschsprachigen Kultur- und Medienraum» vom 27. bis 29. April 1994 in Schaan, Fürstentum Liechtenstein, durchgeführt wurde.

Diese »Allmende»-Sondernummer enthält die schriftlich vorliegenden Referate, Autoren- und Diskussionsbeiträge der vom Kulturbeirat der Regierung des Fürstentums Liechtenstein und der Peter Kaiser Stiftung Vaduz in Zusammenarbeit mit dem Deutschen Kulturrat, dem Österreichischen Kulturrat und dem Schweizer Musikrat veranstalteten Tagung. Die Idee zu diesem Anlaß ist im Umkreis der Kulturräte entstanden. Diskussionen an anderen Veranstaltungen haben 1992 den Wunsch nach einer Intensivierung des kulturpolitischen Dialogs unter den deutschsprachigen Ländern und Gebieten erkennen lassen. Es lag nahe, sich zunächst der Identitätsthematik zu widmen. Dafür konnte der Kleinstaat Liechtenstein das optimale Forum anbieten, wie Andreas J. Wiesand in seinem Tagungsbeitrag erklärte: »Ich stelle mir Liechtenstein vor diesem Hintergrund als einen solchen offenen Raum vor, der für den künftigen kulturpolitischen Dialog von Vertretern aus dem ganzen deutschsprachigen Raum besonders gut geeignet erscheint... Spätestens seit der Einigung müssen sich die Deutschen darüber im klaren werden, daß es gerade für ein großes... Land wichtig ist, daß es sich nicht abkoppelt, nicht Partnerschaften nur im eigenen Interesse mit gleichermaßen ›Mächtigen‹ sucht, sich vielmehr gleichberechtigt mit kleineren Ländern an einen Tisch setzt.« Die dreitägige Veranstaltung, an der rund 50 Kulturpolitiker, Kunst- und Medienschaffende sowie Wissenschaftler insbesondere aus Deutschland, Österreich, der Schweiz, Luxemburg, Liechtenstein, aus dem Elsaß und Südtirol teilgenommen haben, bezweckte vor allem, den Gedankenaustausch zu fördern, nach Gemeinsamkeiten zu fragen – was im Kulturraum im Gegensatz zum Staat ohne Rückgriff auf die kollektive Symbolik möglich sein dürfte – und die kulturpolitische Zusammenarbeit auszuloten. Wichtiges Anliegen war es, die Ambivalenz von Identität zu thematisieren. Identität hat sowohl eine Innen- als auch eine Außenseite; sie hat mit Abgrenzung und mit Grenzüberschreitung (Öffnung) zu tun. Offensichtlich gibt es mehrere Außenseiten: solche, die über die Sprachgrenzen hinweg wirken, und solche innerhalb des Kulturraums – gerade des deutschsprachigen Kulturraums. Daß dieser durchlässig, porös ist und gelegentlich an den Rändern auszufransen beginnt, kann durchaus auch positiv bewertet werden.

Wenn Identität mit Vorstellungen, vielleicht Stereotypen, zu tun hat, sollten sich diese auch vorstellen lassen. In einleitenden Statements einer Gesprächsrunde, die zu eigentlichen Vorträgen geworden sind und in dieser Nummer wiedergegeben werden, wurden die »Sichten« aus Luxemburg, dem Elsaß, Südtirol und Liechtenstein präsentiert. Während Mars Klein Luxemburgs Dreisprachigkeit zwischen deutschen und französischen kulturellen Einflüssen betonte, wobei in Sprache und Literatur ein Trend zum Letzeburgischen festzustellen sei, berichtete André Weckmann, daß nurmehr ein Fünftel der Bevölkerung die elsässische Sprache verstehe. Allerdings seien erste Erfolge eines Rückeroberungsprozesses zu verzeichnen. Weckmann meinte in seinem Referat, welches in dieser »Allmende«-Ausgabe durch einen Text von Emma Guntz ergänzt wird, die Mischkultur am Oberrhein könnte modellhaft sein. Leonhard Paulmichl konstatierte positive Auswirkungen auf die deutschsprachige Literatur, welche dem Einsatz der Südtiroler in jüngster Zeit zu verdanken seien. Für Alt-Regierungschef Hans Brunhart lebt die liechtensteinische Identität von der Begegnung und braucht das Grenzerlebnis. Die geographische Lage sei für diesen Kleinstaat ein wichtiger Faktor, sowohl politisch wie auch kulturell.

Die Tagung eröffnete Hermann Bausinger mit einem Grundsatzreferat, in welchem er auf die Ausweitungstendenz von regionaler (über nationale) zu globaler Identität verwies. Gebrauch und Sinn des Begriffs Identität seien eben nicht identisch. Eine volle Beurlaubung vom räumlichen Charakter von Identität könne es nicht geben. Der Frage »Deutschsprachiger und/oder mitteleuropäischer Kulturraum?« stellten sich in einem Streitgespräch Günther Schatzdorfer – er strich die Überlagerungen verschiedener Kulturen hervor und bezeichnete den Bastard als lebensfähiger – und Manfred Buhr, der kurzfristig für den erkrankten Reinhart Koselleck eingesprungen war. Während Robert Menasse den schwierigen Suchprozeß Österreichs, welcher, bezogen auf die Identität, eher folkloristisch bestimmt gewesen sei, veranschaulichte, sprach Andreas J. Wiesand von einem Gewinn im kulturellen Bereich durch die deutsche Wiedervereinigung. Die kulturelle Kooperation könne generell mithelfen, mögliche Konfrontationen zu überwinden. Ein Plädoyer zugunsten des für das Menschwerden existentiellen Verständnisses für Widersprüche in der Identität enthielt der philosophische Vortrag von Jeanne Hersch. Durch Veränderungen in unserer Welt seien wir selber zu Emigranten geworden. Ralph Kellenberger setzte sich unter dem etwas provozierenden Titel »Kulturelle Identität – muß das sein?« u.a. mit den Unterschieden in Mentalität und politischer Kultur auseinander und brachte insbesondere schweizerische Erfahrungen ein. Daß Identität nur partiell, phasenweise »auftritt« und erlebt wird, werde sich für die kulturpolitische Zusammenarbeit unter Umständen als vorteilhaft erweisen. – In der abschließenden Podiumsveranstaltung wurden insbesondere Medienfragen fokussiert. Es war dies der Versuch, in der Diskussion historische Belastungen zu »überwinden« und einen Blick nach vorne zu tun – in eine Zukunft (und Gegenwart), die sich mit neuen, anderen Problemen und möglicherweise Belastungen artikuliert.

Einen bedeutenden Akzent setzte zudem eine öffentliche Lesung im Theater am Kirchplatz (Schaan) mit (hier ebenfalls abgedruckten) Texten von Evi Kliemand, Jochen Kelter, Roger Manderscheid, Robert Menasse und Günther Schatzdorfer. Darin wurde ein durchaus persönlicher und unerwarteter Zugang zur vielschichtigen und komplexen Problematik demonstriert. Gerade literarische Werke vermögen oft mittels der Waffe der Ironie die starren Grenzen des Zwangs zu lösen und durch menschlichere, beweglichere zu ersetzen: »Wir brauchen eine ironische Identität, frei vom Zwang, sich ständig unter Beweis stellen zu müssen, aber auch vom Wunsch, sich selbst zu überwinden... Die beste Art, sich vom Zwang zur Identität zu befreien, ist immer noch, sie als einen vorläufigen Annäherungswert zu akzeptieren«, meint Claudio Magris.[3] – Dem Herausgeber bleibt die angenehme Pflicht, dem Kulturbeirat der Regierung des Fürstentums Liechtenstein und der Peter Kaiser Stiftung Vaduz für die Unterstützung bei der Drucklegung der Beiträge und Gesprächsergebnisse zu danken – beide Institutionen hatten bereits die Durchführung der Tagung finanziell ermöglicht.

Ob wohl ein diskursfähiges Kulturbewußtsein im anvisierten Raum bereits existiert? Ein solches würde die staatlichen Grenzen nicht bloß wegen der Sprache überschreiten, sondern vor allem, weil es universell angelegt ist: »Universalität ist eine Frage der Ausrichtung und nicht der quantitativen Totalität.«[4] Es mag nützlich erscheinen, den Begriff der Citoyenität hier einzubeziehen, für den es bezeichnenderweise kein deutsches Äquivalent gibt. Dieses Konzept liefert kein Harmoniemodell, aber ein »Bindemittel« für die von ihren Bürgern geformte Gesellschaft. Vielleicht müßten dessen verfassungsrechtliche (basierend auf den Bürgerrechten von 1789) und soziale Dimensionen durch eine weitere Komponente ergänzt werden: die kulturpolitische. Wilhelm Schmid plädiert in diesem Zusammenhang für eine parrhesiastische Gesellschaft, welche das freie Artikulieren und Mitgestalten garantiert und den echten Dialog sucht über das, was uns gemeinsam wichtig ist – ohne vollständige Übereinstimmung anzustreben.[5] Die Emotionalisierung der Politik manifestiert sich nicht zuletzt im Suchen nach Identität. Daß diese vielleicht eine Fiktion bleibt, heißt noch nicht, sie sei überflüssig. Das Identitätsverlangen kann wesentlich dazu beitragen, den Prozeß, die gesellschaftliche Entwicklung in Gang zu halten; »denn die Menschen machen nicht nur Erfahrungen, sondern sie haben auch Erwartungen – auch das gehört zur Vorläufigkeit und Nichtvollendbarkeit der Geschichte«.[6]

Bendern, Sommer 1995 Ralph Kellenberger

**1** Joseph Roth: Die Eiche Goethes in Buchenwald. In: J. Roth: Orte. Ausgewählte Texte. Leipzig 1990. S. 279f. **2** Jens Loenhoff: Kultureller Pluralismus, grenzüberschreitende Kommunikation und das Problem europäischer Integration. In: Michael Zöller (Hrsg.): Europäische Integration als Herausforderung der Kultur: Pluralismus der Kulturen oder Einheit der Bürokratien? Essen 1992. S. 202-206, hier S. 203. **3** Claudio Magris: Wer steht auf der anderen Seite? Grenzbetrachtungen. Salzburg 1993. S. 21f. und 24. **4** Hugo Loetscher: Kultur als Spannungsfeld. In: Suchbild, Silhouette, Sagome. Zürich 1989. S. 47-53, hier S. 49. **5** Wilhelm Schmid: Was geht uns Deutschland an? Frankfurt am Main 1993. S. 176ff.: »Je weniger die Individuen sich äussern und miteinander sprechen, um so mehr sind sie beherrschbar« (S. 182). **6** Georg Bollenbeck: Bildung und Kultur. Glanz und Elend eines deutschen Deutungsmusters. Frankfurt am Main 1994. S. 312.

*Hermann Bausinger*

# Identität im deutschsprachigen Kultur- und Medienraum

*Identität* ist in den beiden letzten Jahrzehnten zu einem Modewort geworden. Dies heißt aber nicht, daß mit dem baldigen Ableben zu rechnen ist – es gibt bekanntlich sehr stabile Moden. Und es bedeutet auch nicht, daß es sich um etwas völlig Neues handelt – Moden sind häufig eine Form des Recyclings.

Daß das Wort Identität und das damit verbundene Problem nicht erst am Ende des 20. Jahrhunderts eine Rolle zu spielen beginnt, mögen zwei kleine Geschichten bezeugen, die in meiner Heimat viel erzählt und dort auch lokalisiert wurden, bei denen es sich aber wahrscheinlich um Wanderanekdoten handelt:

Der Schultheiß eines kleinen Orts erhielt eines Tages eine Anfrage aus dem Ministerium, seiner vorgesetzten Behörde: Man interessiere sich für einen Xaver Maier, geboren am 31. August 1867; man habe festgestellt, daß ein Mann dieses Namens in dem betreffenden Dorf lebe, und man bitte den Bürgermeister, zu überprüfen, ob selbiger Mann *identisch* sei. Der Schultheiß antwortete, der in seinem Dorf lebende Xaver Maier sei amtsbekannt als arbeitsscheues, versoffenes Subjekt und habe einen schlechten Leumund; ob er auch *identisch* sei, könne er nicht sagen, aber zuzutrauen wäre es ihm.

Die zweite Geschichte handelt von einem Bauer und Fuhrmann, der mehrmals in der Woche mit seiner Kutsche in die benachbarte Großstadt fuhr. Die Pferde kannten den Weg, so daß es nichts schadete, wenn er unterwegs einnickte, und nach der halben Strecke machte er regelmäßig eine Pause und schlief auf dem Kutscherbock für ein Viertel- oder auch ein halbes Stündchen. Eines Tages wachte er auf – und sah keine Pferde. Er rieb sich die Augen und sagte dann bedächtig: »Bin i's oder bin i's net? Bin i's, hent se mir meine Gäul gstohla; bin i's net, han i a Wägele gfonda.«

Das Wort Identität kommt in dieser Geschichte nicht vor, aber zweifellos ist auch dies eine – sehr philosophische – Anekdote um das Problem der Identität.

Ein Vergleich der beiden Geschichten zeigt, daß die Bedeutung nicht einheitlich ist – der Gebrauch und der Sinn des Worts *Identität* ist nicht identisch. Es gibt eine präzise amtliche Definition, die bürokratisch geforderte Identifikation des Einzelnen, wie sie sich in der Existenz von Ausweispapieren (*pièce d'identité, identity card*) niedergeschlagen hat. Und es gibt Identität als subjektive Befindlichkeit, als Gefühl der Übereinstimmung mit sich und der Welt. Identität ist im Prinzip immer individuelle Identität; aber sie braucht das positive Echo der jeweiligen Umgebung und orientiert sich an Bezugsgrößen, die auch für andere wichtig sind. Insofern ist die individuelle Identität stets verflochten mit – weniger genau erfaßbaren und oft sehr komplexen – kollektiven Identitäten.

Die Kutschengeschichte macht deutlich, daß das Problem der Identität weit unterhalb der Frage nationaler, ethnischer, regionaler Zuordnungen anfängt. Sie zeigt aber auch, daß die Frage der ganz persönlichen Identität oder Nichtidentität nicht zu lösen ist aus sozialen und kulturellen Zusammenhängen. Die Identität des Mannes auf dem Kutscherbock ist, unter anderem, definiert durch seinen Beruf, seinen Besitz, die Pferde – sind sie weg, ist er nicht mehr er selber. Und auch das zeigt die Geschichte, daß die Frage der Identität immer dann aufgeworfen wird, wenn sie schon in Frage steht. Das gilt generell; der Wiener Philosoph Rudolf Burger formulierte, das Wort Identität sei »eine Sehnsuchtsparole und eine Verlustanzeige zugleich«.[1] Daß so viel von Identität die Rede ist, dürfte ein Zeichen dafür sein, daß selbstverständliche Identität, das Eingebettetsein in überschaubare und feste soziale Bezüge, die undiskutierte Zugehörigkeit zu einer Familie, einer Gruppe, einer lokalen Lebenswelt, einer Region immer problematischer geworden sind.

Das Geflecht, aus dem Identitäten gewoben sind, ist immer komplizierter geworden. Und es erscheint weniger haltbar, weniger fest. Es gibt mehr Optionen und mehr Problematisierungen. Steigende Scheidungsziffern und die Indices wachsender Mobilität machen in gleicher Weise deutlich, daß Identität nichts selbstverständlich und ein für alle mal Gegebenes ist. Die Identitätskonstrukte werden brüchiger; das Identitätskonzept ist gegenüber früher dynamisiert. Die Frage ist, ob es sich dabei um eine willkürliche, chaotische Dynamik handelt oder ob die Bewegung als eine geordnete, zielgerichtete verstanden werden kann.

Es könnte zum Beispiel sein (und dieses Modell wird von vielen favorisiert und immer wieder ins Feld geführt), daß sich die Identität konzentrisch erweitert, daß also die Bezugsgrößen, aus denen Identität abgeleitet und mit deren Hilfe sie gesichert wird, nur immer weiter hinausgeschoben werden. Ein Blick in die Geschichte der letzten 200 Jahre zeigt, daß tatsächlich größere Zusammenhänge zunehmend eine wichtige Rolle bei der Identitätsbildung übernommen haben. Dem ausgeprägten Lokalismus folgte die regionale Orientierung; diese wurde aufgehoben im nationalen Bekenntnis. Man kann diese Bewegung, die natürlich eng mit materiell-praktischen Veränderungen, etwa der Entwicklung der Verkehrsmittel, zusammenhängt, nachzeichnen am Beispiel der Vereinsgründungen und -aktivitäten im 19. Jahrhundert: Schützen-, Turn- und Gesangvereine sind zunächst lokale Organisationen, in denen die weniger formellen Gruppenaktivitäten von früher fortgeführt werden. Aber der Gedanke des Wettstreits und der Kooperation führt zu größeren Zusammenschlüssen; es entstehen regionale Verbände, bald werden Sänger-, Turn- und Schützenfeste gefeiert, und schließlich entwickeln sich nationale Treffen und Feierlichkeiten. In der Schweiz spielen beispielsweise die großen eidgenössischen Sängerfeste nach dem Sonderbundskrieg eine harmonisierende Rolle; und in Deutschland gehen große nationale Turn- und Sängerfeste der Reichsgründung voraus.

Identifikationen von außen und Selbstidentifikationen spielten bei solchen Erweiterungen des Identitätshorizonts zusammen. Bis ins 19. Jahrhundert bezogen sich die Menschen in erster Linie auf ihre engste Umgebung, ihren Ort. Es ist kein Zufall, daß die Aufklärer ihre Verbesserungsvorschläge meist in der Form von Dorfutopien entwickelten – am einzelnen Ort sollten die Dinge verändert werden. Zur gleichen Zeit wurden aber von außen her schon die Bewohner einer Region zusammengefaßt, vor allem dann, wenn es sich um ein einheitliches Herrschaftsgebiet handelte. Und als die Menschen gerade begonnen hatten, in der Kategorie der Regionen, der Territorien zu denken, wurden von außen bereits nationale Etikettierungen appliziert – Goethe, und mit ihm viele andere Liebhaber südeuropäischer Kultur, sprach von seiner »Italienischen Reise«, als es noch kein Italien gab. Das Selbstverständnis hing aber auch eng mit neuen Abgrenzungsbedürfnissen zusammen: Regionales Bewußtsein entstand in Abgrenzung gegen andere, benachbarte Regionen; und das Nationalgefühl war immer dann am stärksten, wenn es sich gegen andere Nationen richtete.

Erweiterung des Identitätshorizonts heißt aber nicht, daß die enger gefaßten Identitäten keine Rolle mehr spielten. Es handelte sich immer nur um eine partielle Verlagerung, verbunden mit einer gewissen Entlastung, einer Bedeutungsminderung vorher zentralerer Teilidentitäten. Überall im deutschsprachigen Raum (und auch darüber hinaus) gibt es das Phänomen der Ortsübernamen: Benachbarte Orte traten in Konkurrenz zueinander, verspotteten sich gegenseitig als Mondfanger, Krautscheißer, Rettichstupfer... – Namen, die abgeleitet waren aus dominierenden Beschäftigungsformen, aus angeblichen oder wirklichen Eigenheiten, aus erfundenen Schildbürgergeschichten. Bis weit in unser Jahrhundert hinein waren diese Spottnamen, so lustig sie sich anhören, eine sehr seriöse, oft blutig ernste Angelegenheit; für einen Auswärtigen empfahl es sich nicht, solche Namen hörbar zu benutzen, denn die lokale Ehre wurde nicht selten in brutalen physischen Angriffen und Kämpfen verteidigt. Aber als sich in den Jahrzehnten nach dem Zweiten Weltkrieg zahlreiche neue Fastnachtsgruppen gründeten, griffen diese nicht selten auf die alten Ortsübernamen zurück; stolz präsentierten sie in ihrer Maskierung und in den Namen der Masken die früher so negativ eingefärbte Überlieferung. Der Grund dafür: Die örtliche Identität ist nicht mehr unausweichlich; man kann damit spielen, und man kann so das früher Negative ins Positive wenden.

Auch der sogenannte Stammesspott hat an Intensität und Aggressivität eingebüßt, ist spielerischer geworden. Es ist wahrscheinlich kein Zufall, daß von den Scherzen dieser Kategorie diejenigen die größte Verbreitung und Zustimmung erfahren haben, die sich auf einen quasi-fiktiven Menschenschlag beziehen: Die »Ostfriesenwitze« operieren zwar mit dem Namen einer real existierenden Bevölkerungsgruppe, aber das ist nur der Aufhänger – es geht dabei nicht oder kaum um die angeblichen Defizite eines bestimmten Volksschlags, sondern allgemeiner um ans Absurde grenzende menschliche Borniertheiten, ähnlich wie in Schildbürgergeschichten und Idiotenwitzen. Auch die nationalen Sticheleien sind eher harmloser geworden und werden gewissermaßen friedlicher verwendet; nur in zugespitzten Situationen, in den Spannungsfeldern und Reibereien des Fremdenverkehrs etwa, werden die alten Aggressionspotenzen aufgekocht.

Das Modell konzentrischer Erweiterung verführt zu einer optimistischen Fortschreibung: Die nationalen Identitäten werden münden in eine europäische Identität, und die kontinentalen Identitäten werden eines Tages aufgehoben in einem universalen Verständnis unseres Daseins. Ein solches Modell ist nicht nur geprägt von romantischem politischem Wunschdenken. Man kann verweisen auf die immer häufigeren globalen wirtschaftlichen Verflechtungen, auf die Ausweitung des Verkehrs und der Kommunikation; daß damit auch die Identitätskonstrukte ausgeweitet werden, ist in der Tendenz zweifellos angelegt. In der offiziellen Rhetorik großer europäischer oder globaler Organisationen – UNESCO, EG, Europarat usw. – wird diese Tendenz hervorgehoben; die gegenläufigen Tendenzen werden oft als eine Art unzeitgemäßer Verkehrsunfall betrachtet, als Regressionen, welche den wirklichen Gang des Weltgeists verkennen.

Aber es gibt auch ein Gegenmodell, das diese Ausweitungstendenz zwar nicht leugnet, sie jedoch für fragwürdig hält. In diesem Modell wird – explizit oder implizit – eine Unterscheidung getroffen zwischen natürlichen Identitäten und unnatürlichen, künstlichen, erzwungenen Identitäten.

Für die lokale Szenerie braucht es kaum einen eigenen Beweis: Der direkte Lebenszusammenhang erscheint, auch in seiner geschichtlichen Dimension, als etwas Natürliches. Auch die Region kann als natürlicher Lebenszusammenhang verstanden werden. Man hat Region gelegentlich definiert durch die Reichweite, in der lebensnotwendige Güter transportierbar waren, in der also Milch beispielsweise überbracht werden konnte, ohne daß sie sauer wurde.[2] An einer solchen Umschreibung aber wird die historische Grenze dieses Natürlichkeitsverständnisses sichtbar – schnelle Transportmittel und moderne Kühlsysteme lassen regionale Begrenzungen leicht zurück. Und auch auf die historische Situation bezogen steckt ein Fehler in der Definition: Lebensnotwendige Güter wurden ja nicht beliebig transportiert, sondern meist innerhalb von Herrschaftsgrenzen.

Auch die natürliche Region ist mitgeprägt von geschichtlichen Bestimmungsgrößen, von Herrschaftsformen, Territorialgrenzen, Rechtserlassen usf. Damit ist aber auch schon gesagt, daß automatisch auch größere Einheiten ihre Rückwirkung auf die Befindlichkeit und die Verhältnisse der Menschen haben; auch Nationalstaaten lassen die Identität der Einzelnen nicht unberührt. Die Prägekraft der größeren Einheiten wächst – spielerisch konkretisiert: Eine Person aus Herisau ist vielleicht mehr Appenzeller als Herisauer, vielleicht bald mehr Schweizer als Appenzeller, ja, wer weiß, mehr Europäer als Schweizer…

Es geht bei dieser Konkretisierung nicht um Zukunftsarithmetik; es geht nur darum, die Kategorie des *Natürlichen* in Frage zu stellen. Dies ist vor allem auch deshalb wichtig, weil Natürlichkeit in den Begriff des *Ethnischen* eingegangen ist, der in der Identitätsdefinition vieler Menschen und vieler Regionen seit ungefähr einem Jahrzehnt eine zentrale Rolle spielt. *Ethnisch* – das läßt an natürliche Zusammengehörigkeit denken, begründet in quasi-biologischen Zusammenhängen: blutsmäßige Verwandtschaft, gemeinsame Abstammung, dazu meist auch eine gemeinsame religiöse und rituelle Basis.

Es ist merkwürdig, daß der Begriff des Ethnischen auch in wissenschaftlichen Untersuchungen eine zentrale Rolle beansprucht. Oft und oft wird von ethnischen Gruppen gesprochen, als sei damit eine objektive Beschreibung gegeben. Dabei hat Max Weber schon Anfang des Jahrhunderts festgestellt, *ethnisch* sei »ein für jede wirklich exakte Untersuchung ganz unbrauchbarer Sammelname«.[3] Der Ton liegt dabei auf *exakt*; auch Max Weber war klar, daß der Begriff des Ethnischen nicht einfach verabschiedet werden kann. Entscheidend war für ihn, daß ethnische Zugehörigkeit oder Zusammengehörigkeit nichts Vorgegebenes, Objektives ist, sondern Ausdruck eines subjektiven »Gemeinsamkeitsglaubens« an Gleichheit oder Ähnlichkeit, begründet in angeblicher oder tatsächlicher gemeinsamer Herkunft, gleichen geschichtlichen Erfahrungen und Erinnerungen, »Gleichheit der Sitten und des Habitus«,[4] gleichen religiösen Vorstellungen. Die objektive Ausdifferenzierung ist keine reine Fiktion – oft kann auf Unterschiede in der Sprache und in vielen kulturellen Dimensionen verwiesen werden. Aber die Unterschiede werden oft überschätzt, und sie sind historisch definiert, also auch veränderbar. Dies bedeutet, daß Ethnien, ethnische Zugehörigkeiten ausgehandelt, zugeteilt, auch manipuliert werden können – es kommt darauf an, wer die Definitionsmacht besitzt.

Dabei soll nicht übersehen werden, daß die Entdeckung des Ethnischen zunächst einen Fortschritt bedeutete gegenüber dem Versuch, alles Fremde eigenen Normen zu unterwerfen. Es mag erlaubt sein, hier einen Blick über den deutschsprachigen Raum hinaus zu werfen; die Vereinigten Staaten von Amerika sind ein besonders lehrreiches Beispiel für diese Entwicklung. Die massenhafte Zuwanderung fremder, nicht zur angelsächsischen Mehrheit gehörender Bevölkerungsteile war dort eng verbunden mit Industrialisierungsschüben, und es war vor allem im Umkreis des Unternehmens von Henry Ford, daß die Weichen für den Umgang mit diesen Fremden gestellt wurden. Ford gründete kurz vor dem Ersten Weltkrieg die »Ford English School«, in der Zuwanderer aus fremden Ländern auf die industrielle Arbeit vorbereitet wurden. Vor allem die englische Sprache, aber auch die Prinzipien der technischen Arbeit sollten sie erlernen. Bei der Abschlußfeier der Schule wurde, im Stil der damaligen Zeit, ein lebendes Bild präsentiert und in Szene gesetzt: In der Halle stand das riesige Modell eines Einwandererschiffs. Menschen verschiedener Hautfarbe und in bunten nationalen Kostümen hasteten mit ihrem Gepäck die Gangways hinab und verschwanden im ebenfalls riesigen Modell eines Schmelztiegels im Vordergrund. Die Lehrer der Schule beugten sich über den Rand des Tiegels und rührten mit langen Stangen in der Masse, bis die Eingeschleusten über eine Leiter wieder zum Vorschein kamen – diesmal im sauberen Dress des Durchschnittsamerikaners und fröhlich winkend mit amerikanischen Fähnchen.

Was hier demonstrativ vorgeführt wurde, war die Idee des melting pot, in dem Herkunftsunterschiede ausgewaschen, ethnische Rückstände beseitigt werden und in dem etwas Neues entstehen sollte: loyale, vereinheitlichte, auf einen Nenner gebrachte Amerikaner. Dieser Gedanke des Schmelztiegels beherrschte Amerika bis in die Nachkriegsjahre hinein. Dann erkannte man, daß die Idee gescheitert, daß sie nicht zu verwirklichen war. Die Einwanderer paßten sich zwar dem industriellen Arbeitsrhythmus an; aber in ihrer Sprache, in ihrem alltäglichen Verhalten, ihrer Freizeit, ihren Sitten und Bräuchen legten sie Wert auf die Aufrechterhaltung ihrer Herkunftskultur, ihrer ethnischen Besonderheit. Nach dem Zweiten Weltkrieg rückte an die Stelle des Schlagworts vom melting pot der Begriff *ethnic diversity* oder *ethnic identity* – mit der Konnotation, daß den fremden Gruppen *kulturelle* Eigenständigkeit ausdrücklich zugestanden wurde.

In den europäischen Zuzugsländern wiederholte sich die gleiche oder eine ähnliche Entwicklung mit der Population der Gastarbeiter: Nach einer Phase, in der (auch von den Betroffenen) wirklich nur mit einem Gastaufenthalt der Arbeitsmigranten gerechnet wurde, wurde zunächst relativ oft die Erwartung geäußert, daß sich die Fremden an die Lebensverhältnisse und Normen des Gastlandes anpassen würden: melting pot. Erst allmählich gewann das Prinzip *kultureller Identität* an Boden. Danach wird nicht in Frage gestellt, daß sich die Zuwanderer an die Arbeitsbedingungen und Rechtsverhältnisse der Aufnahmeländer anpassen müssen; aber die Kultur wird aus dieser Manövriermasse herausgenommen. Im religiösen Verhalten, in den Bräuchen, im Alltagsgebaren, beim Essen und Trinken und Schlafen und weitgehend auch beim Sprechen soll die eigene Kultur beibehalten werden. Dieses

Prinzip kultureller Identität bedeutet zweifellos einen Fortschritt; aber auch hier gibt es einen Pferdefuß. Wenn kulturelle Identität in dieser Weise festgeschrieben wird, sind Übergangsformen nicht erlaubt, ja als natürliche Entwicklungsformen nicht einmal denkmöglich. Damit aber wird die existentielle Zwischensituation der Zuwanderer der zweiten und dritten Generation verfehlt. Bei der Schlußveranstaltung zu einem literarischen Preisausschreiben für junge ausländische Poeten in Tübingen sprach vor einigen Jahren eine junge Türkin ihr Gedicht, das mit der Zeile einsetzte: »Ich bin ein Bastard...« Dieses Wort, das normalerweise die negative Assoziation einer ungesunden Mischung auslöst, war hier ins Positive gewendet; die türkische Dichterin spielte an auf die Möglichkeit des Zusammenfügens von Elementen verschiedener Kulturen, auf die Bricolage einer eigenen Identität, einer eigenen kulturellen Welt.

Außerdem gibt es ja nicht *die* türkische oder *die* griechische oder *die* italienische Kultur, sondern starke interne Gegensätze und zahlreiche Mischungsverhältnisse. Es kommt also darauf an, wer die kulturelle Identität definiert – eine interne Machtfrage. Was sich im Ansatz so erfreulich bunt und liberal gibt, kann rasch auf ein monotones Einheitsmuster zurückgetrimmt werden. Ethnic diversity mutiert dann intern zu ethnic uniformity. Die Reglementierung von Abweichlern, die Purifikation von Gesellschaften und die Säuberung ganzer Landstriche ist oft Bestandteil der Modellierung ethnischer Identität – es braucht kaum betont zu werden, daß dies bis in den Wahnsinn der kriegerischen Auseinandersetzung in Südost- und Osteuropa hineinreicht. *Kulturelle Identität* und *ethnische Reinheit* sind dort zu Schlachtrufen geworden, hinter denen handfeste ökonomische Interessen und politische Machtintrigen versteckt werden.

Dies heißt nicht, daß das Ethnische nur eine nach außen gerichtete Propagandaparole wäre. Zerstörerische Kraft erlangt es gerade dadurch, daß es für die meisten Menschen eine geglaubte Realität darstellt. Es handelt sich um das Zusammenspiel (vieler) Fanatisierter und (weniger) Manipulateure, die freilich selbst fanatisiert sein können. Es ist richtig, daß das ethnische Bekenntnis etwa der in Bosnien kämpfenden und leidenden Gruppen eine Art Verzweiflungsloyalität ist, wie es Julia Kristeva genannt hat[5] – aber dem täglich neu geschürten Haß, der sich zu einer Art Selbstläufer entwickelt, unterliegt als Grundierung der Glaube an eine wesensmäßige Gemeinsamkeit der ethnischen Gruppen.

Doch zurück zum »deutschsprachigen Raum« – in diesem Zusammenhang in Anführungszeichen geschrieben, weil sich selbst aus dieser gewiß harmlosen Bezeichnung Ausgrenzungstendenzen ableiten lassen. Bei allem Gleichgültigkeitstraining, das Tag für Tag von den Medien organisiert wird – Mitteleuropa bleibt nicht unberührt von den Katastrophen an seinen Rändern. Das perverse Behagen am Grauen anderer Völker (»Wenn hinten fern in der Türkei die Völker aufeinanderschlagen...«) ist uns zwar nicht völlig fremd, es ist aber zumindest nicht die Regel. Die Explosionen in den Randbezirken zittern in der Mitte nach, und es ist keineswegs nur eine abstrakte ethische Verantwortung, welche die fernen Ereignisse ins Blickfeld rückt. Allerdings einigt man sich meist schnell auf eine Argumentationsfigur, welche das Geschehen dann doch auf ungefährliche Distanz bringt: Man spricht von ökonomischer Unterentwicklung, vom Modernitätsrückstand, und leitet daraus den Rückfall in die Barbarei ab. Aber es ist nicht nur ein Rückfall in eine dem Chaos verpflichtete Barbarei – es ist auch ein »Rückfall in die Ethnographie«, wie dies Moritz Heimann schon 1918 angesichts der auf- und ausbrechenden Nationalitätenkämpfe in Osteuropa nannte.[6]

Man sollte, auch wenn dies riskant ist, ruhig einmal Parallelen ziehen zwischen dem verbissenen ethnischen Reinigungsstreben der Balkanprotagonisten und den ethnischen Parolen, wie sie bei uns nicht nur in politischen Exzessen, sondern auch in wissenschaftlichen Theorien und Analysen immer wieder vorgetragen wurden. Der Geschichte *Südtirols* entlang (um dieses Beispiel herauszugreifen) könnte man eine abendfüllende Dokumentation zur Problematik des Ethnizitätskonzepts vortragen.[7] Eine Fülle von Beispielen für den manipulativen Umgang mit der Forderung ethnischer Reinheit bietet sich an: Die Tendenz zur Germanisierung des Landes durch die Schließung italienischer und ladinischer Schulen in den 80er Jahren des 19. Jahrhunderts; umgekehrt die abenteuerliche Arbeit des italienischen Geographen Ettore Tolomei mit seinem 1906 gegründeten »Archivio per l'Alto Adige«, in dem 15.000 neue – angeblich uralte – Namen für südtiroler Siedlungen, Fluren, Flüsse etc. erfunden wurden, um die »Italienität« Südtirols zu beweisen. Auf der gleichen Linie lagen die Italienisierungsversuche durch Mussolini mit der ebenfalls ethnologisch argumentierenden Antwort Hitlers, der die Umsiedlung aller (bekennenden) Deutschstämmigen befahl. Die Dominanz ethnischer Vorstellungen (und der daraus abgeleiteten Reinheits- und Segregierungsgebote) bricht mit dem Ende des Faschismus und des Nationalsozialismus keineswegs ab. Ich beschränke mich auf ein einziges Zitat des Innsbrucker Geographen Adolf Leidlmair, der als Garant für ein deutsches Südtirol in der deutschen Volksgruppe genügend Kraft sah, »um nicht unter dem Einfluß der Wärme und des Weines in apathische Gleichgültigkeit zu versinken« – unausgesprochen wird hier natürlich das Stereotyp des Italienischen und der Italiener vermittelt.

Wenn man sieht, wie weit naive Ethnisierungen sogar in die Wissenschaft hineinreichen, dann erscheint die Frage nicht mehr absurd, ob nicht auch bei uns ähnliche Separatismen auftauchen könnten, wie sie die Auseinandersetzungen in Ost- und Südosteuropa bestimmen. Ein Wiener Sozialökonom hat kürzlich Überlegungen darüber angestellt, ob die deutsche Identität nicht ernsthaft gefährdet sei durch die Währungsunion, da diese deutsche Identität im Wesentlichen eine »DM-Identität« sei.[8] Wenn diese wegfalle, dann sei nicht auszuschließen, daß das gerade wiedervereinigte Deutschland auseinanderfalle – entlang der Bruchlinie, die vierzig Jahre lang zwei deutsche Staaten trennte und die auch Identitätsbrüche und -zweiteilungen verursachte. Im Witz ist dies auf einen einfachen Nenner gebracht. Der Ossi sagt zum Wessi: »Wir sind ein Volk«. Der Wessi antwortet: »Wir auch«. Gewiß sind bis jetzt noch keine Argumente laut geworden, die auf die besondere Ethnizität von Sachsen oder Mecklenburgern abheben. Aber es ist zuzugeben, daß in vielen Weltteilen ökonomische Brüche und Trennungen zuerst da waren, und daß sie dann erst rationalisiert wurden, indem man ethnische Unterschiede ins Feld führte. Es gibt bisher kaum ernsthafte Prognosen, die dies für Deutschland vorhersagen; aber es kann nicht schaden, ein entsprechendes Denkmodell einmal durchzuspielen.

Der Kapitalismuskritiker Robert Kurz sieht einen mittelbaren Zusammenhang zwischen der Errichtung des totalen Weltmarkts und »ethnischer Barbarei«. Er schreibt: »Je kälter es im Großkonzern Europa wird, umso massiver wird die Nachfrage nach der vorgegaukelten Heimat des Regionalismus«, – und in diesem Zusammenhang formuliert er provokant: »Nicht mehr lange, dann werden sogar die Schweizer übereinander herfallen und sich gegenseitig zu Deutschen, Italienern, Zigeunern oder Außerirdischen erklären«.[9] Die kesse Formulierung läßt erkennen, daß dies nicht so ganz ernst gemeint ist. Aber wichtig ist, daß die Ausweitung der Horizonte in der Wirtschaft, im Verkehr und der Kommunikation nicht etwa eine selbstverständliche

Ausweitung der Identitätsvorstellungen mit sich bringen, daß vielmehr auch und gerade in diesem weiteren Horizont mit dem Bedürfnis zu rechnen ist, sich an und in realer Nachbarschaft zu orientieren.

Das ist eine psychologisch verständliche, notwendige Reaktion. Aber wo politische Konsequenzen daraus gezogen werden, wo also regressiv selbständige politische Kleingebilde konzipiert werden, ist dies häufig schon deshalb zum Scheitern verurteilt, weil die separierten Gebilde im allgemeinen »keinerlei ökonomisches Knochengerüst« besitzen, wie wiederum Robert Kurz formuliert.[10] Präziser gesagt: Das Selbständigkeitsstreben geht häufig von wirtschaftlich potenten Regionen aus (als Beispiel können mit einiger Berechtigung Slowenien und Kroatien angeführt werden, sicher auch die nördlichen Provinzen Italiens, die in der Lega Nord ihre politische Bühne gefunden haben); die anderen Regionen im gleichen Staatszusammenhang werden dadurch noch größeren Schwierigkeiten überantwortet. Für das italienische Mezzogiorno liegt dies im Falle einer Trennung vom Norden auf der Hand; und natürlich gälte Gleiches auch für Ostdeutschland, die ehemalige DDR, wenn sie wieder abgekoppelt würde. Allerdings ist im deutschsprachigen Raum mit solchen Entwicklungen kaum zu rechnen – nicht etwa, weil die Nationalstaaten besonders straff zentral strukturiert wären, sondern ganz im Gegenteil, weil die Regionen (konkret: die Länder und Kantone) relativ starke Eigenrechte und Kompetenzen bewahrt haben.

Regina Bendix hat am Beispiel der schweizerischen Feste im 19. und 20. Jahrhundert gezeigt, daß die Gründung des Bundesstaats regionale Traditionen keineswegs verdrängte.[11] Die Mythen des Nationalen wurden teilweise von außen herangetragen – man denke an Schillers wichtigen Einfluß auf den Tell-Mythos. Bedeutende Nationalfeste entstanden in der Schweiz erst spät, der 1. August als Nationalfeiertag zum Beispiel erst Ende des 19. Jahrhunderts, und in den Feiern zu diesem Tag wird bis heute, abgesehen von einem gewissen nationalen Dekor, nicht zuletzt die jeweilige Landschaft, der jeweilige Kanton gefeiert. Der gesamtnationale Akzent wurde bezeichnenderweise in der Zeit des Nationalsozialismus betont; der »Rütli-Rapport« versammelte die Schweizer Offiziere im Zeichen der Verteidigung der Einheit des Landes auf der Rütli.

Auch in Deutschland standen und stehen nationale Feiern in Konkurrenz mit regionalen. Kultur ist – auch nach der Verfassung – Ländersache, und selbst die massiven Eingriffe des Nationalsozialismus haben die regionalen Verschiedenheiten nicht glattgebügelt. Aber es verfehlt die Realität, wenn daraus eine generelle antinationale Haltung abgeleitet, gar ein Widerstand gegen die Nation konstruiert wird. Es ging bei den regionalen Bekundungen nicht um die Wendung gegen die Nation, sondern um die Geltung *in* der Nation. Auf vielen Feldern fallen regionale und nationale Orientierung unmittelbar zusammen. Es gibt Landschaften, auch und gerade touristische Landschaften, die einen nationalen Anstrich erhielten – in Deutschland waren dies etwa der Harz und das Rheinland, in der Schweiz gilt Ähnliches für die Tell-Landschaften der Innerschweiz. Es erscheint mir auch charakteristisch, daß für die regional gegliederten deutschen Dialekte in der Schweiz einheitlich der Name »Schwyzertütsch« verwendet wird, was im deutschen Ausland gelegentlich zu dem Mißverständnis führt, das Schweizerdeutsche sei eine vereinheitlichte Sprache wie etwa das Holländische, während es ja doch in sehr viele regionale und lokale Spielarten zerfällt.

Das föderative Prinzip erlaubt und schafft »doppelte Loyalitäten« (wie man es in Anlehnung an einen auf Nation und Klasse bezogenen sozialgeschichtlichen Begriff nennen könnte). Die partielle Orientierung an größeren Einheiten führt nicht automatisch zur Abdankung der kleineren, kann diesen sogar zusätzliches Gewicht geben. Bezeichnenderweise wird ja auch viel von einem »Europa der Regionen« gesprochen. Hinter dieser Formel steckt einmal der Wunsch, dem größeren, in sich widersprüchlichen oder doch spannungsreichen Gebilde eine organische Feinstruktur zu verpassen. Zum anderen ist damit der Versuch verbunden, die nationalen Zementierungen nach unten aufzubrechen, kleinere Einheiten also nicht nur über die nationalen Agenturen, sondern auch an diesen vorbei zusammenzuführen.[12]

Allerdings muß, wo immer von *Region* die Rede ist, bedacht werden, daß es nicht nur zwischen den real vorhandenen Regionen (ob sie nun diesen Namen führen oder nicht) beträchtliche Unterschiede gibt, sondern daß auch die Vorstellungen und Konzepte von Region weit auseinandergehen. Eine tabellarische Zusammenstellung solcher Verschiedenheiten ist die Schematisierung eines in Wirklichkeit noch bunteren Befunds, und auch über einzelne Zuordnungen und Charakterisierungen kann man streiten. Aber das nachfolgende Schema vermag zu erklären,

DIFFERENTIAL REGION

| STICHWORT | AKTEURE | ZIELE UND MASSNAHMEN | KULTURELLE ORIENTIERUNG | ZITAT |
|---|---|---|---|---|
| 1970<br>Regionalismus | Intellektuelle<br>politische Linke<br>APO | antizentralistisch, antikapitalistisch<br>regionale Autonomie<br>"Interregionalismus" | autochthone Kultur<br>Protest-Folklore | "zwischen Folklore und Revolution"<br>(Friedrich von Krosigk) |
| 1975<br>Heimatideologie | Honoratioren<br>Konservative<br>Vereine | Abwehr des Fremden<br>Modernisierung unter Beibehaltung vormoderner Teilsysteme | Tradition<br>Volkskultur | "Noch immer wird 'regionale Identität' ... als trübe Melange aus folklorisierter Regionalgeschichte, Heimatverbundenheit und ökonomischer Desintegration angeboten."<br>(Gernot Grabher) |
| 1980<br>Regionale Strukturpolitik | Regionalverwaltung<br>Regionalregierung | Sicherung/Ausweitung politischer Mitsprachereclite<br>Ergänzung nationaler Steuerungskapazitäten | Traditionskultur<br>Folklorismus | "Im Gegensatz zu repressiven Maßnahmen bietet regionale Strukturpolitik eine Chance, die möglichen desintegrierenden Wirkungen des Regionalismus aufzufangen."<br>(Meyer Enzyklopädie 1977) |
| 1985<br>Interregionaler<br>Wirtschaftsverbund | Regionalverwaltung,<br>Unternehmen,<br>Interessengruppen | ökonomische Initiativen<br>progressive Wirtschaftspolitik | pittoreske Garnierung<br>Kunst-Aktivitäten | "Es gibt auch wirtschaftliche und sozialpolitische Motive bei den regionalistischen Bewegungen. Dabei kann sowohl besonderer Reichtum als auch besondere Armut ... Schrittmacher sein."<br>(Nikolas Benckiser) |
| 1990<br>Entwicklungspolitik | Regionalkommission EG<br>nationalstaatliche Instanzen<br>Regionalpolitiker vor Ort | ökonomische Hilfsmaßnahmen<br>strukturelle Eingriffe<br>Stützung nationalstaatlicher Entwicklungspolitik | regionale Symbole<br>autochthone Kultur | "These differences are detrimental to the economic and social cohesion of the community."<br>(Bruce Millan)<br>"'Natürliche' Vorteile sind nicht mehr das Kriterium, das Entwicklung bestimmt."<br>(Michael Steiner) |

- daß ganz verschiedene Vorstellungen von Region im Spiel sind,
- daß aus sehr verschiedenen Gründen der Akzent auf die Ebene der Regionen verlagert wird,
- daß dadurch die regionale Orientierung verstärkt wurde und daß es deshalb zu seltsamen Koalitionen kommen kann (etwa zur Verbindung zwischen linken Regionalisten und rechten Heimatfreunden).

Die lebhaft geführte Diskussion um die Bedeutung der Regionen sollte aber nicht darüber hinwegtäuschen, daß die Nationen, die Nationalstaaten im größeren europäischen Zusammenhang die wesentlichen Weichensteller und Handlungsagenturen sind. Auch in föderalistischen Staaten sind in den Zentren so viele Zuständigkeiten vereinigt, daß daran keine wichtigen Wege vorbei führen. Zum Teil läßt sich beobachten, daß die regionale Zusammenarbeit vor allem deshalb funktioniert, weil heikle Dinge ausgeklammert und zwischen den nationalstaatlichen Entscheidungsträgern abgehandelt werden.

Andererseits wäre es verkehrt, die nationalen Regierungen als einzig relevante Entscheidungsträger zu sehen. Es gibt viele Bereiche, in denen der Nationalstaat unterlaufen oder überflügelt wird. In der Sicherheitspolitik ist es ebenso wenig möglich, sich auf nationale Grenzen zurückzuziehen, wie in der Auseinandersetzung mit der Kriminalität oder in wichtigen wirtschaftspolitischen Entscheidungen.

In diesem Zusammenhang muß auch von der Rolle der Medien gesprochen werden. Die Medien haben in den letzten 200 Jahren einen wichtigen Beitrag zur Veränderung der Identitätslandschaften geleistet. Die bürgerliche Presse – darauf wurde oft hingewiesen – hat den nationalen Diskurs mitgetragen und hat mitgeholfen, daß bloße Regionalität überwunden wurde. Heute stehen die Medien, die elektronischen vor allem, in noch größeren Zusammenhängen. Immer wieder ist von Tendenzen der *Globalisierung* die Rede, und tatsächlich existiert heute eine fast weltweite technische Superstruktur, welche die traditionellen Kommunikationsräume überspannt.

Vom europäischen Standpunkt aus und dem einzelner europäischer Nationen wurde diese Entwicklung oft kritisiert als *Amerikanisierung*. Im Jahr 1945 soll der für Kunst zuständige britische Minister ausgerufen haben: »Death to Hollywood!«, und seither sind viele Attacken geritten worden gegen die »Coca-Colonization« Europas und gegen das Vordringen von »McDonaldism« in vielen Bereichen.[13] Ein

Beispiel bietet die französische Sprachkampagne gegen die Verwendung englischer Vokabeln in offiziellen Äußerungen, in Werbetexten und auf Plakaten. Ein durchschlagender Erfolg dürfte dieser jüngsten Kampagne so wenig beschieden sein wie vorausgegangenen. Wenn man nach einem Generalnenner für die divergierenden Geschmäcker europäischer Medienpublica fragt, weist die Antwort »Hollywood« zumindest in die richtige Richtung.

Als Beleg dafür wird mit guten Gründen auf den Erfolg amerikanischer Fernsehserien und Filme hingewiesen. Tatsächlich wurde die Breitenwirkung von »Dynasty«, »Dallas« und ähnlichen Produktionen von keiner anderen Serie erreicht. Es gibt eine Reihe vergleichender Untersuchungen zur Rezeption solcher Serien.[14] Etliche Medienwissenschaftler kamen zum beruhigenden Ergebnis, daß durch die Synchronisierung, aber auch allein schon durch die jeweilige persönliche Aufnahme (die ja durch Vorgaben der eigenen Kultur gefiltert ist) spezielle nationale Fassungen entstehen, »Ökotypen«, wie man in Anlehnung an einen Begriff der Märchenforschung sagen könnte – daß es also ein deutsches, ein schweizerisches, dänisches, aber auch ein japanisches oder indonesisches »Dallas« gibt. Ich stelle die Varianz nicht in Frage, meine aber doch, daß wir es hier weithin mit einem Alibi-Argument zu tun haben, denn völlig gleichgültig sind die Handlungsstrukturen der Serienfilme, die Charaktere und Diskurse ja wahrhaftig nicht, die in den USA vorgegeben wurden.

Ja, man könnte durchaus in entgegengesetzter Richtung argumentieren: Wenn so etwas wie nationale Modifikationen von »Dallas« und ähnlichen Produkten möglich sind, dann ist dies ein Zeichen dafür, daß das zugrunde liegende Muster des fortgeschrittenen Kapitalismus inzwischen fast weltweit verbreitet ist. Außerhalb Europas wird der Vorgang bezeichnenderweise seltener als Amerikanisierung, häufiger als *»Verwestlichung«* bezeichnet – die europäische Kultur ist dabei also voll einbezogen.

Daß von den Medien nivellierende Tendenzen ausgehen, läßt sich kaum bestreiten. Trotzdem sind Relativierungen anzubringen. Die wichtigste: der Austausch und die Überlagerung sollten nicht überschätzt werden. Man hat festgestellt, daß über 90 Prozent aller europäischen Fernsehproduktionen ihr Produktionsland nie verlassen.[15] Der Austausch muß also nicht reduziert, sondern gefördert werden. Es gibt auch Ansätze zu dieser Förderung – unter anderem das Programm mit dem schönen Namen *Babel* (= broadcasting across the barriers of language); ein *Film Distribution Office*, das *Éspace Video Européen*, einen *European Script Fund* usw.[16] Die Medien, und hier besonders das Fernsehen, haben eine wichtige Vermittlungsaufgabe; sie sollte mehr als bisher genutzt werden.

Ebenso wichtig ist aber, daß die nationalen Medienprofile nach unten aufgeschlossen und aufgelockert werden, daß also auch kleinräumigere Identitäten in den Medien ein Echo finden. Blickt man auf die Programmatik, so scheint man mit dieser Feststellung offene Türen einzurennen; Forderung und Förderung der *Regionalisierung* werden allenthalben diskutiert. Aber das Konzept der Regionalisierung ist in verschiedenen Ländern und Bereichen sehr unterschiedlich, und auch der Verwirklichungsgrad ist sehr verschieden. In Deutschland haben die öffentlich-rechtlichen Anstalten diese Aufgabe zwar nicht völlig ignoriert; es gab immer regionale Alibi-Einsprengsel. Aber zu einem wirklichen Thema wurde die Regionalisierung des Programms erst, als mit den privaten Anbietern eine neue Herausforderung aufgetaucht war. Da erst entstanden Gutachten über Region und regionale Einteilungen,[17] da erst rückten die Sender vom Ehrgeiz ab, immer gleich die ganze Nation bedienen zu wollen. In der Schweiz und (in geringerem Maß) in Österreich spielte die Regionalität des Angebots dagegen immer eine große Rolle.

Allerdings tauchen auch und gerade dort spezifische Probleme auf, wo die Regionalisierungsansätze sehr ernst genommen werden. Drei solche Probleme sollen hier angedeutet werden:

1. Es ist schwierig, eine vernünftige Balance zu finden zwischen dem Angebot, das regionenübergreifend ist, und den Sendungen, die sich auf eine einzelne Region konzentrieren. Dieses Problem spielt in der Schweiz eine wichtige Rolle. Es ist bekannt, daß die vielen Sendungen im Dialekt nicht nur Begeisterung wecken; von Seiten der romanischen Bevölkerungsteile wird immer häufiger Kritik in der Richtung vorgetragen, daß die schweizerische Mehrsprachigkeit ja doch wohl nicht bedeuten könne, daß man zur deutschen Sprache noch ein paar Dutzend Dialekte lernen müsse. Da sich der dezidierte Dialektgebrauch in der Schweiz in direktem Zusammenhang mit der Abgrenzung gegen das nationalsozialistische Deutschland entwickelte, war das Thema lange Zeit tabu; in den letzten Jahren wird es offen diskutiert, und es verdient diese Diskussion.

2. In den regionalen Konzeptionen des Rundfunks wird meistens stillschweigend unterstellt, eine Region sei ein Raum mit einer einheit-

lichen Bevölkerung. Tatsächlich aber gibt es überall Zuzügler; fast überall hat man es mit einer multikulturellen Struktur zu tun, und dem sollten die Medien Rechnung tragen. So viel von »Zielgruppenkonzepten« die Rede ist – ausländische Arbeitsmigranten und -migrantinnen bleiben dabei im allgemeinen ausgeschlossen. Dies gilt selbstredend nicht nur für die Schweiz; in Deutschland ist das Angebot für die Millionen von Türken, Italienern, Griechen etc. völlig unterentwickelt; es ist alles andere als verwunderlich, daß bei der türkischen Bevölkerung in Deutschland inzwischen der höchste prozentuale Besitz von Videogeräten nachzuweisen ist, Geräten, über die eigene Filme und Fernsehspots vermittelt werden können.

3. Das Regionale wird vielfach reduziert auf ein eher atmosphärisches Moment; Rundfunkleute reden von der »Klangfarbe« einer Sendung oder Sendereihe. Damit kann sowohl ein bestimmter musikalischer Stil (meist etwas folkloristisch angehaucht) wie ein bestimmter Sprachklang gemeint sein. Praktisch bedeutet dies, daß das Regionale weithin ein Unterhaltungsmoment ist, das die allgemeine Tendenz noch verstärkt – daß sich nämlich die Schere immer weiter öffnet zwischen einer informierten Elite und einer nur unterhaltenen breiten Masse.

Diese Reduktion auf die Klangfarbe hängt eng zusammen mit einer reduzierten Auffassung von *Heimat* und *Region*. Es brauchte einen eigenen Vortrag, um den Wandlungen des Heimatbegriffs nachzugehen. Aber so viel mag in aller Kürze gesagt sein, daß sich der Heimatbegriff im Lauf des 19. Jahrhunderts löste von handfesteren materiellen Bedingungen, von den Sachbereichen Arbeit, Wirtschaft, Besitz. Heimat wurde folklorisiert, wurde festgemacht an einzelnen Zeichen schöner Natur und alter Überlieferung; Heimat wurde gewissermaßen zur Fachwerkkulisse, hinter der die Entwicklung in eine ganz andere Richtung ging. Heimat war lange Zeit eine Art Kompensation für die Versagungen des Lebens, für die gesellschaftlichen Fehlentwicklungen und Probleme, ein Stück falscher Behaglichkeit, verlogene oder verbogene, zurechtkonstruierte Idylle.

Es ist nicht verwunderlich, daß neuerdings immer wieder Vorschläge laut werden, mit Heimat (dem Begriff und der Sache) Schluß zu machen. Villém Flusser beispielsweise sieht in der Heimat nichts als die Mystifikation eines Zufalls, die Überhöhung des zufälligen Geburtsorts.[18] Der moderne Mensch brauche keine Heimat; er sei in der Lage, seinen Verkehrskreis selbst zu bestimmen, sich seine Freunde in aller

Welt auszusuchen ohne die starre Bindung an einen Ort und eine Landschaft. In einem »Der Nomade« überschriebenen Beitrag formulierte Joachim Riedl vor kurzem den gleichen Gedanken so: »Gute Koffer, die jede Mißhandlung erdulden, sind wichtiger als Heimat«.[19]

Ich knüpfe hier noch einmal an unsere Anfangsüberlegungen an und setze diesen Gedanken in Beziehung zum Problem der *Identität.* Gefragt wären demnach kurzfristige, aufkündbare, gewissermaßen abwaschbare Identitäten, jedenfalls ohne feste Ortsbindung. Aber bei aller postmodernen Dynamik: die meisten Menschen sind keine Nomaden, sondern höchst seßhaft mit gelegentlichen touristischen Fluchtanfällen. Vom räumlichen Charakter der Identität gibt es keine volle Beurlaubung. Die meisten Menschen leben an einem Wohn*ort* und haben, wenn es gut geht, einen Arbeits*platz.*

Allzu luftige Schwebekonstruktionen von Identität bieten deshalb keine ausreichende Antwort – oder doch nur für eine schmale Schicht mobiler Intelligenzia. Die räumliche Bindung und auch Anbindung ist ernst zu nehmen – ebenso ernst freilich, daß in den vertrauten Heimatraum inzwischen sehr viel Fremde eingewandert ist, die nicht ignoriert werden darf. Gefragt sind Identitäten, die sich nicht abschotten, die vielmehr offen sind für die vielen Alternativen, die unser mobiles und manchmal chaotisches Zeitalter in unserer nächsten Nähe bereithält.

**1** Die falsche Wärme der Kultur. Fußnote zu einem neuen Bedürfnis. In: Informationen zur politischen Bildung. Nr. 3/1992, S. 9-16; hier S. 11. **2** Vgl. Michael Steiner: Neue Aufgaben für Regionen. Vom Ende des ökonomischen Provinzialismus. In: G. Bacher et al.: Standort Österreich. Graz 1991, S. 475-501; hier S. 478. **3** Wirtschaft und Gesellschaft. Grundriß der verstehenden Soziologie. 1. Halbband, Köln und Berlin 1956 [1922], S. 313. **4** Ebd., S. 306. **5** Le temps de la dépression. In: Le Monde des Débats. Paris, Oktober 1992. **6** Vgl. hierzu Hartmut Jäckl: »Neuer Nationalismus«. Von Völkern, Nationen und Nationalstaaten. In: WZB-Mitteilungen 56, S. 33-36. **7** Vgl. Wolfgang Aschauer: Regionalbewegungen – Aspekte eines westeuropäischen Phänomens und ihre Diskussion am Beispiel Südtirol. Kassel 1987. Die folgenden Beispiele s. S. 35f., 45ff., 52ff., 102. **8** Egon Matzner: Einführung zum Workshop »Demise of the Nation State?« Durchgeführt von der Forschungsstelle Sozioökonomie der Österreichischen Akademie der Wissenschaften im Juni 1993 in Wien. **9** One World und Nationalismus. Warum der totale Weltmarkt die ethnische Barbarei nicht verändern kann. In: Blick nach vorn im Zorn – 500 Jahre Dominanz und Widerstand. Frankfurt/M. 1992, S. 59-61; hier S. 61. **10** Ebd. **11**National Sentiment in Enactment and Discourse of Swiss

Political Ritual. In: American Ethnologist 19 (1992), S. 768-790. **12** Vgl. hierzu Hermann Bausinger: Europa der Regionen. Kulturelle Perspektiven. In: Leviathan 21 (1993), S. 471-492. **13** Vgl. etwa Ien Ang und David Morley: Mayonnaise culture and other European follies. In: Cultural Studies 3 (1989), S. 133-144; hier S. 139f. **14** Vgl. etwa Ellen Seiter et al. (Hg.): Remote Control. Television, Audiences and Cultural Power. London und New York 1989. **15** Vgl. EG-Kulturdokumentation. Konzeption: Veronika Ratzenböck. 2. Aufl. Wien 1992, S. 40ff. **16** Ebd. **17** Vgl. Hermann Bausinger: Region. Gutachten zu einer rundfunkrelevanten Kategorie. SDR Stuttgart 1987. **18** Rundfunkdiskussion im Deutschlandfunk, 13.6. 1989. **19** Süddeutsche Zeitung, 25. März 1994, S. 13.

*Manfred Buhr*

# »Laßt alle Völker unter gleichem Himmel sich gleicher Gabe wohlgemut erfreun!«

Goethe

Das Thema der Tagung »Identität im deutschsprachigen Kultur- und Medienraum« ist komplex und schwierig zu beantworten, insofern wir uns mitten in einer sich ständig wandelnden geschichtlichen Situation befinden. Ein fertiges Konzept für das aufgeworfene Thema gibt es nicht, bestenfalls eine Vision. Eine bloße Hochrechnung von der Jetzt-Zeit her führt kaum zu einem produktiven Ansatz, weil das gestellte Thema nicht die Beschreibung eines Zustandes, sondern das Bedenken eines Prozesses provoziert. Zudem sind Thema und Vision von Bedingungen abhängig, um die man wissen muß, um nicht in ein wirkungsloses intellektuelles Abseits zu geraten, was bedeuten würde, sich selber aus der Geschichte zu entlassen. Gestatten Sie mir deshalb zunächst zu diesen Bedingungen oder auch Voraussetzungen, thesenartig einige Bemerkungen zu machen.[1]

## I

Unsere unmittelbare Gegenwart ist die Zeit eines Übergangs, die Zeit eines Umbruchs, genauer: die Zeit von historischen Brüchen, in der überkommene Weltbilder und Werte, soziale und politische, auch rechtliche Orientierungen und darauf beruhende Politik nicht mehr greifen, und zwar allenthalben, also weltweit. Deshalb wird unsere Gegenwart auch als eine Zeit von Krisen und Widersprüchen beschrieben.

Wenn diese Beschreibung der Wirklichkeit unserer Gegenwart angemessen ist, dann provoziert sie eine Frage, die für unsere Standortbestimmung, die daraus zu ziehenden Schlüsse für unser Denken und Handeln von maßgebender Bedeutung ist – sie provoziert die Frage: Bedeutet der geschichtliche Inhalt unserer Gegenwart auch ein Ende?; bedeutet dieser gar das »Ende der Geschichte«?, wie vielfach behauptet wird, das »Ende der Moderne«? und mit diesem das Ende und das Versagen von Aufklärung und Vernunft?, das Ende und Versagen des geistigen Erbes Europas insgesamt?

Ich halte die Rede vom »Ende der Geschichte« nicht nur für

problematisch, sondern auch für kurzschlüssig. Die Geschichte als *Prozeß* kennt weder ein Ende noch endgültige historische Entscheidungen.

Die vornehmsten Merkmale des Geschichtsprozesses sind wohl das Überschreiten und die Dimension der Zukunft. Dergestalt ist Geschichte erstens jederzeit grundsätzlich alternativ und nach vorn offen, und sie führt zweitens, was ihre Richtung und ihr Ziel angeht, zu keinen endgültigen historischen Entscheidungen. Der Geschichtsprozeß ist nicht der Ort der stabilen Wahrheiten.

Historische Brüche stellen auf der einen Seite Zäsuren, Vorwärts- und/oder Rückwärtsbewegungen, kurz- oder langanhaltende Stagnationen oder Katastrophen dar. Auf der anderen Seite aber, die für mich die *wesentliche* Seite ist, bedeuten historische Brüche die Freisetzung von Chancen, die Beschleunigung der Dynamik des Geschichtsprozesses und die Erweiterung seiner Möglichkeitsfelder und Alternativen.

Daraus resultiert die Aufgabe, die Gegenwart nicht stillzustellen, sondern in ihrer Offenheit und Mannigfaltigkeit zu erfassen, was voraussetzt, daß Vergangenheit, Gegenwart und Zukunft in einem gedacht werden müssen – eine Aufgabe übrigens, von der schon Leibniz wußte, als er schrieb, daß die Gegenwart mit der Zukunft schwanger geht und mit der Geschichte beladen ist.

## II

Mit den historischen Brüchen unserer Gegenwart gehen Orientierungslosigkeit und Unübersichtlichkeit einher, die sich in gesellschaftlichen, sozialen, politischen, institutionellen, mentalen und ideellen Krisen und Katastrophen manifestieren. Mögen diese in den verschiedenen Bereichen und Regionen stärker oder schwächer sein, ein Ende der Geschichte sind sie nicht. Und deshalb ist es im Blick auf die Gegenwart leichtfertig, von Siegern und Besiegten zu sprechen. Alle Parteiungen (ich spreche absichtlich nicht von Parteien), politischen Lager, gesellschaftlichen Gruppierungen, intellektuellen Gemeinschaften usw. sind in dieser oder jener Form Verlierer, sie haben zumindest Schaden genommen, was sich nicht zuletzt durch eine allgemeine Orientierungslosigkeit bemerkbar macht. Deshalb gibt es die vielbeschworene »neue« Weltordnung nicht, sie gibt es bestenfalls als »alte«.

Doch wer bei diesen Feststellungen stehen bleibt, der begibt sich in die *selbstverschuldete* Orientierungslosigkeit, vorrangig übersieht er –

ich wiederhole es – , daß jedes Ende auch den Weg zur Chance weist. Zumindest aus dem Alten Testament sollten wir gelernt haben und wissen, daß uns der Auszug aus Ägypten als Möglichkeit immer offen steht. Und vielleicht sollten wir auch ein wenig über den Rand unseres liebgewordenen Tellers hinausschauen. So weit ich sehe, hat das Wort »Krise« in keiner europäischen Sprache jene doppelte Bedeutung, die es im Chinesischen hat. Im Chinesischen bedeutet »Krise« sowohl Gefahr als auch Chance. Eine krisenhafte Situation ist niemals nur der Nährboden für Verfall, sondern zugleich immer auch der Mutterboden für neuen Aufbruch.

Hölderlin meinte, wo Gefahr droht, da wächst auch das Rettende. Ich setze bei allen Unbilden unserer Gegenwart auf das Rettende, auf die Kraft des Menschen und seiner Vernunft, auf die Solidarität der Menschen und der Menschheit in Gestalt ihrer Völker, die Gefahr abzuwenden, sich ihr entgegenzustellen und in dieser Gefahr, eine oder *die* Chance für das Fortschreiten des Menschen und der Menschen zu Besserem zu sehen.

## III

Unsere Gegenwart, von mir als historische Bruchsituation gekennzeichnet, braucht Orientierung und Umorientierung, die mit Besinnung und perspektivischem Denken einhergehen müssen. In diesem Zusammenhang ist vor allem die Besinnung auf *das geistige Erbe Europas*, sein Befragen und sein Bedenken, notwendig, das ja, wenn näher hingesehen wird, weitgehend unabgegolten ist und zudem im allgemeinen Bewußtsein, das heutzutage von 64cm Bildröhre mehr oder weniger geprägt wird, eine untergeordnete Rolle spielt. Im Hinblick auf die weitverbreitete Orientierungslosigkeit in unserer Gegenwart und den in ihr in Gang gekommenen Einigungsprozeß Europas und seiner Regionen ist die Besinnung auf das geistige europäische Erbe hochaktuell. Dies muß um so mehr hervorgehoben werden, als man sich mit Descartes an die Überzeugung zu gewöhnen hat, daß nichts gänzlich in unserer Macht steht als unsere Gedanken. Eine solche Besinnung stellt in unserer historischen Bruchsituation gleichsam einen *Fixpunkt* dar, der über den Augenblick hinaus zu orientieren vermag, woraus Begründungen und nicht bloße Behauptungen, woraus Eingriffe und nicht bloße Anpassungen an eine andere Lage, die als unübersichtlich empfunden wird, hervorgehen können. Nicht der Augenblick des Tages also ist maßgebend, sondern die umfassende, produktive und kritische Arbeit mit dem geistigen Erbe und von daher der Blick in die Zukunft. Das deshalb, um der Krankheit bloßer Adaption an den Zeitlauf zu entgehen, um sich des *Welt*laufs zu versichern. Der Weltlauf aber fordert die *denkende* Betrachtung der Geschichte, die ohne Besinnung auf das geistige Erbe kaum möglich ist. Deshalb muß das geistige Erbe Europas frei von aller bewußten oder unbewußten nationalen Borniertheit ins Spiel gebracht werden. Der je eigene nationale Geist und die je eigenen nationalen Traditionen müssen aktiviert und zugleich relativiert werden, in dem sie zu anderen Taditionen in Beziehung gebracht werden, ohne daß dabei die je nationalen und regionalen Traditionen aufzugeben wären.

Inhalte des geistigen Erbes Europas sind die Vernunft in ihrer Einheit von theoretischer *und* praktischer Vernunft, Rationalität und Aufklärung, Universalität, eine verbindliche Diskurs-Dimension, die sich an die klassische Form des intersubjektiven Dialogs weiterführend anlehnt und auf das »Reich der Zwecke« aus ist, der universelle Menschen- und Menschheitsbegriff, die Kategorie der Totalität bzw. die Idee der Welt, die das »Andere« und den »Anderen« einbezieht und zum »Eigenen« in Beziehung setzt, damit sie nicht mehr das für uns »Fremde« sind, die denkende Betrachtung der Geschichte, schließlich die Einsicht, daß Freiheit ohne Gleichheit nicht gedacht werden darf. Und ein Denken in diesem Rahmen muß Immanuel Kants Feststellung im Blick halten, daß die Vernunft keine Grenzen ihrer Entwürfe kennt, sowie seine zutiefst humanistische Aussage, daß im Reiche der Zwecke alles einen *Preis* oder eine *Würde* hat.

Sollte diese Mahnung Kants in unserer historischen Bruchsituation ungehört bleiben? Und ist durch sie nicht die Chance dieser historischen Bruchsituation angesprochen? Gibt sie nicht einen Hinweis darauf, daß die gegenwärtige Weltsituation nicht das letzte Wort sein kann und darf, wenn die Würde des Menschen nicht nur verfassungsrechtlich festgeschrieben sein, sondern endlich realiter unantastbar werden soll? Der Weg dahin führt nur über »eine gewaltige Bewußtseinsarbeit«, um es mit Hans-Dieter Klein zu sagen. Dabei genügt es nicht, »wenn die Traditionen der Menschheit einander zwar ungeschoren lassen, aber nicht die Anstrengung auf sich nehmen wollen, der einen und gemeinsamen Wahrheit, wenn auch von unterschiedlichen Ausgangspunkten aus, nachzustreben«.[2]

Hier kann natürlich gefragt werden, ob die geforderte Bewußtseinsarbeit nicht eine zu große, eine kaum zu bewältigende Aufgabe ist. Wenn dabei bloß von der unmittelbaren Gegenwart, von der orientierungslosen und ausgrenzenden, auch denunziatorischen, Jetzt-Zeit hochgerechnet wird, dann ist die Frage sicher zu bejahen. Doch die Besinnung auf das geistige Erbe Europas und seiner Regionen schließt den Blick über die Jetzt-Zeit hinaus ein, fordert ein Denken, das überschreitet, das Vergangenheit, Gegenwart und Zukunft in eins nimmt, das Orientierungslosigkeit in Orientierung verwandelt und das Ziel vorgibt, das zu einer pazifizierten Menschheit,[3] zu universellem kulturellem Austausch und zu universeller sozialer Gerechtigkeit führen soll. Wird die angesprochene Bewußtseinsarbeit unter diesem Gesichtspunkt gesehen, dann bekommt die gestellte Frage Horizont und einen realistischen Anstrich. Sie präsentiert sich in diesem Kontext als eine Chance unserer historischen Bruchsituation und als eine Schneise, die in die Zukunft führt.

## IV

Bisher habe ich »Europa« unreflektiert eingeführt. Wenn ich von Europa spreche, dann nicht im geographischen oder gar im geopolitischen Sinne. Ein solcher würde Hegemonialansprüche nach sich ziehen. Europa wird von mir in der Bedeutung der klassischen Tradition, in der Tradition etwa eines Leibniz, Fichte oder Hegel genommen, nämlich als geschichtsphilosophischer Topos.[4] Eine solche Herangehensweise impliziert ein Europa der Werte und des Werdens, ein Europa als Projekt, als Entwurf oder auch als Ziel, das nicht identisch ist mit der »Europäischen Union« und nicht am »Maastrichter-Vertrag« festgemacht werden kann, wohl aber mit diesen zu tun hat, andererseits aber über diese hinausreicht, in dem Ost- und Südosteuropa einbezogen werden, und zwar als Subjekte und nicht als bloße Objekte, als eventuelle oder potenzielle Assoziierungs- oder Beitrittsgebiete der »Europäischen Union«.

Um es mit Xavier Tilliette auszudrücken: »Also Europa als Aufgabe und Sisyphus-Fels, oder Europa als Utopie... Das Werk (der Einigung Europas) wurde begonnen. West-Europa oder das Europa der Händler steht... Eine Art politischer Vereinigung ist im Gang oder im Entwurf, verwirklicht sich aber bislang mit tönernen Füßen. Die Alternative, die man nach den Worten des General de Gaulle... (das) Europa der Vaterländer oder... (das) Europa der hüpfenden Schwärmer nennen darf, hat viel von ihrer Wirkkraft eingebüßt. Jeder ist sich bewußt, daß ein politischer Wille nicht ausreicht, um Europa zu bilden. Man kann nicht Jahrhunderte der Geschichte mit einem Federstrich streichen... Ohne einen europäischen Geist, der vorläufig nur sehr leise weht, ist eine gemeinsame (europäische) Politik undenkbar.

Doch ist ein politischer Aufbau erforderlich und unumgänglich, der aber sein Konzept noch nicht gefunden hat... Da die Teilung zwischen Ost und West jetzt überbrückt ist, ist es ratsam, Ost-Europa in den Prozeß mit einzubeziehen... Denn endlich können wir ein Europa gemäß der Geschichte ins Auge fassen. Es wäre verhängnisvoll, ein Klein-Europa weiterzutreiben...«[5]

Und Hans Michael Baumgartner sagt das gleiche wie Xavier Tilliette, wenn er fragt: »Kann Europa ein ›gemeinsames Haus‹ ...werden, oder was wären die politischen, die kulturellen, die religiösen und philosophischen Voraussetzungen: Worauf könnte es gegründet werden? Was könnte jene Identität, jenes Gemeinsame sein, das bei aller Differenz der Staaten, Nationen, Kulturen, Religionen und Bekenntnisse die verschiedenen Völker und Traditionen zusammenführte und zu verbinden vermöchte?«[6]

Mit anderen Worten: Ohne europäischen Geist, ohne die Fruchtbarmachung des geistigen Erbes Europas und das seiner Regionen, ist die europäische Einigung nicht herbeizuführen. Diese hat nämlich – und das kann nicht genug betont werden – nicht nur eine wirtschaftliche und politische Dimension, sondern ebenso und nicht minder eine geistige und, was nicht unterschätzt werden darf, auch eine mentale. Das nicht gesehen und berücksichtigt zu haben, ist der wesentliche Mangel, der im bisherigen Prozeß der Einigung Europas eingetreten ist. Es geht schließlich um ein Europa der Werte und nicht des Preises. Es geht um ein Europa, das Platzhalter der conditio humana werden, vielleicht wieder werden soll. Gerade das aber gebietet den Rückgriff auf das geistige und mentale Erbe Europas und das seiner Regionen, der so zum *Vor*griff auf das anzustrebende Europa wird.

Wolfgang Kluxen hat das, um was es heute in Europa und seinen Regionen geht, eindruckvoll festgehalten:

»Europa nimmt eine neue Gestalt an, das ist nicht zu bezweifeln, schon gar nicht nach den Wandlungen um das Jahr 1989 herum. Bemühungen darum sind nicht erst jetzt im Gange, vorwiegend im Zeichen ökonomischer Zweckmäßigkeit und politischer Selbstbehauptung. Die Frage ist, ob das Resultat mehr als eine Bundes- oder Bündniskonfiguration sein wird, ob daraus eine die Fülle geschichtlicher Traditionen und in dieser erbrachter Ideen- und Wertschöpfungen *integrierende Identität* entstehen wird. Eine ›neue‹ Identität freilich, von der wir doch erwarten, daß sie ›europäisch‹ und kein geschichtlicher Abbruch ist. Europa (und seine Regionen) können wir nicht denken ohne die kulturellen Inhalte, die es geschichtlich versammelt hat, wenn es nicht zugleich gelingt, diese einzubringen. Die Zukunft können wir nicht umhin zu wollen als die ›unsere‹, und das heißt, sie mit unserer Herkunft zu vermitteln.«[7] In der Tat geht es darum, die Vielfalt der europäischen Traditionen in den europäischen Einigungsprozeß einzubringen. Und es geht weiter darum zu begreifen, daß das auf den Weg gekommene Europa primär nur eines seiner Menschen und Völker sowie seiner Regionen sein kann, wenn es eine Zukunft haben soll . Dadurch wird die Problematik einer »doppelten« oder »zweiten« Identität aufgeworfen – der geschichtlich bedingten je nationalen und der einer künftigen europäischen, die sich von der nationalen und regionalen nicht einfach abkoppeln kann, denn dies würde einen geschichtlichen Abbruch bedeuten. Zugleich werden damit Fragen unterschiedlicher Mentalitäten gestellt. So steht die Gestalt des *europäischen Bürgers* zur Debatte.

## V

Noch einige Sätze zur Fragestellung »Deutschsprachiger und/oder mitteleuropäischer Kulturraum«. Bisher habe ich vorwiegend über die Bedingungen oder Voraussetzungen einer solchen Fragestellung gesprochen. Dies mit Absicht, weil nur vom Übergreifenden her das Regionale m.E. methodologisch fruchtbar angegangen werden kann.

Was einen mitteleuropäischen Kulturraum angeht, wobei ich jetzt das Schwergewicht auf »mitteleuropäisch« lege, da habe ich meine Bedenken. Denn es bedürfte vorweg der Klärung, was »Mitteleuropa« überhaupt ist. Zudem ist der Begriff »Mitteleuropa« im deutschen Sprachraum spezifisch geopolitisch vorbelastet, so daß er zunächst nur Schwierigkeiten und Mißverständnisse ins Gespräch bringen würde.

Ganz anders stellt sich für mich die Problematik beim Begriff »deutschsprachiger Kulturraum«, vorausgesetzt, daß die Differenzen dieses Raumes beachtet und als gleichberechtigt behandelt werden. Dabei dürftenWörter wie »groß« und »klein« keine Anwendung finden. Es gibt nämlich auch die Größe der Kleinen. Ein direkter Zugriff zum Begriff »deutschsprachiger Kulturraum«, der zudem noch von der Gegenwart hergeleitet würde, ist m.E. kaum möglich. Identität entsteht aus gemeinsamer Geschichte, und zwar Geschichte nicht als »Vergottung der Gegenwart mit Hilfe der Vergangenheit« (Lucien Febvre), sondern Geschichte als Gedächtnis, gleichsam als Datenbank für die Gestaltung der Gegenwart und Zukunft. Nach Lage der Dinge müssen jedoch die einzelnen Nationen und Regionen mit ihrer Geschichte im Reinen sein, was Kritik und Selbstkritik einschließt und historischen Reduktionismus ausschließt.

Einen hervorragenden Einstieg zur anstehenden Problematik hat kürzlich Th. Metscher vorgelegt.[8] Aus Zeitgründen kann ich auf diesen nur andeutend verweisen. Metscher geht von Goethes Begriff der Weltliteratur aus, um das Relative jeder Kultur in Beziehung zu anderen Kulturen herauszuarbeiten. »Poesie als Gemeingut der Menschheit schließt ein, daß alle Völker der Erde ihren angestammten Platz in der neuen Weltliteratur finden, daß sie gleichberechtigt koexistieren, die *europäische Kultur* ihren Herrschaftsanspruch zurücknimmt; mithin die Aufgabe eines Denkens, das Europa zur Norm der ganzen Welt macht... Weltliteratur... nivelliert nicht die Differenz zwischen den Kulturen, sondern anerkennt die kulturellen Individualitäten der Völker, die Vielfalt und Singularität von Gestalten und Äußerungen, postuliert jedoch ihre prinzipielle Gleichberechtigung: keine singuläre Kultur kann Norm der anderen sein.«[9] Was hier im Anschluß an Goethes Begriff der Weltliteratur gesagt worden ist, das läßt sich m.E. ohne größere Einschränkungen auf Regionen und »Kulturräume« übertragen, wenn ihre Differenzen, die aus ihrer historischen Herkunft resultieren, und die Unterschiede in den Mentalitäten beachtet werden. Die Zukunft der Kultur würde dann in ihren nationalen und regionalen Besonderheiten liegen.

Und in diesem Sinne mag es nicht zu gewagt sein, mit Hans-Georg Gadamer, »als letzte politische Konsequenz... zu sagen, daß wir vielleicht als Menschheit überleben werden, wenn es uns gelingen sollte zu lernen, daß wir nicht einfach unsere Machtmittel und Wirkungsmöglichkeiten ausnutzen dürfen; sondern vor dem Anderen als Anderem haltzumachen lernen, vor der Natur so gut wie vor den gewachsenen Kulturen der Völker und Staaten; und daß wir so das Andere und die Anderen zu erfahren haben als die Anderen unserer Selbst, um aneinander teilzugewinnen.«[10]

**1** Bei meinen Bemerkungen beziehe ich mich weitgehend auf das soeben in Napoli in deutscher Sprache erschienene Buch »Das geistige Erbe Europas«, an dem 65 Autoren aus 20 Ländern (einschl. USA, Japan und Israel) mitgewirkt haben und das von mir im Auftrag des »Istituto Italiano per gli Studi Filosofici« besorgt wurde: Manfred Buhr (Hrsg.), Das geistige Erbe Europas, Napoli: Vivarium 1994 (Biblioteca Europea 5). Im folgenden mit »Europa« angeführt. **2** H.-D. Klein, Dialog der Religionen und Eurozentrismus, in: Europa, S. 441. **3** Vgl. M.W. Fischer/O. Weinberger, Entartete Ideale, Graz 1992. **4** Vgl. H.H. Holz, Die nachmetaphysischen Wurzeln der Politik in der europäischen Moderne, in: Europa, S. 236ff. **5** X. Tilliette, Europa des Geistes und der Geister, in: Europa. S. 35f. **6** H.M. Baumgartner, Europa als Thema und Aufgabe der Philosophie, in: Europa, S. 102. **7** W. Kluxen, Europas Identität und seine philosophische Erbschaft, in: Europa, S. 177. **8** Th. Metscher, Pariser Meditationen, Wien 1992. **9** Th. Metscher, Jenseits des Eurozentrismus, in: Europa, S. 309. **10** H.-G. Gadamer, Die Vielfalt Europas – Erbe und Zukunft, in: Europa, S. 67f.

*Günther Schatzdorfer*

# Frankensteins Geschöpf oder Bastard?

## Überlegungen zur Identität im deutschsprachigen Raum und in Mitteleuropa

*Einleitung*

Die Frage nach Identität in den europäischen Regionen läßt sich schwer beantworten zu einem Zeitpunkt, da trotz der Demontage des Eisernen Vorhanges und aller Bestrebungen zu einer europäischen Einheit in eben diesem Europa, eben im Namen bestimmter Identitäten erneut Blut vergossen wird. Das Blut am Balkan fließt noch immer aus jenen Wunden, die Europa gerissen wurden in Königgrätz, Sedan, Sarajevo, Verdun, am Isonzo, in Auschwitz, Dresden und wieder in Sarajevo. Es sind dies Wunden, die nie verheilten, weil sie in der Regel bloß übertüncht worden sind, jeweils zweimal in Versailles und Nürnberg, aber auch anderswo, vergessen wurden unter dem Lack des Wirtschaftswunders, verdrängt werden mit dem vermeintlichen Sieg des Kapitalismus über den Kommunismus, und die man in den Schreibstuben von Brüssel schlicht ignoriert.

Diese Wunden können auch jederzeit außerhalb des Balkans wieder aufbrechen. Die innenpolitische Situation Italiens oder die wieder salonfähige Begeisterung für Rassenhygiene zwischen Marseille und Moskau sind hinreichend Warnung dafür, daß das Entsetzliche sich unter bestimmten Voraussetzungen in den kultiviertesten Regionen wiederholen kann.

Angesichts der Gewalttaten der gar nicht »neuen« Rechten und Nationalisten läßt sich sagen, daß der Kampf g e g e n Identitäten noch kein Ende gefunden hat. Mit Bomben, Vergewaltigungen und wirtschaftlichem Terror werden Identitäten bekämpft mit dem Ziel, zugunsten eigener Vorteile das wesensmäßig Andere auszurotten.

In einem anderen, ebenfalls politischen Sinne, beteiligt sich auch die Kulturindustrie an der Auslöschung der Identitäten und hinterläßt zwar keine Krüppel, wohl aber Zombies.

Es ist auch zu sagen, daß der friedliche Kampf um Identität, um eine vom Geiste der Aufklärung getragene kulturelle Wesensbildung, täglich aufs Neue aufzunehmen ist und daß wir heute von einem fruchtbaren, emanzipierten Zusammenwirken der verschiedenen Identitäten furchterregend weit entfernt sind, so weit, daß die Ereignisse von Sarajevo oder Hoyerswerda bloß blutige Konsequenzen darstellen beziehungsweise, daß die Zahl der Gewalttaten durch Kinder sich vervielfacht hat.

Anzumerken ist auch, daß selbst dort, wo Identitäten gar nicht gewaltsam aufeinanderprallen, es selten um Integration oder Miteinander geht, sondern meist um Assimilation und Dissoziation. Denn Dissoziation ist nicht nur die Auflösung in wesenlose Bestandteile, sondern auch die stückweise Auflösung in einem fremden Sein. Es gibt Kulturformen, die nicht identitätsbildend, sondern identitätsauflösend sind.

In diesen Zusammenhängen kann man die Definition von Identität im deutschsprachigen Raum und/oder Mitteleuropa nicht isoliert von der gesamteuropäischen Entwicklung betrachten.

*Kollektive Identität*

Anastasius Grün sah 1866 das »Finis Austriae«, der Staatssekretär im Vatikan beurteilte die Situation visionär und rief: »Casca il mondo!«. Der Ausgang einer einzigen Schlacht bestimmte über das Schicksal vieler Millionen Menschen auf Generationen hin, wirkt heute noch nach in Bosnien und Rostock. Der Sieg Preußens, die damit bestätigten Hegemoniebestrebungen und der mit ihnen einhergehende Deutschnationalismus – auch eine Identität – ermöglichten von Bismarck bis Hitler die zweimalige Zerstörung weiter Teile Europas, die Ausrottung von Menschen und Identitäten. Diese Tatsache macht es schwer, von einer gemeinsamen Identität im deutschsprachigen Raum zu reden.

Die beiden Kriege, die durch eine kaum zwanzigjährige Zwischenkriegszeit ineinander verflochten waren, welche nicht aus Frieden bestand, sondern aus Unterdrückung, Diktatur und vor allem aus Unfähigkeit zur Demokratie, werden wohl wie die Kriege des 17. Jahrhunderts eines Tages als ein einziger dreißigjähriger Krieg erkannt werden. Die Trümmer, die sie hinterließen, sind die Teile, aus dem wir heute noch das Puzzle unserer Identitäten zu legen haben.

Daraus lassen sich sowohl Bilder der Wesensgleichheit formen, aber auch Portraits von Feindbildern. Und je beliebiger wir – und wir tun es – mit den Teilen des Puzzles herumschusseln, umso präziser profilieren sich wieder die Unmenschen.

Allen europäischen Gemeinsamkeiten zum Trotz, die sich aus dem gemeinsamen Leid an der Geschichte ergeben, haben sich Mentalitäts- und Identitätszonen, ja Inseln erhalten. Ein Beispiel dazu.

Hartnäckig hält sich immer noch in gewissen Kreisen das Gerücht, daß Österreicher Deutsche seien. Zu diesem Irrtum, der schon dem Pangermanismus Pate stand, eine kleine Anekdote. Sie stammt aus den siebziger Jahren und ereignete sich am Höhepunkt des Baader-Meinhof-Terrorismus und beleuchtet präzise den Unterschied zwischen preußischer und danubischer Mentalität:

Während die in Hungerstreik getretenen Genossen in Stammheim intravenös zwangsernährt wurden, verfuhr die österreichische Justiz mit der ebenfalls die Nahrung verweigernden Genossin Waltraud Boock völlig anders. Als ihr Gesundheitszustand bedenklich zu werden drohte, sistierte man die Einzelhaft und legte eine andere Gefangene zu ihr in die Zelle. Diese war eine manische Fresserin und bekam alle von ihr gewünschten Leckereien. Dies hatte zur Folge, daß Frau Boock binnen kürzester Zeit ihren Hungerstreik beendete und mittafelte. Solches Vorgehen wäre bundesrepublikanischen Behörden aus legalistischen und mentalen Gründen wohl kaum möglich gewesen.

Die Justizbeamten, welche solch gegensätzliche Therapien exekutierten, sprachen allesamt Deutsch. Eint sie das? Was trennt? Wer sowohl »Das Kapital« als auch »Mein Kampf« gelesen hat, wird zugeben müssen, daß der Gebrauch derselben gemeinsamen Sprache wohl kaum zur Definition kollektiver Identität herangezogen werden kann. Trotzdem wird das immer wieder versucht.

Deutsch wird in gut einem Dutzend europäischer Staaten gesprochen. In vieren ist es die Umgangssprache.

Jenes Land, in dem fast ausschließlich Deutsch gesprochen wird und sich deshalb Deutschland nennt, wurde von seinem Gründer Otto von Bismarck wie folgt kommentiert: »Es gibt kein deutsches Volk; unsere Politik ist das Aufgehen Deutschlands in Preußen und damit die Umgestaltung Preußens zu Deutschland«. Man muß schon humorlos und/oder historisch ungebildet sein, um nicht zu schmunzeln darüber, daß angesichts der jüngsten Entwicklungen von einer »Wiedervereinigung« Deutschlands die Rede ist oder war.

Wiedervereinigt wurden die Reste des Corpus von Frankensteins Geschöpf, in diesem Falle Bismarcks Geschöpf, welches von Hitler reanimiert wurde, und das seine Schöpfer, deren Komplizen und Mitläufer sowie vor allem Unschuldige tötete, bevor es spät, viel zu spät, wieder in seine Bestandteile zerfiel und sein Rumpf lange Zeit zweigeteilt blieb. Die Grenzen des heutigen Staatsgebildes sind künstliche, denn sie bestimmen sich nicht an Kulturräumen. Man müßte die Grenzen neu zeichnen, je nachdem wie man deutsche Identität zu definieren geneigt ist, ob durch Sprache, Brauchtum, Eßkultur oder die Farbe der Hosenträger.

Die Idee des Nationalstaates ist ein grober Unfug, war und ist der Versuch, wirtschaftliche Interessen hinter völkischen Emotionen zu tarnen. Die Geschichte der Schweiz könnte lehrreich sein sowohl für eine Revision der Staatsidee als auch für die europäische Integration.

Alleine schon, wenn vom »deutschsprachigen Raum« die Rede ist, entwickle ich eine antifaschistische Gänsehaut. Zu sehr erinnert dieser Begriff an die Parole vom »Volk ohne Raum«. Ich kann mich im Zusammenhang mit Identität mit dem Begriff des Raumes nicht anfreunden, weil ein Raum immer von Mauern umgeben ist. Die deutschsprachigen Gebiete haben keine. Sie sind an ihren Rändern, aber auch im Inneren, in Enklaven und Durchzugsgebieten durchlässig, amorph und porös. Auch war die deutsche und österreichische Ostsiedlungspolitik der letzten Jahrhunderte nicht zuletzt eine Sprachpolitik, aus der sich Gebietsansprüche ableiten ließen gemäß dem Motto: »Wen sie nicht umbringen, dem bringen sie ihre Sprache bei«.

Auch gibt es sprachliche Unterschiede in diesen Gebieten, die nichts mit Dialekt zu tun haben, sondern die historische soziokulturelle Entwicklung widerspiegeln. Man umkreise die Grenzen dieser Gebiete mit dem Finger auf der Landkarte und notiere, wo die Sprachen überall ineinanderzüngeln, vom Elsaß bis ins Sudetenland, von Holstein bis Siebenbürgen und Trient. Wie und mit welcher Begründung konnte hier je einer Grenzen ziehen und eine Nation konstruieren wollen! Dieser Wahn mündete einst darin, daß Kärntner Gebirgsjäger als Marinesoldaten verkleidet am Nordkap eine großdeutsche Heimat verteidigen mußten, die durch nichts weiter bedroht war als durch ebendiesen Wahn.

Salzburg ist bayerischer als Aschaffenburg, und Wien liegt näher an Tel Aviv als an Hannover.

Freilich, all diese Grenzen müssen fallen. Sie sind Relikte imperialistischer Strukturen und markieren wirtschaftliche Jagdreviere.

Dafür sind andere Grenzen zu ziehen, nicht mit Schlagbäumen und Minenfeldern, sondern mit Achtung, nämlich um die Kulturregionen, in denen sich noch spezifische Identitäten erhalten haben. Wie es Naturschutzgebiete gibt, sollte es Kulturschutzgebiete geben, die wir gemeinsam – über ideologische Grenzen hinweg – zu betreuen und vor der Standardisierung zu retten haben.

Eine Gleichbehandlung von lappischen Rentierzüchtern und Tiroler Bergbauern ist ein Unding; zu unterschiedlich sind ihre Bedürfnisse, die nicht zuletzt in unterschiedlichen Identitäten wurzeln.

Nochmals: die alten Grenzen müssen fallen. Die Frage ist nur, wie man das Miteinander definiert. Es gilt zu verhindern, daß ein neuer Frankenstein ein neues Monster kreiert, diesmal nicht ein Geschöpf, welches durchpulst wird von nationalem Pathos, sondern eines aus Warentermingeschäften und Lombardsätzen, geklont aus ökonomischer Gentechnik, Zinsendienst und bürokratischen Normen. Denn auch dieses Monster würde seine Schöpfer töten, indem sein Hirn den Zellkreislauf ignoriert. Zombies haben keinen Nerv fürs Feine.

Hinzuweisen ist auch darauf, daß, wenn im deutschsprachigen Raum sich eine kollektive, auch ökonomisch definierte Identität fand und zum europaweiten Maßstab gemacht wurde, dies selten zum Wohle dieses Kontinentes ausging.

*Mitteleuropa*

Leichter als der deutschsprachige Raum läßt sich Mitteleuropa definieren, weil es keine Grenzen im staatspolitischen Sinne hat. Dies erscheint zunächst als Paradigma. Es ist eben jene Grenzenlosigkeit, welches seine Identität ausmacht.

Zu erwähnen ist, daß der Begriff Mitteleuropa von den Pangermanisten und Deutschnationalen um Naumann und Schönerer pervertiert worden ist. So formuliert noch der »Volksbrockhaus« von 1942: »Mitteleuropa: im engeren Sinne der von Deutschen bewohnte mittlere Raum, das Kerngebiet Europas, Deutschland, im weiteren Sinne auch der Weichsel- und Donauraum, das Gebiet des Deutschen Reiches, Niederlande, Belgien, Luxemburg, Schweiz, Tschecho-Slowakei, Polen, Rumänien, Ungarn und Südslawien.« Diese Umschreibung definiert die nationalsozialistischen, großdeutschen Macht- und Besitzansprüche.

Man könnte also – um sich vor Fehlinterpretationen zu hüten – von Zentraleuropa sprechen, wenn man Mitteleuropa meint. Aber auch dieser Begriff ist zu hermetisch. Zentralen pflegen sich abzuschotten gegen die Peripherie oder neigen zu imperialem Verhalten.

Bleiben wir beim Begriff Mitteleuropa in seiner stammesgeschichtlichen kulturellen Dimension, unbeschadet dessen, daß er, von nostalgischen Monarchisten ausgesprochen, vom Geruch nach Kaisergruft umweht ist.

Mitteleuropa ist dort, wo germanische, slawische, magyarische, romanische, hebräische und sonstige Völker und Gruppen nicht nur nebeneinander, sondern mit- und ineinander lebten, sich entweder weltanschaulich, psychisch und physisch verbanden oder auch durch das sie Trennende, Gegensätzliche eine kollektive Identität erlebten, sich in jedem Falle vernetzten.

Der Mitteleuropäer ist kraft dieser Geschichte ein Bastard, sei's phylogenetisch oder bloß mental. Und ein Bastard ist das natürliche Gegenteil des Monsters, da er kein Klon ist, sondern ein Resultat von Sentiments.

Der Begriff Bastard bedeutet nichts weiter als Mischling und wurde nur von den Ideologen des mörderischen Rassismus als Schimpfwort mißbraucht.

Jeder Hundebesitzer weiß, daß Bastarde im Schnitt eine höhere Lebenserwartung besitzen, gutmütiger und kinderfreundlicher sind sowie meist intelligenter als reine Rassehunde. Daß ausgerechnet ein Hundefreund aus Braunau auf die Idee kam, daß es sich umgekehrt verhielte, bleibt ein Rätsel.

Naturgemäß gibt es auch bastardspezifische Defekte. Der mitteleuropäische neigt dazu, den »Mann ohne Eigenschaften« zu spielen, »grandiose intellektuelle Empfängnisverhütung« zu betreiben, wie Claudio Magris es formulierte.

Auch ist die Kompensation seiner Herkunft ein unabdingbarer Bestandteil des Kultur- und Seelenlebens der Bastarde, welche sich oft in Überanpassung äußert. Man denke in diesem Zusammenhang an den gepflegten Antisemitismus in konvertierten jüdischen Familien um die Jahrhundertwende und den unter ihnen erschreckend hohen Anteil an Deutschnationalen, denke an Theodor Herzl, der, anfänglich selbst Burschenschaftler, die Idee des Nationalstaates zum Bestandteil des Zionismus machte. Man denke an die österreichische Raunzerei und Selbstverachtung, auch an die Begeisterung der Mehrheit der slawischstämmigen Wiener für den Anschluß oder an den unbelehrbaren Deutschnationalismus mancher Südkärntner, die Trattnig heißen und der Herkunft nach eigentlich Slowenen sind. Diese Schizophrenien gehören zur Identität des Bastards. Schließlich haben gerade sie ihn immer wieder zu höchsten kulturellen Leistungen befähigt. Zu denken ist in diesem Zusammenhang an die Wiener Literaturszene um

1900, in welcher Slawen und Juden die deutsche Sprache zu solcher Hochblüte führten, daß ihr selbst die hanebüchenen Verballhornungen wotanswütiger Wagnerianer auf Dauer nichts mehr anhaben konnten.

Bastarde haben es vielleicht ein bißchen leichter, den Reichtum der menschlichen Existenz in allen Facetten zu spiegeln, weil sie ihr jeweiliges Gegenteil in sich tragen.

*Schauplätze mitteleuropäischer Identität*

Zwei Schauplätze gibt es, die nur dort zu finden sind bzw. waren, wo Mitteleuropa sich befand und befindet. Die eine davon ist das Kaffeehaus. Nicht jenes im Sinne eines teutonischen Kalorien- und Sahnetempels, wo Kaffee und Kuchen vertilgt werden.

Das mitteleuropäische Kaffeehaus ist ein Kulturzentrum, ein öffentliches Wohnzimmer. Es war und ist der Kreißsaal der Psychoanalyse, der Politik und der Künste. Literatur, Philosophie und Revolutionen des 19.und 20.Jahrhunderts wurden in ihm gezeugt und geboren, egal ob in Wien, Prag, Warschau, Budapest, Triest oder Venedig. Man findet aber auch diese Art von Kaffeehäusern in jenen Städten Europas, wohin sich in diesen beiden Jahrhunderten Mitteleuropäer ins Exil zurückgezogen hatten beziehungsweise zurückziehen mußten.

Auch in der Heimat waren es Orte des Exils: Asylantenheime für die aus den Provinzen geflohenen Intellektuellen, Auffanglager für Parteigänger der jeweils anderen Seite, für Demokraten wie für Radikale, ein Niemandsland aller geistig Heimatlosen und Tränke für die Wissensdurstigen. Über alle politischen und rassischen Gegensätze hinweg war das Kaffeehaus eine Fluchtburg der Identitäten. Als Beispiel dafür sei das Café San Marco in Triest erwähnt. Es war, je nach historischer und politischer Situation, Treffpunkt von Irredentisten, Austrophilen, Panslawisten, Antikommunisten oder Vertretern der Los-von-Rom-Bewegung.

Das Kaffeehaus ist in seiner jede Intimität vermeidenden Diskretion und in seinem nach Publikum verlangenden Ausschluß der Öffentlichkeit d i e mitteleuropäische Institution, das Zuhause einer liberalen polikulturellen Gesellschaft.

Dumpfen und intoleranten Geistern bleibt es vorbehalten, den Stammtisch als Schauplatz des Diskurses zu wählen, an dem schon mittels der Kleingeographie einer Wirtshausstube Ausschließlichkeit und Ausgrenzung manifest wird.

Der zweite Schauplatz, anhand dessen sich Ausdehnung und Auswüchse Mitteleuropas ermessen lassen, waren die Konzentrationslager, in denen zu Mißhandlung und Mord in eben jener Sprache gebrüllt wurde, welche von Juden wie Kraus oder Zweig geadelt wurde. Diese befanden sich in einem Dreieck zwischen Herzogenbosch, Auschwitz und Triest. Der Selbsthaß, welcher augenblicklich zum Fremdenhaß umschlagen kann, gehört mit zur Identität des mitteleuropäischen Bastards. Zu denken ist an die zahlreichen slawischen Familiennamen von Nazi-Verbrechern, an die Untaten polnischer und ukrainischer Hilfstruppen und an den unverhältnismäßig hohen Anteil der Österreicher am Nationalsozialismus. Frankensteins Geschöpf bediente sich effektiv dieses Defektes und benutzte den anerkennungsbedürftigen mitteleuropäischen Bastard zur Durchsetzung seiner Machtpolitik.

Die pädagogische Aufgabe besteht nun darin, dem Bastard sein phylogenetisch bedingtes und ihm von Frankensteins Monstern suggeriertes schlechtes Gewissen ob seiner Herkunft, welches so leicht in Zerstörung münden kann, ins Bewußtsein zu holen, ihn mit Selbstachtung zu wappnen und die in ihm schlummernde Xenophobie in Xenophilie zu verkehren, ihn also mit seinem bastardischen Selbst zu versöhnen und ihn so gegen alle totalitären Versuchungen zu wappnen, welche, ökonomisch oder ideologisch, die europäische Gesellschaft bedrohen.

Vor beinahe 150 Jahren sagte ein Abgeordneter in der Paulskirche von Frankfurt den entsetzlichen Satz, der neunzig Jahre später mit Gewalt in die Tat umgesetzt ward: »Und was ist viel an Österreich verloren? Die deutschen Provinzen kriegen wir ja doch früher oder später und das Slavenvolk wollen wir nicht!«. Dieser Herr hieß bezeichnenderweise Wilhelm Stahl und ist bis heute nicht alleine geblieben mit seiner europabedrohenden Ausgrenzungstheorie des Ostens. Die Völker Osteuropas haben hohen Anteil am kulturellen und materiellen Reichtum Mitteleuropas in Geschichte und Gegenwart. Dennoch ist die westeuropäische Gesellschaft mehrheitlich heute wie damals geneigt, die Osteuropäer als Bewohner einer Art Dritten Welt, als Kolonialvölker zu sehen. Mit dieser Haltung machen aber zumindest die Mitteleuropäer ein Gutteil ihrer eigenen Identität zu einer kulturellen und seelischen Sahel-Zone.

Ein paar Worte noch zu Österreich, Österreich nicht im Sinne des heutigen Staatsgebildes, sondern als historisches Kernland Mitteleuropas, als Ostarrichi, als wohlgemerkt »östliches« Reich.

Auch sein Untergang hatte sehr viel zu tun mit Ignoranz gegenüber dem Osten, mit der Mißachtung föderativer Bedürfnisse. Denn nicht die multikulturelle Struktur dieses Staatengebildes war die Ursache seines Zerfalls, sondern die Hinwendung einer 25%igen Minderheit zu einer deutschnationalen Monokultur.

Es ist kein Zufall, daß diese Auflösung eines durchaus fruchtbaren Miteinanders ebenso mit der ersten großen Krise des europäischen Kapitalismus einherging – die Österreich als minder entwickeltes Land besonders traf – wie die Bildung der Nationalstaaten und die Dissoziation der Sozialstrukturen im allgemeinen. Es lief ein Prozeß ab, ähnlich, wie er heute auf dem Gebiet der ehemaligen Sowjetunion präzise zu beobachten ist.

Zurück zu Österreich: die Geschichte wiederholt sich. Europa wird Österreich kriegen und auf das »Slavenvolk« verzichten.

Österreich – und ich meine es wieder in seinem mitteleuropäischen Sinne – hat damals wie heute seine Identität mangelhaft, unzureichend und zu spät formuliert. Damals geschah diese Definition erst, als diese Identität verloren war. Leser von Karl Kraus, Joseph Roth und Robert Musil werden dies bestätigen.

Sehr deutlich sind diese Probleme mitteleuropäischer Schizophrenie und Verdrängung noch in Triest zu spüren, wo heute im Kreis jener Menschen, deren Großväter vom »Völkerkerker« der Monarchie sprachen und der Irredenta zujubelten, kakanische Nostalgie noch das kleinere Übel ist und der Erfolg der Lega Nord das größere.

Triest, in dem auch viele der Slovenen – einst ein Drittel der Bevölkerung – sich dem Nationalstaat und damit Rom zuwandten, siecht dahin, weil es seine mitteleuropäische Identität verloren hat, teils freiwillig, teils unfreiwillig abgenabelt vom Osten.

Einst drittgrößter Hafen der Welt, erwies es sich für das zentralistisch strukturierte Italien als nutzlos und unbequem.

*Europäische Coda*

Der Kampf um die österreichische Identität ist – wie Felix Kreisler in seinem gleichnamigen Essay bemerkte – stets aufs neue zu beginnen, vor allem wieder angesichts der europäischen Einigungsbestrebungen. Es ist dies eigentlich ein Kampf um eine mitteleuropäische Identität. Denn Österreich ist mehr als das Staatengebilde, welches 1918 auf den Territorien der deutschsprachigen Provinzen Österreich-Ungarns errichtet wurde. Und es wäre auch ein beispielhafter

Kampf um regionale und interregionale Identität in Mitteleuropa.

Ein Gespenst geht um in Europa. Es nennt sich Europäische Union. Es steht der europäischen Einigung im Wege, weil es sich aus Milchleistungsquoten und Wettbewerbsvorschriften definiert und nicht aus kulturellen und sozialen Erfordernissen. Bismarcks Deutschland-Verachtung erhält in Brüssel europäische Dimensionen. Dabei wäre endlich die Diskussion über europäische Identität zu eröffnen auf dieser asiatischen Landzunge, die wir Europa nennen.

Der Kampf um Europa ist aufs neue zu beginnen, gegen den standardisierten Informations- und Unterhaltungsbrei, der uns täglich entgegenschwappt in Wort und Bild, zwischen Narvik und Syracus die Kinder zu Objekten des Konsumismus macht. Kein noch so idyllisches Bergdorf blieb von der Saurier-Welle verschont. Und wer einmal dem italienisch synchronisierten Horst Tappert in einer friulanischen Dorfkneipe an den Lippen hängen durfte, weiß, daß wir europaweit dabei sind, Identitäten auszurotten.

Die Kulturindustrie spielt Nintendo mit uns. Wir haben uns zur Wehr zu setzen, indem wir wieder nach Heimat, nach Identität suchen. Europaweit und im Kleinen. Eine Heimat für alle, für verschiedene Menschen, Charaktere und für deren Gefühle.

Der Kampf beginnt mit dem Bekenntnis zum Bastard, mit dem Bekenntnis gegen Frankenstein und sein Geschöpf, welches ja doch wieder nichts weiter ist als der technokratische und unmenschliche Versuch, Seelen auf Flaschen zu ziehen.

Frankenstein braucht heute kein Labor mehr. Ihm genügen Fernsehstudios und Satelliten-Schüsseln.

LITERATURHINWEISE

*Adorno, Theodor W.:* »Auf die Frage: Was ist deutsch?« in: »Stichworte«, Frankfurt, 1969
*Adorno, Theodor W.:* »Jargon der Eigentlichkeit«, Frankfurt, 1964
*Anonym:* »Der Österreichische Adel und sein constitutioneller Beruf«, München, 1878
*Bergk, A. (Hrsg.):* »Aufklärung und Gedankenfreiheit«, Frankfurt, 1977
*Burger, Rudolf:* »Österreichische Kultur – 1000 Jahre Identität?«, Österreichische Gesellschaft für Kulturpolitik, 1993
*Burmeister , H.-P. (Hrsg.):* »Mitteleuropa, Traum oder Trauma?«, Bremen, 1988
*Enzensberger, H.M.:* »Ach Europa!«, Frankfurt, 1987
*Fuchs, Albert:* »Geistige Strömungen in Österreich«, Wien, 1978
*Heer, Friedrich:* »Der Kampf um die Österreichische Identität«, Wien-Köln-Graz, 1981
*Jaspers, Karl:* »Vom europäischen Geist«, München, 1947
*Kellenberger, Ralph:* »Da draussen bin ich nur ein armes Luder...«, in: »Schweizer Monatshefte«, 73. Jahr, 7/8 1993
*Kraus, Karl:* »Sprüche und Widersprüche«, Frankfurt, 1966
*Kraus, Karl:* »Nachts«, Frankfurt,1986
*Kreissler, Felix:* »Der Kampf um die österreichische Identität«, in: »Europa und Mitteleuropa?«, Wien, 1991
*Krön, Peter:* »Kultur – EG – Österreich«, Salzburg, 1993
*Kuh, Anton:* »Zeitgeist im Literatur-Café«, Wien, 1983
*Lützeler, Paul Michael:* »Die Schriftsteller und Europa«, München, 1992
*Magris, Claudio:* »Donau – Biographie eines Flusses«, München, 1988
*Magris, Claudio u. Ara, Angelo:* »Triest – Eine literarische Hauptstadt in Mitteleuropa«, München, 1987
*Marx, Karl u. Engels, F.:* »Manifest der Kommunistischen Partei«, London, 1872
*Neumann, Robert:* »Deutschland, deine Österreicher«, Hamburg, 1970
*Nooteboom, Cees:* »Wie wird man Europäer?«, Frankfurt, 1993
*Popper, Karl R.:* »Die offene Gesellschaft und ihre Feinde«, München, 1980
*Stiglbauer, Karl:* »Die Kulturregionen Europas«, in: »Mitteilungen der Österreichischen Geographischen Gesellschaft«, Wien, 1992
*Vajda, Stephan:* »Felix Austria – Eine Geschichte Österreichs«, Wien, 1980
*Volks-Brockhaus*, Leipzig, 1939
*Weininger, Otto:* »Über die letzten Dinge«, München, 1980
*Zweig, Stefan:* »Der Europäische Gedanke«, in: »Die Monotonisierung der Welt«, Frankfurt
*Zweig, Stefan:* »Die Tragik der Vergeßlichkeit«, in: »Europäisches Erbe«, Frankfurt, 1960
*Zweig, Stefan:* »Das Wien von Gestern«, in: »Länder, Städte, Landschaften«, Frankfurt, 1981

*Robert Menasse*

# Zur Lage der Nation

## Österreichische Identität und Vereintes Europa

Hat sich am 12. April 1994, zweiundzwanzig Uhr, die Geschichte der Nationwerdung Österreichs vollendet? An diesem Tag, zu dieser Stunde, hatte nämlich der österreichische Fußballverein Austria Salzburg in einem Europa-Cup-Bewerb den deutschen Karlsruher SC bezwungen. Das ist deshalb so bedeutsam, weil keine drei Wochen zuvor, nach dem Sieg des österreichischen Tennisspielers Thomas Muster über den deutschen Michael Stich, angesichts der eigentümlich übersteigerten patriotischen Emphase der österreichischen Zuschauer und der österreichischen Medien, eine deutsche Zeitung getitelt hatte: »Noch ein Sieg über Deutschland, und Österreich ist endgültig eine Nation«. In diesem – man muß fast sagen: – anerkennenden Spott steckt ein Körnchen Wahrheit: Österreich hat seine Nationwerdung tatsächlich sehr spät vollzogen, und die Abgrenzung von Deutschland bzw. Triumphe über Deutschland haben dabei stets einen besonderen Stellenwert gehabt und haben ihn für das nationale Selbstgefühl der Österreicher bis heute behalten.

Es ist daher kein Zufall, daß nun, da Österreich sich anschickt, mit nächstem Termin wieder in einen größeren Zusammenhang, den der Europäischen Union, einzutreten, die Gegner dieses Beitritts häufig antideutsche Ressentiments zu mobilisieren versuchen, um die nationale Identität und Souveränität Österreichs »zu retten«. So wird etwa vorgebracht, daß ein EU-Beitritt Österreichs einem mittelbaren Anschluß an Deutschland gleichkäme, oder, daß nach einem Beitritt das Wiener Burgtheater gänzlich »in deutsche Hand geraten« werde.

Solche Bedenken können sich zwar einiger Zustimmung in Österreich sicher sein, und doch haben sie etwas seltsam Wirklichkeitsfremdes, wenn man an die längst bestehende ökonomische, mediale und kulturelle Vernetzung Österreichs mit Deutschland denkt, die bislang die vielbeschworene österreichische Identität ja auch nicht auszulöschen vermochte, im Gegenteil, die zu einem guten Teil erst die materielle Basis geschaffen hat, auf der das österreichische Selbstgefühl sich so selbst- und wohlgefällig gerieren konnte.

Allerdings zeigt dieser österreichische Double-Bind gegenüber Deutschland symptomatisch, daß es vordergründig sehr unfruchtbar ist, über die Frage zu räsonnieren, ob die nationale Identität Österreichs durch eine Integration in ein vereintes Europa gefährdet ist, oder davon unbehelligt bleibt. Denn weder sagt die bloße Rhetorik des Identitätsbegriffs etwas Grundsätzliches über die tatsächliche Gewordenheit und Verfaßtheit einer Gesellschaft aus, noch läßt sich eine Gesellschaft, auch wenn sie noch so sehr um ihre Identität in welchem Sinn auch immer kämpft, sinnvoll vor Verflechtungen mit anderen schützen. Um also die Frage, wie es um die nationale Identität Österreichs in einem Vereinten Europa bestellt sein wird, beurteilen, zumindest diskutieren zu können, ist es wohl notwendig, zunächst kurz auf die Geschichte der österreichischen Nationwerdung einzugehen, zu sehen, welche besondere Gestalt die nationale Identität dabei herausgebildet hat, und wie sich diese unter wechselnden Bedingungen im Kontext verhält.

Erst nach 1945, übrigens unter der Präsidentschaft des ehemaligen »Anschluß«-Befürworters Karl Renner, begannen die Repräsentanten aller politischen Parteien erstmals einhellig Österreich als *eigene Nation* darzustellen. Dies war keineswegs Ausdruck eines kollektiven Selbstverständnisses der Österreicher, etwa in dem Sinn, daß sie sich nach dem Katzenjammer, der ihrem emphatischen Eintritt in die *deutsche Nation* gefolgt war, nun ihrer besonderen Situation in Form eines nationalen Zusammengehörigkeitsgefühls bewußt wurden. Das Argument, daß Österreich nun doch eine eigene Nation sei, hatte vielmehr sehr pragmatische politische Gründe: Es wurde von Seiten der Regierung instrumentell zur Erlangung der staatlichen Unabhängigkeit eingesetzt und von massiver entsprechender Propaganda in den staatlichen Medien (die Zeitung *Neues Österreich*, österreichischer Rundfunk) begleitet – denn, so war der Gedanke, *wenn Österreich eine eigene Nation sei, dann ist gegenüber den Alliierten der Wunsch nach Souveränität wohlbegründet und jeder Verdacht auf weitere Anschlußgelüste an Deutschland ausgeräumt.*

Die Zweite Republik Österreich ist wohl der einzige Nationalstaat, der sich zu seiner Nationwerdung *entschlossen* hat, und, auch das ist gewiß einmalig, dessen Nationwerdung wesentlich *außenpolitische* Gründe hatte. Innenpolitisch gab es damals keine zwingende Tendenz zur Selbstdefinition als Nation. Noch 1956 waren bei einer Umfrage 46% der Bevölkerung der Meinung, daß Österreicher »zum deutschen Volk gehören« – man kann sich vorstellen, wieviel höher der Prozentsatz zehn Jahre vorher, noch vor Einsetzen der massiven Nations-Propagierung gewesen ist.

Die propagandistische Selbstdarstellung Österreichs als Nation produzierte natürlich eine Reihe von Aporien, die den gegebenen realen gesellschaftlichen Voraussetzungen logisch entsprangen: es fehlte nicht nur an einer tatsächlich in der Bevölkerung verwurzelten, historisch gewachsenen nationalen Identität, es herrschte noch dazu tiefstes Mißtrauen gegenüber einer solchen. Man darf ja nicht vergessen, daß *national* in Österreich ein Synonym für *deutschnational*, also genau dafür war, womit man gerade Schiffbruch erlitten hatte. Ja mehr noch: Eine ausgewiesene »nationale Identität« mußte für die Generation der Republikgründer auch deshalb etwas höchst Zweifelhaftes sein, weil sie – auch das ist historisch einmalig – im Laufe eines einzigen Lebensalters bereits auf vier verschiedene politische und staatliche Identitäten eingeschult worden war: Auf die der Habsburger-Monarchie, der Ersten Republik, des Ständestaats, und schließlich Nazi-Deutschlands. Die Erfahrung der Generation, die die Zweite Republik aufbaute, war also, daß jede ausgewiesene Selbstdefinition später gegen sie verwendet werden kann. Und die Lehre, die sie aus der jüngsten Geschichte zog, war: Wir haben erlebt, daß Menschen wegen ihrer Gesinnung verfolgt wurden, das soll nie wieder passieren – wir wollen daher einen Staat errichten, in dem man sich ohne Gesinnung zusammensetzen kann. Eine positiv besetzte, selbstverständlich gelebte und selbstbewußt repräsentierte nationale Identität, welcher inhaltlichen Bestimmung auch immer, waren unter diesen Voraussetzungen also kaum möglich. Die tiefe Unsicherheit, wer man nach den historischen Wechselbädern von Macht und Ohnmacht, Größe und Schwäche, Allüren und Schuld am Ende denn positiv sei, trat aber notwendigerweise hinter den forcierten Willen zurück, zunächst einmal den Abzug der Besatzungsmächte und die staatliche Souveränität zu erlangen. Der Satz »Wir sind eine Nation« bedeutete also, ins österreichische Deutsch übersetzt, zunächst nichts anderes als: »Dürfen wir wohl so frei sein, frei zu sein?«

Um diese Freiheit zu erlangen, wollte sich Österreich nicht nur auf sein diplomatisches Geschick verlassen, sondern vergewisserte sich all seiner Ressourcen. Das ist zwar selbstverständlich, zeigt aber in der besonderen Form, wie dies geschah, eine weitere Eigentümlichkeit der österreichischen Nationwerdung: Im Jahr 1946 beschloß ein kleiner innerer Kreis der österreichischen Regierung (Bundeskanzler, Vizekanzler, Außen- und Innenminister), die wertvollsten österreichischen Kunstschätze aus allen Wiener Museen abzuziehen und in den Westen zu evakuieren. Der Grund für diese mit den westlichen Alliierten akkordierten Aktion war, daß noch zu befürchten stand, die Sowjetunion könnte versuchen, ihre österreichische Zone dem Ostblock einzuverleiben und Österreich dadurch zu teilen. In diesem Fall sollte eine österreichische Exilregierung durch den Verkauf dieser Kunstschätze über ausreichend Kapital verfügen, »um die nationalen Interessen Österreichs mit Nachdruck in der Welt vertreten und durchsetzen zu können«. Die Kunstschätze wurden zunächst in die Schweiz gebracht, unter dem Vorwand, sie würden dort als Dank für die Schweizer Nachkriegshilfe ausgestellt, in der Folge wurden sie auf Wanderausstellung durch Westeuropa und schließlich in die USA geschickt, von wo sie erst 1954 zurückkehrten, als der Abschluß des Staatsvertrages absehbar war. Diese Geschichte zeigt, daß Österreich, noch bevor es im politischen Sinn eine Nation wurde, bereits eine Kulturnation war – insofern, als man sich eines kulturellen Nationalvermögens bewußt war, nämlich der geerbten Kulturgüter und Kunstschätze, und auch bereit war, diese zur materiellen Basis der durchzusetzenden Staatsnation zu machen. Die entsprechenden vorsorglichen Aktivitäten der damaligen Regierung waren nicht nur sehr weitblickend, in ihrem notwendigen Changieren zwischen Kulturnation und Staatsnation sind auch schon alle Eigentümlichkeiten des Nationsbegriffs und der nationalen Identität angelegt, die Österreich in der Folge herausbilden sollte.

Es gab und gibt ja bekanntlich zwei »klassische« Nationsbegriffe: den aus der deutschen romantischen Tradition, der Nation wesentlich als Sprach- und Kulturgemeinschaft versteht, und den im Sinne der französisch-revolutionären Tradition, derzufolge eine Nation nichts anderes ist, als ein Staat, der vom kollektiven Wunsch gebildet wird, jedem einzelnen die bürgerlichen Freiheiten und Rechte zu garantieren. Natürlich verbot sich in Hinblick auf die mit der Nationpropagierung verbundenen politischen Absichten Österreichs der deutsche romantische Nationsbegriff von selbst. Man setzte also zunächst auf den französischen Nationsbegriff und propagierte die Idee einer österreichischen Nation, die wesentlich durch den kollektiven Willen der Bevölkerung zu Freiheit und Unabhängigkeit gebildet werde. Zugleich rekurrierte man, in Hinblick auf die Bundesrepublik Deutschland, von der man sich ja möglichst klar unterscheiden wollte, auch wieder auf den deutschen Nationsbegriff, allerdings um ihn gegen die Deutschen auszuspielen: Es wurden geschichtliche und kulturelle Besonderheiten im Unterschied zu Deutschland geltend gemacht, ein Argument, das innenpolitisch als »Mentalitätsunterschiede« wiederkehrte und durch die Anti-»Piefke«-Ressentiments, die es nach 45 in Österreich gab, verstärkt wurde. In den Schulen wurde damals sogar der Begriff »Deutsch« durch den Begriff »Unterrichtssprache« ersetzt. Man spielte mit diesen Anti-»Piefke«-Ressentiments, propagierte eine kulturelle Eigenart innerhalb des deutschen Sprachraums, die sich historisch aus dem Verschmelzen mannigfachster ethnischer, sprachlicher und kultureller Einflüsse aus den ehemaligen Kronländern entwickelt habe – und bestand gleichzeitig gegenüber den nun in Österreich lebenden Minderheiten auf der deutschen Sprachgemeinschaft als Basis für nationale Identität. Man definierte Sprache also hinterrücks doch wieder als konstitutiv für das nationale Selbstgefühl, maß aber bis heute den österreichischen Eigenheiten und Besonderheiten der Sprache keine Bedeutung zu: So werden zum Beispiel sprachliche Austriazismen vom österreichischen Wörterbuch sogar dann als Dialektformen, also als sprachliche Unkorrektheiten ausgewiesen, wenn der deutsche Duden diese durchaus als gleichberechtigte Varianten des Hochdeutschen akzeptiert. Ähnlich inkonsequent verhielt man sich bei den Verweisen auf die österreichische Geschichte: Einerseits wurde sie immer wieder feierlich herbeizitiert, um die Herausbildung einer nationalen Identität Österreichs auch historisch zu untermauern, andererseits tabuisierte man völlig die jüngste Geschichte und umging konsequent jegliche Auseinandersetzung mit den personellen und strukturellen Kontinuitäten aus der NS-Zeit.

Heute, post festum, kann man aber sagen: Es hat funktioniert. Österreich hat seine Souveränität erhalten, die Jahrzehnte der staatlichen Unabhängigkeit haben zweifellos eine zwar schwer bestimmbare, aber doch irgendwie deutlich empfundene eigenständige Mentalität hervorgebracht, und daß Österreich eine Nation sei, steht heute auch innenpolitisch so wenig in Frage wie außenpolitisch. Laut jüngsten Meinungsumfragen stimmen bereits rund neunzig Prozent der Österreicher dem Satz zu, daß Österreich eine eigene Nation sei. Damit übertrifft die allgemeine Zustimmung der Österreicher zu einer Nation Österreich prozentual sogar die Zustimmung der Franzosen zur Nation Frankreich. Zugleich aber zeigen die Meinungsumfragen, daß niemand in Österreich verbindlich zu sagen wüßte, *was eine Nation eigentlich sei, beziehungsweise worin die nationalen Eigenheiten Österreichs konkret bestünden.* Das ist, in Anbetracht der Genese des österreichischen Nationalgefühls, nicht verwunderlich: Es besteht ja tatsächlich aus nichts Bestimmtem, besser gesagt, es besteht aus der wechselseitigen Aufhebung der klassischen Nationsbestimmungen. Es besteht aus Entweder-und-Oder. Wir sind eine deutsche Sprachgemeinschaft, die sich von der deutschen Sprachgemeinschaft distanziert. Wenn wir im Ausland Deutsch sprechen, weisen wir darauf hin, daß wir Österreicher sind und erwarten, daß wir besser behandelt werden als die Deutschen. Wir sind, von der Entstehungsgeschichte her, eine Kulturnation, die bereit war, ihre Kulturgüter zu verkaufen, falls dies notwendig gewesen wäre, um eine Staatsnation zu werden. Wir sind eine Staatsnation geworden, die auf den politischen Implikationen dieses Begriffs aber nicht besteht, sondern, da wir unsere Kunstschätze zum Glück doch nicht verkaufen mußten, sich lieber als Kulturnation präsentiert. Wir definieren uns zwar auch über unseren Willen zu den bürgerlichen Freiheitsrechten, messen ihnen aber zugleich nicht unbedingt Bedeutung zu, wenn es darum geht, sie anderen zuzugestehen. Wir sind daher solidarisch mit allen, die sie haben, wir sind also zum Beispiel solidarisch mit Südtiroler Hoteliers, demontieren aber die Ortstafeln der in Österreich lebenden Slowenen, bieten Grenzschutz auf gegen asylsuchende Rumänen, oder erlassen Aufenthaltsgesetze, die es ermöglichen, Menschen, die seit vielen Jahren hier gelebt und gearbeitet haben, plötzlich auszuweisen. Wir definieren uns über unsere Kultur und unsere Geschichte, und unsere Kultur besteht aus selektivem Umgang mit Geschichte, und Geschichte ist für uns die herzeigbare geerbte Kultur. Wir sind neutral, was für das österreichische Selbstverständnis nach allen großen Konflikten, in die Österreich in seiner Geschichte immer so unglücklich involviert war, eine besondere Bedeutung hat, aber wir haben auch heute unsere Verpflichtungen, weshalb wir über Nacht Gesetze ändern, um die Durchfuhr von Kriegsmaterialien durch unser Land zu ermöglichen, ohne unsere Neutralität zu verletzen. Wir halten Jörg Haider wegen seiner Aussagen zur österreichischen Nation und zum Nationalsozialismus als Landeshauptmann von Kärnten für untragbar, aber wir halten ihn schon am nächsten Tag als Landeshauptmannstellvertreter für tragbar.

Kurz gesagt, Österreich ist ein Paradebeispiel für die Hegelsche Definition von Identität, derzufolge Identität nichts anderes sei als die Identität mit der Nicht-Identität.

Allerdings: durch die wechselseitige Aufhebung der beiden klassischen Nationsbegriffe, ist tatsächlich so etwas wie eine spezifische nationale Eigenheit entstanden: Österreichische Nation – das ist gleichsam der *dritte Nationsbegriff.*

Man kann empirisch belegen, daß es keine signifikante Anzahl von Österreichern gibt, die zum Begriff österreichische Nation die Implikationen des Begriffs Staatsnation assoziiert, etwa »kollektiver Wille zur Garantie der bürgerlichen Freiheitsrechte jedes einzelnen«. Andererseits ist durch die forcierte Abgrenzung von Deutschland nichts vom Deutschnationalismus, aber auch kaum etwas von den konstitutiven Elementen des deutschen romantischen Nationsbegriffs übriggeblieben. Der Satz etwa: »Wir sind eine Nation, weil wir alle die selbe Sprache sprechen« kommt jedem Österreicher, egal auf welcher Seite des weltanschaulichen Spektrums, komisch vor. Jene Meinungsumfrage, die ein repräsentatives Sample von Österreichern bat, den Satz »Wir sind eine Nation, weil...« zu ergänzen, erhielt in überwältigender Mehrzahl bloß tautologische Antworten, wie zum Beispiel: »Wir sind eine Nation, weil wir alle Österreicher sind!« Alle negativen Erfahrungen, die dieses Land in seiner Geschichte mit der Idee des Nationalstaates und dem Nationalismus gemacht hat – von den Nationalitätenkonflikten der Habsburger-Monarchie über den operettenhaft inszenierten Österreich-Patriotismus des Ständestaates bis zum Nationalsozialismus – sind in diesem inhaltlich unbestimmten neuen österreichischen Nations-Begriff erlöst. Andererseits: Gerade vor dem Hintergrund der jüngsten Geschichte erweist sich die inhaltliche Unbestimmtheit des österreichischen Nations-Begriffs als seine wesentliche inhaltliche Bestimmung: Wo nichts ist, kann auch keine Schuld sein.

Hans Safrian erzählt in seinem Buch *Die Eichmann-Männer* eine sehr bezeichnende Anekdote: Als Adolf Eichmann im Jahr 1960 vom israelischen Geheimdienst verhaftet wurde und seinem Prozeß entgegensah, machte sich die österreichische Regierung wegen der Konsequenzen Sorgen, die es hätte, wenn Eichmann *als Österreicher* verurteilt wird. Man fand eine einfache und schlüssige Lösung: Eichmann wurde die österreichische Staatsbürgerschaft, also seine Nationalität, aberkannt. Fünf Jahre nach der Erlangung der staatlichen Souveränität hat die Zweite Republik Österreich bereits die innovative Bedeutung ihres Nationsbegriffs demonstriert: nämlich eine Staatsnation zu sein, die ihren Bürgern historische Unschuld garantiert.

Dieser Nationsbegriff prädestiniert Österreich nun in besonderer

Weise für einen Beitritt in die EU. Er ermöglicht Österreich in aller Unschuld diesen Schritt zu tun, der vordergründig, nämlich nach allen geschichtlichen Erfahrungen dieses Landes, sehr problematisch erscheint. Denn bis zur Herausbildung des beschriebenen österreichischen Nationalcharakters ist das deutschsprachige Österreich immer wieder tragisch zerrissen worden vom Widerspruch zwischen allürenhafter Eigenständigkeit und Besonderheit einerseits und einer als pragmatisch notwendig empfundenen Integration in einen größeren Zusammenhang andererseits: von der Habsburger-Monarchie bis zum Dritten Reich. Das in der Zweiten Republik aber herausgebildete, in jahrelanger gesellschaftlicher und politischer Praxis eingeübte und verinnerlichte Nationalgefühl hat diesen Widerspruch zwar nicht ausgeräumt, hat ihn allerdings in einer Weise synthetisiert, daß er nicht mehr als Widerspruch empfunden wird. Gerade das, was Österreich immer zerrissen hat, erweist sich heute als besonders reißfest. Wenn zum Beispiel, wie schon gesagt, die anti-deutschen Ressentiments in Österreich eine besondere Bedeutung als nationaler Kitt haben, so hat dies Österreich gleichzeitig in keiner Weise daran gehindert, seinen Außenhandel zu rund 60% und seine Währungspolitik zu 100% von Deutschland abhängig zu machen, wobei dies sogar all denen, die einen sportlichen Triumph über Deutschland als besondere Genugtuung erleben, durchaus vernünftig erscheint. Und bei einer Meinungsumfrage zum Thema »Österreichbewußtsein« vor rund zehn Jahren gaben 60% der Befragten an, daß »Österreich eine besondere Rolle in Europa« spiele, während gleichzeitig sage und schreibe rund 50% glaubten, daß Österreich bereits EG-Mitglied sei. Wenn sich seither auch die konkrete Einschätzung der Sonderrolle Österreichs in Europa geändert haben mag, so ist mit dieser Meinungsumfrage doch schon vorweggenommen, daß Sonderstellung Österreichs und Integration in einen größeren Zusammenhang für das österreichische Bewußtsein keine schroffen Antithesen mehr sind.

Für den besonderen, geradezu kunstvollen Umgang Österreichs mit seinen aus all den Wechselfällen der Geschichte entstandenen Widersprüchen gibt es ein berühmtes Beispiel, das nicht zuletzt auch in Hinblick auf einen EU-Beitritt Österreichs sehr vielsagend ist. Es zeigt sehr schön den eigentümlichen Mechanismus, wie es in Österreich nach 1945 sehr rasch gelang, mit seiner Geschichte zu leben, ohne sich von ihr die Zukunft präjudizieren zu lassen: Nach dem Anschluß hatte der Bürgermeister einer österreichischen Stadt, ein begeisterter Nationalsozialist, einen Künstler beauftragt, für das Rathaus dieser Stadt ein großes Bild zu malen, »eine farbige Symphonie echten deutschen Volkstums«, die diese Stadt in der Begeisterung des vollzogenen Anschlusses an Deutschland zeigen sollte. Was geschah aber mit diesem Bild nach 1945? Hat man es aus dem Rathaus entfernt und zerstört oder in irgendeinem Depot verschwinden lassen? Nun hat aber dieses Bild dem Bürgermeister, den Würdenträgern, der Bevölkerung dieser Stadt immer noch gefallen, sie wollten sich nicht von ihm trennen. Hat man es also hängengelassen, aber mit einem distanzierenden Kommentar ergänzt, der dem heutigen Betrachter erklärt, daß dieses Bild ein historisches Kapitel dieser Stadt und dieses Landes, das nicht weggeleugnet werden könne, illustriere und gleichsam aus didaktischen Gründen, als Dokument und Exempel der politischen Verwirrungen dieser Zeit, die sich nicht mehr wiederholen dürfe, hier ausgestellt bleibe?

Keines von beiden, beziehungsweise, typisch österreichisch: beides.

Das Bild blieb hängen und wurde gleichzeitig zerstört. Genauer gesagt: Es wurde übermalt. Aus SS- und Wehrmachtsuniformen wurden Steireranzüge, aus BDM-Uniformen Dirndl-Kleider. So war aus einem Bild, das das Verschwinden Österreichs zeigte, im Handumdrehen ein Bild geworden, das ein markant eigenständiges und unverwechselbares Österreich darstellte. Im Widerspruch zwischen staatspolitischen Erwägungen, denen zufolge dieses Bild wegmußte, denn nur durch Beteuern der Unschuld konnte Österreich seine Unabhängigkeit erringen, und den tatsächlichen sozialen und kulturellen Identitäten, denenzufolge das Bild hängenbleiben sollte, weil es den Menschen gefiel, weil sie sich darin wiedererkannten, weil es wohl auch ihren Mentalitätskontinuitäten entsprach, wurde eine Lösung gefunden, die beiden Ansprüchen genügte, aber – und das ist das Interessante – bei der alles politisch und geschichtlich Problematische hinter einer unschuldig folkloristischen kulturgeschichtlichen Konstante zurücktrat: dem Trachtenanzug. Und dieser ist tatsächlich ein Sinnbild dafür, daß es die kulturellen Konstanten waren und sind, durch die Österreich, über alle politischen Wechselfälle und Systemänderungen hinweg, immer als Österreich identifizierbar blieb. Am Beispiel der österreichischen Loden- und Trachtenkleidung läßt sich das sehr schön zeigen. Über das kakanische Österreich schrieb Robert Musil: »Die in mannigfachen Berufen erfolgreichen Österreicher ahmten in ihrer Kleidung den Kaiser nach, wie er sich in seiner Freizeit präsentierte. Ein Besucher dieses Landes, damit nicht vertraut, mußte aber den Eindruck gewinnen, daß die größte Berufsgruppe Österreichs, selbst in den Städten, die der Jäger war.« Über das Straßenbild Wiens in der Zwischenkriegszeit schrieb Anton Kuh, daß die Kleidung der Menschen den Eindruck vermittle, daß diese Stadt »nicht Wien an der Donau, sondern Wien am Gebirge« heiße. Den Nationalsozialismus in Österreich wiederum brachte Friedrich Torberg einmal auf die Formel »Blut und Loden«. Und nach 1945 wurden auch in Hans Leberts Roman »Der Feuerkreis« die alten Nazi-Uniformen flugs wieder in Steirerkostüme umgeschneidert.

Man sieht, daß in der Auseinandersetzung zwischen politischen Systemen und kulturellen Identitäten zwar immer Symbiosen möglich sind, als deutlich sichtbare Kontinuitäten über alle Brüche hinweg sich aber die kulturellen Identitäten erweisen.

Österreich hat, wie wohl deutlich geworden ist, eine nationale Identität herausgebildet, die wesentlich darüber definiert ist: Jederzeit Symbiosen herstellen zu können, und dabei seine kulturelle Identität nicht nur zu wahren, sondern noch zu festigen. Genau dies ist im heutigen und künftigen Europa – unter dem Schlagwort »Europa der Regionen« – wohl gefordert.

So besonders tragisch die Ansätze einer Nationwerdung Österreichs vor 1938 auch mißglückt sind – jetzt, vor einem Beitritt in die Europäische Union, stellt es sich als historischer Vorteil dar, daß die österreichische Nationwerdung und die Herausbildung einer nationalen Identität erst so spät vonstatten ging: Denn sie fiel zeitlich zusammen mit der allmählichen Transformation der westeuropäischen Nationalstaaten in nachnationale Gesellschaften, in derem Kontext sich die Zweite Republik von Anfang an politisch beheimatet fühlte. Man kann ja die eigentümlichen Widersprüche und fortgesetzten Selbstaufhebungen der nationalen Identität Österreichs auch so interpretieren, daß ihre Herausbildung und Durchsetzung immer begleitet war von den gleichzeitig wirkenden Tendenzen zur Herausbildung nachnationaler Identitäten in Europa, Tendenzen, die in der Zweiten Republik durch die historisch begründete Berührungsangst mit allem, was irgendwie mit »national« zu tun hat, verstärkt wurden. Und tatsächlich kann ein moderner Staat heute nicht mehr im Sinne des neunzehnten Jahrhunderts »national« sein, da es auch seine Ökonomie in immer geringerem Ausmaß ist.

Dadurch haben sich die politischen Aspekte staatlicher Repräsentation weitgehend von den kulturellen getrennt und sind nicht mehr als zwei Seiten einer Identität, sondern nur noch als changierende Identitäten zu beschreiben: Denn während der Staat einerseits politisch Rahmenbedingungen schaffen muß, der ihn für den allgemeinen Globalisierungsprozeß öffnet und ihn »fit« macht für die internationale Vernetzung, da Rückzug und Abschließung gleichbedeutend mit Niedergang wären, verlagert er andererseits alles, was mit nationaler Selbstvergewisserung, Selbstdarstellung und kollektiver Identität zu tun hat, in den im weitesten Sinne kulturellen Bereich, also der Förderung und Zur-Schau-Stellung spezifischer Formen der Alltagskultur, der Kunst, der Folklore etc.

Diese Dialektik ist nicht nur von der modernen Sozialwissenschaft vielfach beschrieben worden, auf sie wird in der Europäischen Union, mit dem Prinzip der Subsidiarität in kulturellen Fragen, auch ganz bewußt Bedacht genommen.

Die beschriebene österreichische Entwicklung, nämlich in seinem nationalen Selbstverständnis die Implikationen des Begriffs Staatsnation in denen des Begriffs Kulturnation aufzulösen, beziehungsweise sich in kulturnationalen Repräsentationsformen auch schon als Staatsnation zu empfinden, stellt also im Kontext der allgemeinen Entwicklung der europäischen Nationalstaaten eine weitere österreichische Parallelaktion dar, die dieses Land in Hinblick auf seine Identität perfekt mit der Europäischen Union kompatibel macht. Alle politischen und wirtschaftlichen Veränderungen, die auf Österreich mit einem EU-Beitritt zukommen, werden gewiß eines nicht erschüttern: das österreichische Selbstverständnis – eher werden sie die österreichische Realität erst mit dem österreichischen Selbstverständnis zur Deckung bringen. Denn seinem allgemeinen politischen und wirtschaftlichen Selbstverständnis nach ist Österreich nichts anderes als eine moderne westliche Demokratie auf marktwirtschaftlicher Basis, in seiner Realität aber ist Österreich in wesentlichen Bereichen von vormodernen, zum Beispiel sehr starken korporativen Elementen geprägt, etwa in Gestalt des jeglicher demokratischen Kontrolle entzogenen Systems der Sozialpartnerschaft. Das Wissen um seine weitgehende Vormodernität aber ist natürlich kein Bestandteil des allgemeinen österreichischen Selbstverständnisses. Da diese vormodernen Elemente innerhalb der EU aber kaum überleben dürften, wird also nichts anderes geschehen als eine Angleichung der österreichischen Realität an das längst bestehende österreichische Selbstbild.

Kulturelle Besonderheiten Österreichs aber werden im Zuge der politischen und wirtschaftlichen Vereinheitlichung Europas als identitätsstiftender Faktor zweifellos noch forcierter hervortreten als bisher.

Für die von einigen EU-Skeptikern beschworene Gefahr, daß ein Beitritt Österreichs zur Europäischen Union die völlige Hegemonisierung Österreichs vor allem durch Deutschland, und darüber vermittelt gar den Verlust der österreichischen Eigenständigkeit zur Folge haben werde, gibt es real keine Anzeichen. Im Gegenteil: Die traditionelle österreichische Konterdependenz von Deutschland wird gerade unter der Voraussetzung der strukturellen Vereinheitlichungen neue Schubkraft erlangen und für kulturelle Diversifikation sorgen. Im übrigen weiß jeder, der Deutschland auch nur ein wenig kennt, daß kulturelle Hegemonie nicht einmal ein innerdeutsches Bedürfnis ist: Die deutsche Kulturpolitik ist in viel stärkerem Ausmaß als die österreichische föderalistisch ausgerichtet.

Es wird also im gemeinsamen Europa zu einer Stärkung des »typisch Österreichischen« kommen, zumindest aber wird es stärker zur Schau gestellt werden. Ob dies allerdings als Bereicherung oder einmal mehr als »gefährliche Drohung« zu werten ist, muß jeder, der Österreich kennt, für sich selbst entscheiden.

*Andreas Joh. Wiesand*

# Die »Germanophonie«: Identität im Kulturaum? oder Eine kulturpolitische Aufgabe?

*1. Ferne Nähe*

Um es gleich vorauszuschicken, nichts sollte einem Deutschen, zumal einem wiedervereinigten, ferner liegen, als sich in die Identitätssuche der südlichen Nachbarn allzu sehr einzumischen. Nicht bezweifelt werden soll daher, was Georg Malin, ehemaliger, soll ich sagen: Kulturminister von *Liechtenstein*, kürzlich in einem Beitrag für die »Bodensee-Hefte« festgestellt hat:

*»Kulturpolitik kann für kleine Staaten ein bedeutsames Identitätsproblem betreffen, politische Kleinstgebilde werden nie auf die Kraft der Menge und Masse zählen können, um Daseinsberechtigung, Identität und Anerkennung der anderen zu finden. Den Kleinstaaten bleibt, um ihre Existenz rechtfertigen zu können, vor allem das Vertrauen auf das Recht: Zur Profilierung ihrer staatlichen Identität nach innen und außen müssen vorweg ideelle Güter, humanistische Errungenschaften, Kunst und Kultur herangezogen werden...«*[1]

Man muß es umso weniger bezweifeln, als Malin selbst in dem gleichen Artikel mit der Aussage zitiert wird: *»Ein Land darf sich nicht nur mit der eigenen im Land produzierten Kultur befassen, sonst droht ihm der Erstickungstod.«*

Auch über *Österreich* und die dort neuerdings viel diskutierte nationale und kulturelle Identität steht mir kaum ein Urteil zu, obwohl ich, zugegeben, zu jener nicht unbedingt zu beneidenden Expertengruppe des Europarates gehörte, die in den letzten Jahren genau diese Frage im Zusammenhang mit unserer Evaluation der österreichischen Kulturpolitik zu prüfen hatte. Zum Glück besorgen aber auch andere dergleichen Prüfungen in reichem Maße: So wurde kürzlich in einer Zeitung der Autor Alwin Schönberger mit seiner Beschreibung eines »gigantischen Alpen-Disneyland« zitiert, und auch der Experte Horst Knöpp fürchtete um das Image der Österreicher als einer »Nation von Skilehrern und Stubenmädchen«. Hans Heid wähnt gar einen »Aufstand der Bereisten« und damit einen Aufstand der Bevölkerung gegen den Massentourismus gegen eine letzten Endes Identität sogar zerstörende neue Form der »Kolonialisierung«, wie es auch der Volkskundler Dieter Kramer sieht.[2] Ob allein Österreich das Verdikt vom »Land ohne

Eigenschaften« gebührt, möchte ich aber – Robert Menasse wird's hoffentlich verzeihen – schon jetzt bezweifeln.[3]

Der *Schweiz* die Identitätsleviten zu lesen, bietet sich noch viel weniger an, denn schließlich ist die Recherche- und Trauerarbeit genau an dieser ihrer vermeintlichen Achillesferse, also an den 2 1/2, 4 und mehr Sprachen oder Kulturen,[4] dort eine kontinuierliche, mit der sich Regierung und Parlament, gelegentlich auch eigens gegründete Enquête-Kommissionen beschäftigen. Die *Schweiz* gibt damit ein seltenes Beispiel für Länder, in denen die Suche nach regionaler kultureller Identität mit gleicher Intensität und zum Teil von den gleichen Leuten betrieben wird wie entsprechende Selbstprüfungen auf nationaler Ebene.

Vor ein paar Jahren hätte sich noch ein weiterer Kotau angeboten, nämlich der vor einer besonders hoch entwickelten Identitätssuche in unserem bis 1990 existierenden Nachbarstaat *DDR*, der in seiner »Erbepolitik« ja keine Anstrengung scheute, »die Beziehungen auf ein großes kulturelles und geschichtliches Erbe als einen Grundsatz (der) Staatspolitik« herauszustellen.[5] Und so fanden sich denn Marx und Luther, Goethe und Schiller, Beethoven, Bach, Händel, Schinkel, Einstein und Brecht unversehens als identitätsschaffende Heroen der DDR froh vereint – ihr Prestige sollte vor allem die Staatlichkeit und deren Legitimität kulturell unterstreichen. Heute haben wir wieder ein kulturelles Identitätsproblem auf dem Territorium der früheren zweiten Republik, bei uns neuerdings schamhaft als »die neuen Länder« apostrophiert. Etwas überspitzt könnte man sagen, daß sich nun in gewissem Sinne die Verhältnisse umgekehrt haben: Während die DDR-Jugend »spätestens seit Ende der 70er Jahre immer weniger ›Bock‹ auf eine allein seligmachende DDR-Identität hatte«,[6] haben gerade die Kultureinrichtungen und ihre zuvor schon sinngebenden Funktionen in der Vorstellung vieler ehemaliger DDR-Bürger nach der Wende wohl zusätzlich an Attraktion gewonnen, wie sich auch in Umfragen erhärten ließ.[7]

Nicht nur im Osten, auch im Westen raschelt es überall im Blätterwald, und an den Stammtischen biegen sich die Balken: Eigentlich war es doch in den früheren deutschen Teilrepubliken viel bequemer, man hatte sich angenehm eingerichtet, die schlimmsten sogenannten »Teilungsfolgen« ein wenig neutralisiert und mit der bündnismäßigen West- bzw. Ostbindung den Rest der Welt davon überzeugt, daß Deutschland mit seinem Identitätsproblem und seinen Anlehnungsbedürfnissen sobald kein Problem mehr sein würde. Nur ein paar in den Feuilletons belächelte Intellektuelle wie etwa Günter Grass hatten andere Visionen, wollten sich mit der Systemtrennung in Mitteleuropa nicht abfinden. Grass glaubte schon 1981 bei einer Veranstaltung der Berliner Akademie der Künste zu sehen, was uns in der Tat heute zu schaffen macht, nämlich die Gefahr eines »erneuten Nationalismus«, der nach seiner Deutung solange drohe, wie »den Deutschen eine Identität fehlt«.[8] Er war auch einer der wenigen, die in den sogenannten »deutsch-deutschen Kulturabkommen« Gefahren für eine Zementierung der Teilung sahen, die sogar die konservativ-liberale Regierung im Grunde längst ebenso als »Fakt« akzeptiert hatte (und konsequent Honecker noch kurz vor der Mauer-Öffnung als Staatsbesuch in Bonn empfing) wie die Vertreter des geistigen Lebens – ich selbst will mich dabei keineswegs ausschließen.[9]

Daß der Umbruch uns alle in eine noch viel größere Verwirrung stürzen würde, war bei dieser Lage beinahe vorherzusehen. Die überwältigende, auch etwas blind machende Freude über das Ende eines bürokratischen Zwangssystems, über ganz selbstverständliche kleine Freiheiten wie etwa die Freiheit der Wahl des Urlaubsortes, die Freude auch in den Künstlerkreisen über Kontakte und Zusammenarbeit, konnte kaum das Jahr nach der Maueröffnung überdauern. Die ersten Eier gegen westdeutsche Politiker, voran den Bundeskanzler, flogen bereits 1991.

Da bedarf es heute schon offensiver Zusprache aus allen Richtungen. Vor allem im Ausland hatte man lange Zeit die Probleme der Deutschen mit ihrer Vereinigung gar nicht recht begriffen, zumal Stimmen wie die des Unternehmers und Kunstsammlers Peter Ludwig nicht eben häufig sind:

*»Geistig wiedervereinigt ist Deutschland noch nicht. Wiedervereinigung bedeutet Respekt voreinander und verlangt Einfühlsamkeit. Es kann in Deutschland nicht Sieger und Besiegte geben.«*[10]

So ähnlich hat man das auch schon von Leuten aus dem Osten gehört, etwa dem stellvertretenden SPD-Vorsitzenden Wolfgang Thierse.

Nicht zu vergessen: Was den Deutschen aus Ost und West frommen soll, nämlich Respekt vor- und untereinander, wäre das nicht zugleich ein guter, vielleicht der wichtigste Maßstab für das Verhältnis zu unmittelbaren und weiteren Nachbarn in Europa? Gegenüber den »germanophonen« Nachbarn, zu denen man natürlich noch Ostbelgier, manche Elsässer oder Südtiroler und vielleicht einige Luxemburger rechnen kann (ein paar versprengte Gruppen im östlichen Europa sind nicht nur geografisch weiter entfernt) müßte sich dieser Respekt wohl zuerst darin ausdrücken, die Eigenständigkeit bestimmter sozio-kultureller, künstlerischer, literarischer und anderer Entwicklungen als solche überhaupt erst einmal zu erkennen. Und dann vielleicht umso eher anzuerkennen.

*2. Exkurs zur Staatssymbolik*

Kaum eine Frage eignet sich besser zur Beschreibung deutscher Probleme mit der »Identität« als das Feld der nach wie vor mangelnden Übung im Umgang mit nationaler Symbolik und mit dem »Kulturerbe« der Nation. Speziell das Thema *nationaler Denk- oder Mahnmale* liefert dazu anschauliche Belege.

Berlin, im November 1993: Eine »zentrale Gedenkstätte der Bundesrepublik Deutschland« wird von den Repräsentanten des Staates direkt neben dem Brandenburger Tor in der 1816/18 nach Entwürfen von Friedrich Schinkel erbauten Neuen Wache eröffnet. Bundeskanzler Helmut Kohl in einer Bundestagsdebatte:[11] »Es hat mit der Würde unseres Landes zu tun, wie wir mit dem Gedenken an die Toten umgehen« und ein entsprechendes »staatliches Symbol« sei »international zwingende Notwendigkeit«.

Nach der von Demonstrationen begleiteten Zeremonie wird das Mahnmal sogleich wieder für die Öffentlichkeit gesperrt, kann also seinem eigentlichen Zweck zunächst nicht dienen.

Um dieses Vorhaben hatte es auch vorher schon viel politischen, fachlichen und publizistischen Streit gegeben. So wurde gerade der Symbolgehalt einer nun in der Neuen Wache aufgestellten, von der Pazifistin Käthe Kollwitz 1937 geschaffenen Plastik hinterfragt, die eine um ihren gefallenen Sohn trauernde Mutter darstellt – ein »neuerliches Symbol alles hinnehmender Opferbereitschaft der Frau«, wie es ein Leserbrief an die Berliner »tageszeitung« wenige Tage nach der Bundestagsdebatte formulierte. Ähnlich vehement wurde, speziell von Geschichts- und Kunstwissenschaftlern, gegen das »Aufblasen« der ursprünglich sehr kleinen Plastik um ein Vielfaches bis zur Lebensgröße der Figuren argumentiert.

Besonders unangenehm dürfte den Mahnmal-Initiatoren aber die anhaltende Distanz, z.T. auch offene Ablehnung aus Kreisen der *Opfer des nationalsozialistischen Staates* gewesen sein, vor allem der Juden, aber auch der Sinti und Roma, der sozialdemokratischen und kommunistischen Regimegegner, geistig Kranker und Behinderter sowie anderer Gruppen, die mit dem Ziel eines »versöhnenden Gedenkens« doch ursprünglich, neben Soldaten, Kriegstoten und weiteren »Opfern«, in das Gesamtkonzept eingebunden werden sollten. Weil ein großer Teil von ihnen weiterhin fürchtet, daß in einem solch umfassenden Zusammenhang potentiell auch »Täter zu Opfern« deklariert würden oder sogar eine »Relativierung der NS-Verbrechen« zu erwarten sei, wie es ein Verantwortlicher der Stiftung »Topographie des Terrors« in einer Stellungnahme formulierte, wird es mit Sicherheit mindestens noch eine weitere »zentrale« Gedenkstätte für die Juden in nächster Nähe geben – und dies ist wohl noch nicht das Ende der Debatte. Wahrscheinlich bewirkte am Ende das Einlenken einiger Sozialdemokraten (die auch heute noch das Odium der Kaiserzeit fürchten, als »vaterlandslose Gesellen« verdächtigt zu werden), daß das Bauwerk – vor dem bis vor vier Jahren DDR-Soldaten im preußisch-inspirierten Stechschritt paradierten – überhaupt seiner neuen Bestimmung übergeben werden konnte.

Die Probleme dieser Einweihung haben eine Vorgeschichte, nämlich die Ankündigung von Helmut Kohl in seiner ersten Regierungserklärung von 1982, ein entsprechendes Mahnmal für Soldaten, andere Kriegstote und »Opfer der Gewaltherrschaft« in *Bonn* zu errichten. Ein in vielen anderen Ländern üblicher (obschon heute z.T. auch dort hinterfragter) Brauch, das vor allem bei Staatsbesuchen inszenierte *Ritual des Totengedenkens*, sollte nun am Rheinufer gepflegt werden, gedacht als deutlicher Hinweis an die Welt, daß sich Deutschland wieder als »normales« Mitglied der Völkergemeinschaft empfinde (und zugleich wohl auch gedacht als politische Geste an den »nationalen Flügel« in den eigenen Reihen der christlich-liberalen Koalition). Zunächst blieb es freilich bei der Ankündigung: es wurden zwar Pläne entwickelt, doch lösten sie in der Öffentlichkeit, damals auch noch bei der SPD, einen solchen Sturm der Entrüstung aus, daß man sie zurückstellte; im übrigen hatte eine Umfrage des Deutschen Kulturrates ergeben, daß lediglich etwa 20% der bundesdeutschen Bevölkerung positive Assoziationen mit einem zentralen Bonner Mahnmal verbanden. Erst die deutsche Einigung ließ, zusammen mit der knappen Entscheidung des Parlaments für Berlin als gesamtdeutsche Hauptstadt, den Plan wieder chancenreich erscheinen – obschon der allgemeine Ausbruch nationalen Hochgefühls von relativ kurzer Dauer war, bald auch durch Anschläge gegen Ausländer überschattet wurde, die von rechtsextremen Kreisen inspiriert worden waren.

Szenenwechsel: Wenige Tage vor der Eröffnung der Gedenkstätte, am 2. November 1993, sorgte ein Interview des bayerischen Ministerpräsidenten Edmund Stoiber in der »Süddeutschen Zeitung« bundes- und europaweit zunächst für Verblüffung und dann für erhebliche politische Irritation. Stoiber meinte, nach der Wiedervereinigung gehe es nun nicht mehr darum, »belastete deutsche Identität« in der »europäischen Identität« aufzufangen, vielmehr müßten »wir uns bewußt werden, was die deutsche Identität überhaupt ist«. In der CDU/CSU, der größten Kraft in Bundestag und Regierung, sei ein »historischer Bruch« mit den durch Konrad Adenauer begründeten *Traditionen der Europapolitik* fällig und bereits im Gange: Nicht zuletzt wegen der »zentralistischen Regeln bis ins Detail hinein« sei die Idee eines europäischen Bundesstaats diskreditiert und, gestützt auch auf das jüngste Urteil des deutschen Bundesverfassungsgerichts, müsse man jetzt »eine europäische zentrale Staatlichkeit bekämpfen.«

Stoiber erntete nicht nur aus der Opposition, sondern auch aus den eigenen Reihen sogleich deutlichen Widerspruch, Heiner Geißler vom »linken« Flügel der CDU sprach gar von »Hochverrat«. Bundeskanzler Kohl nahm wenige Tage später eine Bundestagsdebatte zum Anlaß, eine Rückkehr zum *nationalstaatlichen Denken des 19. Jahrhunderts* abzulehnen und sich von Stoiber zu distanzieren, ohne ihn direkt zu nennen. Dieser wiederum kokettierte bei gleicher Gelegenheit mit seiner Rolle als »Hochverräter«: das Urteil darüber, so Stoiber, »spricht die Bevölkerung.«

Tatsächlich lassen sich seine Attacken relativ leicht durchschauen:

- Die politische Sprache war in Bayern schon immer etwas »deftiger«; speziell Franz Josef Strauß zeigte da große Meisterschaft, und als dessen Nachfolger haut Stoiber ebenfalls gerne einmal auf die Stammtische des Freistaats;
- In Bayern standen Wahlen bevor, und er wollte ein in seinen Augen interessantes politisches Thema nicht allein den rechten Parteien überlassen (die SPD wies freilich auf die Gefahr hin, daß man so eben jenem rechten Spektrum auch noch Material liefere);
- Stoiber ging es vermutlich weniger um eine »nationale« Renaissance als vielmehr darum, eine Schmälerung der noch heute napoleonisch inspirierten Eigenstaatlichkeit Bayerns (und damit gleich-

zeitig seiner eigenen Bedeutung) zu verhindern, die sich in seinen Augen zwangsläufig einstellt, wenn das Land zu einer europäischen Provinz »herabsinken« würde.

- Stoiber ist kein Einzelfall. Auch andere Politiker aus allen Parteien, »Rechte« wie »Linke«, sind auf bestimmte Aktionen und Positionen der »Eurokraten in Brüssel«, ihren vermeintlichen oder tatsächlichen »Zentralismus«, regelmäßig nicht gut zu sprechen.

Wenn sich manche deutschen Politiker ihren Wählern zunehmend als regionalpopulistische Alleskönner – aber mit »Weltformat« – darstellen wollen, kann dies zur allgemeinen Orientierungslosigkeit wahrscheinlich eher noch beitragen. Man möchte zum Beispiel: Europäischer Musterschüler sein, der aber inzwischen gerne auch einmal als Vorbild anerkannt werden will, zugleich aber ein hochentwickeltes Gefühl für regional geprägte »Heimat«-Idylle absondern, stolz sein auf wirtschaftliche Leistungen, da diese aber viele Jahre zurückliegen und wenig davon übrig geblieben ist, ersatzweise wenigstens auf Leistungen im kulturellen Terrain, folgerichtig Weltoffenheit und Liberalität ausstrahlen, die freilich gegenüber Menschen aus anderen Kulturen rasch ihre Grenzen zu finden hat, statt dessen dann doch eher auf Pfaden nationaler Repräsentation wandeln, Franzosen, Italienern und Briten an technokratischer *Smartness* etwas vormachen und es zugleich ja nicht mit den Amerikanern verderben...

Aber kann man alle diese und weitere Rollen wirklich gleichzeitig überzeugend ausfüllen? Deutet nicht, im Gegenteil, gerade dieses chamäleonhafte, schillernde Erscheinungsbild, soweit es in der Bevölkerung Widerhall findet, auf eine immer noch bestehende mittlere bis schwere Identitätskrise hin, mindestens aber auf ein Auseinanderfallen der entwickelten mitteleuropäischen Industriegesellschaft in diverse Teilsegmente, die sich über ihre Wurzeln ebensowenig einig sind wie z.B. über die Zukunft der Deutschen in Europa?

### *3. Auch nach der Einigung: »Denkmalpflege« statt »Erbepolitik«*

Die Darstellung der Kontroverse über unsere neue Mahn- oder Gedenkstätte war nicht nur der Aktualität und Symbolik dieses Projekts in der alten und neuen deutschen Hauptstadt geschuldet, sie hat auch mit dem Gewicht zu tun, das dem Wort »Denkmal« in unserem Kontext in Deutschland zukommt: Während wir über eine *hochentwickelte »Denkmalpflege«-Administration* verfügen, gibt es nämlich in einem Land voller

Kulturgüter praktisch keine klare Beziehung zu einem *kulturellen Erbe*, einem »Patrimonium«, wie dies andere Länder – zum Teil sehr drakonisch – auch über alle gemeinsamen Märkte der Europäischen Union hinaus zu schützen suchen. Bei näherer Betrachtung stellt sich sogar heraus, daß es schwer fällt, in der deutschen Sprache angemessene Entsprechungen für anderswo so umfassend im Alltag verwendete Begriffe wie *heritage, patrimoine/biens culturels* oder *beni culturali* zu finden, zumal wenn damit zugleich das entsprechende politische Arbeitsfeld angesprochen werden soll. Im westlichen Deutschland verwendete man z.B. das Wort *»Kulturgut«* bis zur Einigung in der Öffentlichkeit praktisch nur als rechtstechnischen Begriff im Zusammenhang mit einem – bisher wenig bedeutsamen – Gesetz gegen dessen »Abwanderung ins Ausland«. Statt dessen wurde von *»Museumsgut«, »Bibliotheksbeständen«, »Sammlungsgegenständen«,* anderen nüchternen Dingen und vor allem: von *»Denkmalpflege«* gesprochen.

Einer der bekanntesten kulturpolitischen Gesamtentwürfe und Förderkonzepte (dergleichen ist in Deutschland ohnehin rar und meist nur regional zu finden!), die »Kunstkonzeption des Landes Baden-Württemberg« von 1990 verläßt diesen Pfad der Nüchternheit auf fast 400 Seiten nur einmal, als nämlich *»herausragende Kulturzeugnisse des Landes«* genannt werden, die vor dem drohenden Verfall gerettet und neuer kultureller Nutzung zugeführt werden konnten – gemeint waren in diesem Zusammenhang aber ausschließlich Baudenkmäler wie Klöster, Burgen und Synagogen. In besonderen Kapiteln dieses Werks wird außerdem auf das Museumswesen, auf Bibliotheken und weitere Arbeitsfelder eingegangen, die zwar mit »Kulturgütern« zu tun haben, aber kaum in diesen Kontext gestellt werden. Durch das Fehlen gemeinsamer staatlicher Planungs- und Exekutivorgane und die weitgehende Autonomie auch der kommunalen Institutionen zeigt sich am Ende also wieder das stark regional und lokal geprägte Bild, das mit der deutschen Tradition geteilter Staatlichkeit zu tun hat. In der Denkmalpflege sind z.B. für die Durchführung der Gesetze, Verordnungen und Förderprogramme regelmäßig eigene »Denkmalbehörden« der Kommunen und der 16 Länder verantwortlich, denen Kulturpolitiker, in concreto, wenig zu sagen oder gar zu befehlen haben.

Eine Untersuchung der Europäischen Gemeinschaft erbrachte 1987, daß die Bundesrepublik Deutschland mit einem Anteil von 20% der staatlichen Kulturbudgets für die Pflege des kulturellen Erbes –

eingeschlossen das Museumswesen und die Archive – als *»Schlußlicht«* in der EG dastand – Italien brachte es hier auf 33%, Großbritannien gar auf 37%. Zwar sind solche Daten wegen unzureichender Vergleichbarkeit der nationalen Statistiken bestenfalls Anhaltswerte, und es gibt natürlich auch noch die indirekte, etwa steuerliche Förderpolitik und die Aufwendungen im Rahmen der Städtebauetats, doch als Symptom für eine allgemeine Problematik können sie schon gewertet werden.

Ein besonders verpönter Begriff war im Westen das *»Kulturerbe«*: Während dieses sonst in Europa für die »Identität« eines Landes oft als prägend angesehen wird, vermied man nach Möglichkeit in der Presse oder in politischen Debatten das Wort und überwiegend sogar eine zusammenhängende Vorstellung davon, kümmerte sich – jedenfalls bis in die jüngere Zeit hinein – auch wenig um seine politische oder rechtliche Einordnung. Dies hängt zum Teil damit zusammen, daß sich in dieser Hinsicht die DDR so besonders viel Mühe gegeben hatte, in ihrer »Erbepolitik« zwar zugleich antrat, die »Welt unserer Nationalkultur und der Weltkultur zu pflegen«, dabei aber zunehmend die »Ideale der besten Söhne des deutschen Volkes« für sich vereinnahmte (so Erich Honecker bei der Gründung des »Martin-Luther-Komitees« der DDR 1980), und am Ende schreckte man auch hier vor Preußens Gloria nicht mehr zurück. Das emotionale Vakuum, das sich nach der Vereinigung besonders im Osten ausbreitete, mag auch damit zu tun haben, daß derlei Kulissenschieberei sehr plötzlich abbrach und der Stellenwert vieler der bis dahin öffentlicher Verehrung anempfohlenen Heroen nun mindestens unklar war oder sogar gegen Null tendierte.

Doch steht es auf der (kulturell wieder zunehmend schärfer abgrenzbaren) westlichen Seite in dieser Hinsicht nicht viel besser, da man dort ja über Jahrzehnte hinweg geglaubt hatte, auf die geistigen Herausforderungen eines solchen Erbes dankend verzichten zu können, vielleicht im Irrglauben, die Welt werde streng sachbezogene, nach allen Seiten offene Deutsche angesichts der Erfahrungen der Vergangenheit vielleicht eher akzeptieren als ein »schwieriges« Volk der Dichter und Denker – von denen aber ohnehin die meisten vor dem NS-Regime emigrierten, soweit sie noch konnten. Merkwürdig »restaurative« Tendenzen[12] gerade in der politisch gesteuerten Baudenkmalpflege mögen aus der fehlenden geistigen Auseinandersetzung ihre Brisanz beziehen.

Indirekt begünstigte diese Haltung freilich auch die Konzentration auf eine zweifellos beachtliche Förderung *zeitgenössischer* Kulturvermittlung, vor allem bei Musik und Theater, in den 80er Jahren auch in Museen: Immerhin wuchs auch der Anteil der Ausgaben für Museen/ Kunstausstellungen an den öffentlichen Kulturetats (= 100%) bei den Bundesländern von 7,9% (1961) und den Kommunen sogar nur von 5% (1962) auf jeweils 11,8% (1991) – wobei einiges von diesem Zuwachs auf das in letzter Zeit besonders intensiv gepflegte Faible für die aktuelle, oft in Großausstellungen präsentierte Bildende Kunst und weniger auf tradiertes Kulturgut entfiel.

Durch die Vereinigung der Bundesrepublik mit der bis dahin – gerade auch in kulturrechtlicher Hinsicht – eigenständigen DDR wurde und wird Deutschland in dieser Hinsicht wohl nicht viel mehr als einige Modifikationen erfahren, doch ist die weitere Entwicklung kaum sicher zu prognostizieren. Dafür sind zunächst die gegenwärtigen *Haushaltsprobleme der Bonner Regierung* verantwortlich: Diese hatte in den ersten Jahren zur Unterstützung von Aufgaben der »Denkmalpflege« in den neuen Ländern und ihren Kommunen, also dem Kernbereich deutscher Kulturgüter-Politik, insgesamt weit über eine Milliarde DM bereitgestellt. Angesichts des zum Teil katastrophalen Zustands speziell der historischen Bausubstanz in den ostdeutschen Städten war aber selbst dieser Kraftakt eher noch bescheiden: Die *Deutsche Stiftung Denkmalschutz*, die sich unter dem Patronat des Bundespräsidenten seit einigen Jahren erfolgreich für gefährdete historische Bauten und Ensembles einsetzt, schätzte 1991 den öffentlichen und privaten Mittelbedarf für den Abbau dieser Defizite in den neuen Ländern in den kommenden 20 Jahren sogar auf insgesamt 65 Milliarden DM.

Doch kann oder will die Bundesregierung nicht länger weiter in den bisherigen Größenordnungen fördern: Schon Mitte 1993 sah das Bundesfinanzministerium zum Beispiel die Förderprogramme zur *kulturellen »Substanzerhaltung«* und *»Infrastrukturförderung«* des Bundesinnenministeriums für das Folgejahr als obsolet an und war nach Protesten nur zu Nachbesserungen in bescheidenem Umfang bereit. Von den Politikern wurden nun wieder verstärkt andere kulturpolitische Prioritäten gesetzt, ob nun aus politischen Gründen oder weil sie billiger kommen als der Unterhalt von Bibliotheken und kulturellen Jugendzentren, eine flächendeckende Denkmalpflege oder gar die Entwicklung eines umfassenderen Kulturgüterschutzes. So werden künftig Mittel wieder verstärkt auf repräsentative Zentren und Bauten konzentriert – die sogenannten »Leuchttürme« – und es ist auch kein beruhigender Gedanke, daß die Etatplanung der Bundesregierung Mittel für eine »Pflege des Geschichtsbewußtseins« erstaunlicherweise nicht gesenkt, sondern von 8,8 Mio (1992) sogar bis auf 28,9 Mio DM (1994) gesteigert hat. Eine sinnvolle »Erbepolitik« läßt sich damit kaum etablieren, wohl aber gelegentlich staatstragend Glanz und Gloria inszenieren (erstmals nach der Wende vorexerziert bei der Überführung des Sargs von Friedrich II. nach Potsdam-Sanssouci).

Möglicherweise ist das Bewußtsein vom gemeinsamen »Kulturerbe«, das es im eigenen Interesse zu erhalten und zu fördern, vor allem aber geistig weiterzuentwickeln gilt, in der breiten Öffentlichkeit – mit Einschränkungen – sogar präsenter als in Politik und Verwaltung, die über diese Frage entweder zerstritten sind oder sie eher unter regionalhistorischem Interesse sehen, gelegentlich auch nur die Konjunktur des örtlichen Baugewerbes im Auge haben. Diesen Schluß läßt jedenfalls eine repräsentative Bevölkerungsumfrage (»1. KulturBarometer«) des Zentrums für Kulturforschung von Anfang 1991 in Ost- und Westdeutschland zu. Speziell die Bevölkerung im Osten ging danach ohne weiteres davon aus, daß die Qualitäten und Traditionen ihrer Kultur eine »Bereicherung« für Gesamtdeutschland darstellen. Gefragt nach erhaltenswertem »kulturellen Reichtum und künstlerischer Aktivität« aus der ehemaligen DDR, die »nach Gesamtdeutschland« eingebracht werden oder sogar »die Eigenart des neuen Landes ganz entscheidend prägen« könnten, wußten 79% im Osten (gegenüber 46% im Westen) Beispiele der Baukultur/Bildenden Kunst, 62% (32%) solche aus Theater und Musikleben, 56% (26%) solche der Volkskunst, vor allem im Gebiet von Volkstanz und sonstiger Folklore sowie 45% (21%) solche aus dem »geistigen und literarischen Leben« zu nennen. Das »2. KulturBarometer« im Winter 1992/93 befaßte sich mit Museumsfragen, und auch hier stellte sich heraus, daß gerade die Bewohner in Ostdeutschland die Museen wohl als eine Art neuen Lernort in Sachen (regionale) kulturelle Identität ansehen: auf die Frage, welchen Typ Museum sie bei einer Einladung zum Besuch vorziehen würden, ergab sich eine klare Präferenz (62%) für den Typ »Heimatmuseum«, während sich unter den Westdeutschen diese Priorität (38%) bei weitem nicht so ausgeprägt darstellte.

Wir können festhalten: Die Auseinandersetzungen über »Kulturgüter« in der deutschen (kultur-)politischen Arena unterscheiden sich in wesentlichen Punkten recht deutlich von denen in zahlreichen anderen Ländern Europas, ebenso die strukturellen Voraussetzungen für eine Politik in diesem Bereich, also etwa Motive und Zuständigkeiten. Wie schon gezeigt wurde, läßt sich sogar mit einigem Recht bezweifeln, ob wir überhaupt *eine* eigene – z.B. mit den Verhältnissen in den mittelmeerischen Ländern vergleichbare – »Kulturgüter-Politik« haben. Für die Frage nach der »Identitätsfindung« ist dies zweifellos von Bedeutung.

*4. »Mitteleuropa« als identitätsstiftendes Heilsgebilde?*

So wie sie in den bundesdeutschen Feuilletons erörtert werden, scheinen mir die deutsch-deutschen Befindlichkeiten nahezulegen: Wir können kaum erwarten, mit einer größeren, also unsere Staatsgrenzen überschreitenden Identitätskonzeption irgendeinen Boden zu finden, solange es, wie zu sehen war, mit eben dieser Identität im eigenen Land nicht funktioniert. Selbst wenn man soweit ginge, eine Art föderalistisches Identitätskonzept zu entwerfen, sich also die Loyalitäten und Identifikationen zunutze machen wollte, die mit überschaubareren Einheiten verbunden sind, bliebe immer noch die Frage nach dem, was denn Basis und auch Ziel einer solchen Identitätssuche sein kann.

Auf einer Tagung der Kulturpolitischen Gesellschaft[13] wurde 1991 dazu der frühere Frankfurter Kulturdezernent Hilmar Hoffmann in einer Weiterführung der Identitätsthesen von Hermann Bausinger zitiert:

*»Kultur ist immer auch Gestaltung von Wirklichkeit; sie ist die besondere Form, in der Realität empfunden, bewältigt, gestaltet und bewertet wird... Identität ist trotz aller scheinbaren Stabilität nur als Ergebnis eines Prozesses anzusehen, also nicht als statischer Zustand... Identität ist Produkt aktiver Auseinandersetzung.«*

Bei gleicher Gelegenheit meinte der Sozialwissenschaftler Hermann Schwengel:[14]

*»Es geht zunehmend weniger um absolute Maße oder Relativismus, sondern eher um Proportionen, es geht auch zunehmend weniger um die eine Identität einer komplexen Gesellschaft, sondern um die Differenz von Identitäten.« Deren Schnittpunkte müßten »offene Stellen« bleiben und so auch Distanz zu »hochrationalisierten Prozessen moderner Gesellschaftlichkeit gewinnen«.*

Dem ist kaum zu widersprechen: das Prozeßhafte und eher Kleinräumige zeitgemäßer Identitätskonzeptionen, ihre notwendige *Unabhängigkeit sowohl von politisch-staatlichen Grenzlinien wie von wirtschaftlichen Planungsdaten* wären also für Deutschland zunächst einmal festzuhalten. Erhard Busek, der frühere Wissenschaftsminister Österreichs, war sich 1989 bei einer Tagung des Deutschen Kulturrates dagegen ganz sicher, daß für sein Land »außer einer historischen Entwicklung die kulturelle Identität einziger Bestandsgrund« sei. Als weiteres funktionales Element wollte er noch »eine potentielle Balance zur Amerikanisierung unseres Kulturmarktes« erkennen.[15] Dergleichen würde man heute weder von einem Vertreter der deutschen Bundesregierung noch etwa vom SPD-Medienpolitiker Peter Glotz hören können...

Während hier also sichtbar wird, daß ein überschaubares Land durchaus seine Lustgefühle aus der Identitätsdiskussion ziehen kann, nimmt es gar nicht mehr wunder, daß eben jener Busek in einer anderen Veröffentlichung wortreich dafür eintrat, die Grenzen des in Österreich so beliebten »Mitteleuropa« doch bitte so zu ziehen, daß Deutschland nicht oder doch wenigstens nicht mit seinen ehemals preußischen Teilen darin enthalten sei.[16]

Diese Fremdbilder können durchaus mit der aus feudalen Tagen in die heutige Zeit hinübergeretteten kulturellen Zersplitterung in Deutschland selbst zu tun haben, die ja nicht nur für uns selbst, sondern auch für unsere Nachbarn geradezu sprichwörtlich ist. Ein ins Groteske gehendes Beispiel lieferte jener Afrika-Experte der Hanns-Seidel-Stiftung, der bei der Eröffnung eines neuen Büros in Jaounde/Kamerun ein ovales Landeswappen mit der Aufschrift »Freistaat Bayern« angebracht hatte – laut SPIEGEL erläuterte er diesen Schritt wie folgt: »Die Bundesrepublik ist erst 40 Jahre alt, dagegen blickt Bayern auf 1000 Jahre Kulturgeschichte zurück.« Es liegt auf dieser Linie, wenn ein Land wie Liechtenstein, immerhin als souveräner Staat Mitglied im Europarat, schon von Vertretern aus zu kulturhoheitlicher Selbstüberschätzung neigenden süddeutschen Ländern als bloßer Schweizer Annex abqualifiziert und damit ihrer Aufmerksamkeit kaum würdig erkannt wurde.

Wenn wir, wie es Klaus Schlögel einmal empfohlen hat (der selber natürlich Deutschland durchaus als Teil Mitteleuropas sehen will),[17] nun unsere östlichen Nachbarn in Mitteleuropa fragen, wie sie »deutsche Identität« abgrenzen und einschätzen wollen, erfahren wir, wie nicht anders zu erwarten, widersprüchliche, zwischen Anziehung und Eigensinn schwankende, auf jeden Fall aber durch eine stets präsente Geschichte geprägte Antworten.

Das macht z.B. ein Auszug aus dem Bericht von György M. Vajda (Budapest) über einen Hungarologen-Kongreß in Wien deutlich, erschienen in »Pannonia« 1/1987; dabei handelte es sich übrigens um eine Zeitschrift, die schon mit ihrem römischen Namen an ein geschichtliches Bild von »Mitteleuropa« erinnern wollte, in der die deutsche Sprache als Potential für die Ost-West-Zusammenarbeit angesehen wurde und die damals auch eine der ersten war, die den Eisernen Vorhang redaktionell und verlegerisch übersprungen hatte (und zwar vom Osten aus und nicht, wie heute die Regel, in West-Ost-Richtung):

*»Lajos Prohászkas, des ehemaligen Professors für Erziehungswissenschaft der Budapester Universität, geistesgeschichtlicher-phänomenologischer – übrigens tatsächlich geistreicher – Essay wurde gefeiert, in dem er das Wesen des deutschen und des ungarischen Menschen miteinander vergleichend zu definieren versuchte und dem er den bedeutsamen Titel ›Der Wanderer und der Heimatlose‹ gab. Die Haltung des Wanderers wäre demnach der Ausdruck des deutschen Wesens, die des Heimatlosen, des Verfolgten, des keine Ruhe und keinen Halt findenden das Wesen des Ungarn.«*

Typisch auch ein Auszug aus einem polnischen Lehrbuch:[18]

*»Der Charakter der deutschen Kultur ist gegenüber der Zentralisiertheit der französischen ›civilisation‹ in ihrer individuellen Gestaltung begründet. Denn nicht nur das politische Leben wird in Frankreich von der Hauptstadt bestimmt, sondern auch das kulturelle Leben, während auf deutschsprachigem Boden dieses von einer Fülle verschiedener, oft nur kleiner Kulturmittelpunkte ausstrahlt. Freilich steht das im Zusammenhang mit der politischen Zersplitterung deutscher Lande. Auch die ideologischen Zerwürfnisse (z.B. zur Lutherzeit, im Dreißigjährigen Krieg, heute die DDR gegenüber den kapitalistischen deutschen Staaten) und der daraus resultierende Partikularismus bewirkten, daß sich die Kultur des gesamten deutschen Sprachraumes trotz gemeinsamer Hochsprache und gemeinsamer künstlerischer und literarischer Tradition unterschiedlich gestaltete und weiterhin Tendenzen einer Desintegration aufweist. Dabei darf nicht vergessen werden, daß die Kultur der Nachbarvölker und deren Geschichte mit der deutschen verbunden sind.«*

Das Zwischenfazit lautet also: Mit der kulturellen Identität der Deutschen ist's nicht weit her, und zwar nicht nur dann, wenn man damit etwas Abschließendes, territorial zu Begrenzendes versteht. Aber, gleich zurückgefragt, darf man sie denn überhaupt so verstehen? Und weiter: Ist dies denn ein Kennzeichen nur der Deutschen?

Eine Sammlung verbaler Identitätstrophäen, die ich in unserer eigenen kleinen Forschungsschmiede in den letzten Jahrzehnten auf ihren Sinngehalt abklopfen konnte, ist in einem Buch enthalten, das ich zur Vertiefung des Themas und vielleicht auch ein wenig zum

Amüsement empfehlen kann.[19] Das Spektrum reicht hier »von der Meinung, die Nation als identitätsstiftende Instanz sei »ausgestorben« (Peter Glotz) »über Strittiges zur ›Weltkultur‹« (Freimut Duve, Petra Kipphoff, Hanna-Renate Laurien) und die Überzeugung von Manfred Lahnstein (Bertelsmann), »Kreativität, so bedauerlich das für den einen oder anderen auch sein mag«, sei im Westen »im wesentlichen um den angloamerikanischen Kulturraum herum organisiert« bis zum Universalziel der »Corporate Idendity«, die zugleich »ästhetische Strategie« ist (R. Antonoff).

Am überzeugendsten wirken dabei noch individuelle Sichtweisen von Künstlern, so etwa Joseph Beuys' Plädoyer, »spirituellen Grundfragen« der Völker nicht auszuweichen und »Nikita Mikhalkovs Auffassung: *»Man kann seine Identität überall, ...auch zu Hause verlieren. Die Hauptsache ist, man bewahrt sich den wichtigsten Teil seiner selbst.«*.

Aus manchen Zitaten und aus Erkenntnissen weiterer Studien[18] ist zu erkennen, mit welcher Verwirrung, ja Blindheit gelegentlich der Begriff Identität diejenigen schlägt, die sich seiner dann bedienen möchten, wenn andere Ausreden nicht mehr weiterhelfen. Dabei habe ich in dieser kleinen Zitatenschau einige mir z.T. sehr einleuchtende, ganz *andere Identitätskonzepte* bewußt ausgeblendet: etwa die soziale Zusammengehörigkeit, die berufliche Orientierung mit ihren »Clanbildungen« oder, und dies heute wieder besonders wichtig, die Zugehörigkeit zu einer bestimmten Altersschicht mit daraus resultierender Nähe und Abgrenzung zu anderen Menschen – aber dies ist hier nicht unser Thema. Sichtbar wird immerhin, daß eine umstandslos auf Fragen der nationalen Selbstbespiegelung verengte Identitätssuche nicht dafür taugen kann, für die Formen und Inhalte der kulturellen Zusammenarbeit in den deutschsprachigen Nachbarländern und Regionen angemessene Wegbeschreibungen zu liefern. Was ich mir als bescheidene Alternative vorstellen kann, will ich aber für das Ende dieses Beitrags aufheben.

### *5. Über deutsche Sprachregionen – und einen gemeinsamen »Schriftraum«*

Prüfen wir als nächstes, was die »Sprachenfrage« für das Verhältnis der deutschsprachigen Länder untereinander bedeuten könnte:

Die Frage einer Identität von Sprache und Nation, von Sprache und staatlichen Grenzen, wie sie jetzt gelegentlich anklingt, wäre für einen Engländer oder Spanier als solche kaum vorstellbar, dort sind die Kategorien weltumspannender Großreiche schließlich noch sehr präsent. Auch in der Bundesrepublik Deutschland hatte sich in der Nachkriegszeit zunächst die Auffassung gefestigt, daß zwischen sprachlicher Gemeinsamkeit und staatlicher Einheit nicht unbedingt ein zwingender Zusammenhang besteht. In kulturpolitischer und kulturwirtschaftlicher Hinsicht gewöhnte man sich statt dessen daran, von einem über staatliche Grenzen hinausreichenden, vor allem sprachlich definierten »Kulturraum«, dem bewußten deutschsprachigen Raum, auszugehen.

Für die Kulturwirtschaft gilt diese Definition, angesichts enger Verbindungen zwischen Verlagen, Tonträgerherstellern, Kunsthändlern und institutionalisierter Zusammenarbeit zwischen Rundfunkanstalten, mit Einschränkungen auch heute noch. In der Kulturpolitik wurde dieses Verständnis insofern etwas lädiert, als sich in den südlichen Nachbarstaaten der Widerstand gegen eine vermutete, allzu forsche deutsche »Vereinnahmung« zunehmend verstärkt. Die gibt es in bestimmten Gebieten, sie ist aber nicht immer bewußt und geschieht z.B. bei den Goethe-Instituten sicher ohne politische Hintergedanken. Im übrigen kann man vielleicht noch einmal an Minister Busek erinnern, der gegenüber den Erwartungen an eine eigenständige österreichische Publikationslandschaft bei der Kulturratstagung tröstend meinte:

*»...daß es nie ein gescheites österreichisches Verlagswesen gegeben hat, auch nicht in der Monarchie. Die österreichischen Autoren haben es überstanden«.*

Bemerkenswerter ist natürlich, daß man trotz (mehr oder weniger) gemeinsamer Sprache heute viel stärker auf kultureller Eigenständigkeit beharrt und sich bemüht, die eigenen sprachlichen Sonderformen und Dialekte in der Öffentlichkeit wie in der Kultur und Medienproduktion als nationales Charakteristikum stärker herauszustellen. Dies ist vor allem in der *Schweiz* überdeutlich, sehr zum Kummer der frankophonen und italienischsprachigen Schweizer, die nun gleich zwei Zusatzsprachen lernen müssen. Auch in *Österreich* habe ich im letzten Jahr, während der Überprüfung der nationalen Kulturpolitik in der Kommission des Europarates, hin und wieder Vorstellungen gehört, daß es an der Zeit sei, das nationale österreichische Idiom vor »Überfremdung« zu schützen. Der Fairneß halber: In den meisten Fällen erbrachte eine Nachfrage, daß in Wahrheit der Schutz (auch in Deutschland gefährdeter) regionaler Dialekte und Ausdrücke gemeint war. Mit diesen Beispielen soll die durchaus auch in *Deutschland* virulente Debatte um den Wert und den Gebrauch von eigenständigen Teilsprachen und Dialekten nicht ausgeblendet werden. Einen Höhepunkt, der bis zu einer z.T. in diesem Idiom geführten Bundestagsdebatte führte, fanden sie 1993/94 in dem Kampf der Verfechter der – in sich keineswegs homogenen – *Niederdeutschen Sprache* um eine Berücksichtigung bei Fördermaßnahmen aufgrund der Europäischen Konvention der Minderheiten- und Regionalsprachen des Europarats (wobei die Vorstellung schon etwas Groteskes hat, das Niederdeutsche als »Minderheitensprache« deklariert zu sehen, während zum Beispiel Millionen tatsächlich nur Türkisch fließend sprechender Arbeitnehmer nach den Regeln dieser Konvention unter den Tisch fallen sollen).

Es bleibt die Frage: Sind wir auf dem Wege zu einem *Sprachnationalismus* bzw. einem aggressiven Sprachregionalismus, der Vorstellungen von einem deutschsprachigen Kultur- und Medienraum vollends obsolet werden läßt? Bisher ist diese Problematik wohl noch eine des gesprochenen Worts und damit erscheint sie lösbar oder sogar als wichtiger Beitrag zu einem differentiellen Identitätskonzept: Daß man sich in den Medien, wenn es um ernsthafte Dinge geht oder etwas »Schwarz auf Weiß« gesagt werden muß, nach wie vor von Flensburg über Luxemburg, Luzern, Vaduz, Bozen und Klagenfurt bis ins sorbische Gebiet um Bautzen in einer gemeinsamen Sprache artikulieren, mithin Verständigung auch über ansonsten vorhandene Differenzen erreichen kann, sollten wir nicht gering schätzen und, wenn möglich, bewahren.

Ein interessantes, bislang wohl einmaliges Experiment – nämlich die Vorbereitung einer deutschen Fassung des »Internationalen Thesaurus für kulturelle Entwicklung« der UNESCO[21] durch Fachleute der (damals) vier größten deutschsprachigen Länder, an dem ich vor acht Jahren selbst aktiv mitgewirkt habe – erbrachte z.B. nur sehr wenige kulturpolitische Begriffe, die in Österreich, der Schweiz, der DDR oder bei uns in einer jeweils ganz eigenen Bedeutung verwendet werden. Die vier UNESCO-Kommissionen der beteiligten Staaten konnten daher das (vor allem für den Gebrauch in computerunterstützten Archiven bestimmte) Werk gemeinsam publizieren. Wieviele Begriffe sich quasi als Eigenentwicklungen in den beteiligten Staaten so durchgesetzt hatten, daß sie im jeweils anderen Land nicht mehr verstanden worden wären, ließ sich, ich muß es zugeben, bei diesem Test allerdings nur bedingt überprüfen. Zur Vermeidung irgendwelcher, das Projekt evtl. gefährdender politischer Differenzen hatte man sich zuvor nämlich kurzerhand entschlossen, nur streng das englische bzw. französische Original in die deutsche Sprache zu übertragen und nicht etwa zu versuchen, eigenständig gewachsene und zum Beispiel in der Kulturpolitik verwendete Begrifflichkeiten dem Werk hinzuzufügen. So waren es dann am Ende, neben einigen Sekundärbedeutungen, lediglich zwei Deskriptoren, die ganz neu hinzugekommen waren, nämlich Verweise, ausgerechnet oder immerhin, auf die rätoromanische und die sorbische Sprache.

Blicken wir noch einen Moment über die Grenzen unseres Sprachraums (den man künftig vielleicht besser als »Schriftraum« definieren sollte) hinaus. Im letzten Jahrzehnt nahm in der Bundesrepublik Deutschland das Interesse an der »Geltung deutscher Sprache im Ausland« zu, meiner Meinung nach eine politisch z.T. etwas überbewertete Angelegenheit, soweit damit der untaugliche Versuch gemeint war, dem Englischen den Rang abzulaufen. Noch weitergehend wäre sogar davon auszugehen, daß eine stärkere Bereitschaft, andere Sprachen im Ausland zu lernen und z.B. bei kulturellen oder wirtschaftlichen Kontakten auch zu nutzen, anderswo stärker honoriert wird als das Bestehen auf einer »Weltgeltung«, gelegentlich sogar in wirtschaftlicher Hinsicht Vorteile mit sich bringen kann – eine im Vergleich zum Spanischen und Französischen immerhin prüfenswerte Hypothese.[22]

Deutsch öfter als »Konferenz- und Amtssprache« in internationalen Organisationen nutzen zu können – die Bundesregierung reklamiert in 16 solcher Gremien einen sprachlichen Vollstatus, in 36 einen Teilstatus – wäre andererseits sicher nicht nur für Deutsche hin und wieder ganz angenehm und würde auch der Verbreitung von in dieser Sprache gedruckter (Fach-)Literatur nützen. Sieht man sich etwas genauer in wichtigen internationalen Organisationen um, zumal jenen mit Schwerpunkten im kulturellen Bereich (etwa der UNESCO und dem Europarat), dann wird man freilich kein allzu positives Bild zeichnen dürfen: Internationale Bibliographien zeigen ebenso wie gedruckte Veröffentlichungen oder Konferenzpapiere eine eindeutige Dominanz des englischen Sprachraums sowie intensive Bemühungen der Franzosen, ihren Status in dieser Hinsicht wenigstens zu erhalten. Dem Französischen kommt dabei zugute, daß ein großer Teil internationaler Gremien, darunter fast alle zwischenstaatlichen Organisationen, auf »frankophonem Territorium« seinen Sitz hat. Auch sind 36% von etwa 190 für Europa wichtigen kulturellen NGO's (non-governmental organizations) und länderübergreifenden Stiftungen in den vier Städten Paris, Brüssel, Genf und Straßburg ansässig, weitere 6% in anderen Städten, in denen das Französische als Umgangssprache dominiert; 8% dieser Organisationen finden sich in London, weitere 6% in sonstigen anglophonen Städten Europas. Ebenso gewichtig ist überraschenderweise der niederländisch und flämisch geprägte Raum mit ebenfalls 14%, davon fast die Hälfte in Amsterdam (würde man hier ebenso wie bei der Frankophonie noch Brüssel hinzurechnen, hätte dieser Raum sogar fast die gleiche Bedeutung). Nur etwa 12% haben ihren Sitz im deutschsprachigen Raum – mit Wien, München und Hamburg als wichtigen, aber längst nicht so dominierenden Standorten – und können damit so etwas wie einen sprachlichen »Heimvorteil« schaffen. Gut 18% entfallen auf die anderen Sprachräume, wobei Italien und die Städte Kopenhagen und Prag eine gewisse Rolle spielen.[23]

Wir müssen offensichtlich unterscheiden: Deutsch gehört zwar weltweit nach wie vor zu den 10 am häufigsten verbreiteten Muttersprachen, liegt in Europa in dieser Hinsicht nach Russisch und lange vor Englisch und Französisch sogar an zweiter Stelle; doch scheint sein von manchen erhoffter und z.B. im östlichen Europa früher sicher auch vorhandener Wert als gängiges Verständigungsmittel für Menschen anderer Zunge, für die Wissenschaft und für den wirtschaftlichen Verkehr im Schwinden zu sein (außer vielleicht in Orchideenfächern wie der Archäologie). Wieviel von diesem (durch die für andere Völker wenig attraktiven Germanisierungsbemühungen des NS-Regimes noch beförderten) Verlust kulturpolitisch wettgemacht werden kann oder werden sollte, ist gegenwärtig eine umstrittene Frage. Richtig ist sicher, daß in diesem Jahrhundert »Austausch«, grenzüberschreitende Beziehungen, immer weniger als geistige Verbindungen und Anregungen verstanden, dagegen von Interessen der Wirtschaft und Politik geprägt und von technisch-wissenschaftlichen Fachsprachen beeinflußt wurden.

Die gelegentlich von Fachleuten der auswärtigen Kulturpolitik geäußerte Hoffnung, das europa- und weltweit zunehmende Interesse an Kulturfragen und auch wieder an den Geisteswissenschaften könne vielleicht eine Wende zugunsten der deutschen Sprache bewirken, wird sich – wenn überhaupt – jedenfalls nur dann erfüllen, wenn aus dem deutschsprachigen Raum herausragende *Leistungen und Maßstäbe für den interkulturellen Dialog* wachsen, die auch andere Völker faszinieren und veranlassen können, sich außer für die Inhalte auch für die sprachliche Kommunikationsform zu interessieren. Da einzelne Erscheinungen und Moden die Bildungssysteme anderer Länder und speziell den Fremdsprachenunterricht der Schulen wenig beeinflussen, da außerdem die »Mutationen« unserer Kultur unter dem Einfluß der audiovisuellen Medien (Kurt Blaukopf) die Bedeutung des schrift- oder buchgestützten Austausches mindestens relativiert haben, ist ein solcher Wandel ohnehin nicht mehr allein in den tradierten Formen der Sprachförderung und auch nicht auf kurze Frist erreichbar – eine Herausforderung, die im akademischen Bereich allmählich erkannt und z.B. durch eine neue, »interkulturelle« Germanistik aufgenommen wird.

*6. Identität à la carte oder als Zwangsvorstellung? Zwei Beispiele*

Zwei weitere Exempel für Besonderheiten der Identitätssuche in Deutschland und im deutschsprachigen Kulturraum, die für die Frage nach (kulturpolitischen) Gemeinsamkeiten symptomatisch erscheinen, sind hier aus Platzgründen nur kurz zu streifen:

*a. Wer ist »Deutscher«?*

Das erste Beispiel betrifft Besonderheiten allein schon sprachlicher Art, die mit dem *Begriff des »Deutschseins«* verbunden sind. Dabei will ich zunächst anmerken, daß ich gar nicht so genau weiß, ob es hier nicht sogar doch ein paar größere Verwandtschaften zu einem der Nachbarn gibt, als es mir jetzt geläufig ist. Der schöne Film von den »Schweizermachern« bringt einen zunächst auf diese Idee, andererseits scheint der Umstand, daß man sich (angeblich) in eine Staatsbürgerschaft quasi auch »hineinkaufen« kann, dann doch wieder gegen irgendwelche Parallelen zu sprechen. Wie dem auch immer sei: Bei einer interessanten Fachtagung mit dem Thema »Sprache im Umbruch«, die vom 3. - 5. Dezember 1990 in Braunschweig stattfand, kam eine Reihe von Themen im wahrsten Sinne des Wortes zur Sprache, die auch im Kontext einer Tagung zur Identität im deutschsprachigen Raum von Interesse sein dürften. In sprach- und politikwissenschaftlichen Analysen wurde versucht, kurz nach dem Vollzug der Einigung eine Bilanz von Differenzen und Gemeinsamkeiten zu ziehen, die im Kontext der »Wende« ja besonders nahelagen.[24]

Dabei wurde nicht nur vorgeführt, wie sich kurz vor ihrer Auflösung in der Volkskammer die Sprache des Marxismus in eine Art »D-Markismus« verwandelte, sondern ein Beitrag von Wolfgang Teubert versuchte sprachanalytisch herauszufinden, wann und mit Hilfe welcher Merkmale jemand als »Deutscher« anzusehen sei.[25] Die gelegentlich bizarren Klimmzüge politischer Stellungnahmen und Gesetzestexte in Deutschland sind hier nicht im Detail auszubreiten, aus dem Fazit des Autors sei jedoch folgende bezeichnende Aufzählung zitiert:

*»Bei den Deutschen in Nordschleswig genügt offenbar die Zugehörigkeit zum deutschen Kulturkreis. Die Österreicher sind heute anscheinend deshalb eine eigene Nation, weil sie in einem eigenen Staat wohnen. Bei den Sudetendeutschen ist es eher die Sprache, weniger der Kulturkreis und die Abstammung, bei den deutschsprachigen Ungarn und Rumänen eher die Abstammung und, soweit noch vorhanden, die Sprache. Deutsche Juden, soweit sie nicht seit jeher auf deutschem Territorium ansässig waren, werden den Deutschen entweder deshalb nicht gleichgestellt, weil sie nicht deutscher Abstammung sind, oder, wenn sie deutscher Abstammung sind, weil sie nicht amtlicherseits (in den Zeiten der Verfolgung! A.J.W.) als Deutsche registriert waren. Sorben sind Deutsche, weil sie immer schon auf deutschen Territorium siedelten, während in Deutschland geborene Gastarbeiterkinder deshalb keine Deutschen sind, weil sie nicht die deutsche Staatsangehörigkeit haben. Otto Habsburg wurde deutscher Staatsangehöriger, weil er sonst nicht hätte Europaabgeordneter werden können. (Das hinderte ihn indessen nicht, sich als Präsidentschaftskandidat in Ungarn nominieren zu lassen.) Sieht man einmal von den prototypischen Deutschen ab, die alle Bedingungen erfüllen, scheint es sich nach dem Prinzip der Opportunität zu regeln, wer zum deutschen Volk oder zur deutschen Nation gehört.«*

Den Nachbarn der Deutschen, nicht nur denen im deutschen Sprach- oder Schriftraum, wäre sicher wohler, wenn dieses Prinzip der »Opportunität« durch eindeutigere, an den sonst in Europa herrschenden Maßstäben orientierte Definitionen abgelöst würde.

*b. In der Bedrohung einig?*

Auch beim zweiten Thema ist lediglich ein Literaturhinweis möglich: Es geht dabei um einen Ausschnitt aus der Geschichte der *Deutschen Intellektuellen im Exil* während des Dritten Reiches, aber halt: Müßte der Titel der umfangreichen Dokumentation einer Ausstellung des Jahres 1993[26] nicht korrigiert werden? Es waren ja die *deutschsprachigen* Intellektuellen aus ganz Europa, die hier zusammenkamen. Gab oder gibt es ihn also doch, den »deutschen Kulturraum«?

Für einen der Initatoren des geistigen Widerstands und der praktischen Hilfe für verfolgte Intellektuelle in der NS-Zeit, Hubertus Prinz zu Löwenstein, war er sogar noch mehr: Schon 1934 publizierte er,[27] es gelte ein »geistiges deutsches Territorium« (ähnlich übrigens dem der katholischen Kirche) zu verteidigen oder wieder neu zu schaffen, das des Heiligen Römischen Reiches deutscher Nation:

*»Die Idee des universalen Reiches ist unabhängig von den Landschaften und Orten im abendländischen Raume, doch gibt es ein Gebiet, auf dem sie sich heute zuerst greifbar verwirklichen sollte, und das ist Deutschland.«*

Einer seiner Mitstreiter, Richard A. Bermann, hatte eine etwas andere, aber nicht weniger anspruchsvolle Vorstellung: In einer Denkschrift forderte er 1934 eine »Deutsche Freistatt«, unter der er »eine Freistatt für den deutschen Geist« verstand. Dabei solle dieser geistige Raum »im besten deutschen Sinne tolerant und weltbürgerlich sein«.

Mit solchen Ideen war es dann in Europa bald vorbei, doch Löwenstein erreichte mit anderen, daß in den USA eine »Deutsche Akademie zu New York« eingerichtet wurde, die – unabhängig von früheren Staatsbürgerschaften – deutschsprachige Intellektuelle und Künstler versammelte (und vielen von ihnen auch finanziell im Exil helfen konnte), die geflüchtet waren oder ausgebürgert wurden, darunter Thomas Mann als zeitweiser Präsident, Max Reinhardt, Otto Klemperer, Lion Feuchtwanger, Franz Werfel, Arnold Zweig, Ernst Toller, Bruno Frank u.v.a.

Ist hier also das Modell, die doch erfolgreiche Etablierung einer *Gemeinschaft deutschen Geistes*, die auch ganz praktisch wirken und so mit Verspätung Heinrich Heine widerlegen konnte, der den Deutschen nur die Einheit »im Luftreich der Träume« zutrauen mochte? Eher nicht: Die Ausstellung demonstriert nämlich, daß schon nach wenigen Monaten die Bedrohung nicht mehr ausreichte, die oft dramatisch divergierenden geistigen und politischen Vorstellungen der Beteiligten zu überbrücken. Manche gekränkten Eitelkeiten und – in Amerika nicht unwichtig – wohl auch die mangelnde Vertrautheit mit *public relations* trugen zusätzlich dazu bei, daß der Widerstand der Geistesriesen jenem der in Europa durchaus völkerverbindend operierenden *Résistance* gegen Hitler nicht das Wasser reichen konnte. Eine in die Nachkriegszeit hineinreichende *gemeinsame geistige Konzeption für Mitteleuropa*, die unser Thema heute vielleicht in anderem Licht erscheinen lassen könnte, blieb aus – die Entwicklung pragmatischer Konzepte für den kulturellen Wiederaufbau wurde, mit allen Höhen und Tiefen, mindestens in Deutschland und Österreich, den Alliierten überlassen, die in dieser Hinsicht ganz und gar unterschiedliche Wege beschritten.[28]

*7. Fazit*

Es liegt nahe, daß die Martinsmantel-»Identität«, je mehr dieser geteilt werden muß, desto weniger jeden in gleicher Weise wärmen kann. Andererseits: Müssen wir unsere persönlichen Zielvorstellungen wirklich noch aus dem Kollektiv-Unbewußten schöpfen, unsere Eigenart unbedingt bei einer gemeinsamen großen Identitätsmutter borgen?

Zweifellos gibt es, nicht nur bei den Deutschen, Bedarf für Selbsterkenntnis, Erinnerung, unvoreingenommene Aufarbeitung der Geschichte, und zweifellos kann dafür die kulturelle Zusammenarbeit über Grenzen hinweg, wenn sie von »unten«, von den einzelnen Menschen ausgeht, einiges beisteuern. Ich möchte daher die Ausgangsfrage so beantworten: Eine gemeinsame Identität *des* deutschsprachigen Kultur- und Medienraums vermag ich nicht zu erkennen, wohl aber *gemeinsame kulturpolitische Aufgaben im größeren Europa*. Nicht Stammeszugehörigkeit oder identische Sprache und Kultur sind gefragt, sondern vielleicht ein Modell für gute Nachbarschaft, das sich gegen niemanden richtet, aber ein gutes Beispiel geben kann.

Einer Gruppe von Staaten, die sich nicht nur als Nachbarn begreifen, sondern bereits über eine lange Tradition der Zusammenarbeit als kulturelle (und kulturpolitische) Region verfügen, hatte ich in meiner Untersuchung über kulturelle Identität und Freizügigkeit[29] einige deutschsprachige Länder und Regionen als Gruppe gegenübergestellt, in der schon das erste Ziel – die gute Nachbarschaft – immer wieder Probleme aufwirft, obwohl (oder gerade weil?) die sprachlichen Voraussetzungen dafür an sich besonders günstig sein müßten. Schon die Abgrenzung zeigt die Differenz:

- Die nordischen Staaten kennen, trotz einer durchaus konfliktreichen Geschichte, eine selbstverständliche Zusammenarbeit, in der jeder seinen Vorteil sieht und sucht. Im Rat für nordische KulturZusammenarbeit arbeiten Dänemark, Finnland, Island, Norwegen und Schweden, z.T. auch gesondert die Faroer-Inseln, die Aland-Inseln und Grönland, ebenso vertrauensvoll zusammen wie in den Feldern der Bildungs-, Wissenschafts-, Umwelt-, Technologie- und Sozialpolitik. Das Wort »Vertrauen« klingt hier schon deshalb nicht pompös, weil sich darin – bei allem Beharren auf nationalen und anderen Besonderheiten, bei allen Unterschieden in Temperamenten und politischen Optionen – in erster Linie die Einstellung und das alltägliche Verhalten der Bürger dieser Staaten widerspiegeln.

- Im sogenannten *deutschsprachigen Raum* ist dies alles schon viel weniger klar: Sicher gibt es auf kulturellem und wirtschaftlichem Gebiet eine enge Verflechtung zwischen der Bundesrepublik Deutschland und Österreich sowie der alemannischen Schweiz und Liechtenstein. Von einer eigenen »Kulturregion«, die sich dieser Tatsache auch politisch bewußt wäre, mag man aber noch kaum sprechen – eher ist zur Zeit noch das Bemühen um stärkeres Eigenprofil spürbar, was jedoch keineswegs eine engere kulturpolitische Zusammenarbeit ausschließen müßte.

Wo könnte diese Zusammenarbeit ansetzen? Sicher bei der *Sprache*. Wenn die gemeinsame Verständigungsbasis gesichert ist, ist auch die Pflege von Regionalsprachen und Dialekten kein Problem mehr. Sie machen schließlich ohnehin nicht an den Grenzen halt, und Liechtenstein, wo die Bevölkerung, der hochdeutschen Schriftsprache durchaus mächtig, ein besonderes alemannisches Idiom pflegt und dem Fürsten seinen k.u.k.-Umgangston nicht verübelt, gibt hier wiederum ein gutes Beispiel. Doch auch beim Umgang mit dem Fremdsprachenlernen in den Schulen, dem Versuch, hier sprachliche Brücken zu anderen Nachbarn zu schlagen, könnte ich mir einige gemeinsame Reformschritte vorstellen.

Andere Felder, bei denen die kulturpolitische Zusammenarbeit im deutschsprachigen Raum ansetzen könnte, gibt es in Fülle. Ich will hier nur nennen:

- *Theater und Musikpflege*: Hier scheint eine sehr weitgehende Kooperation besonders auf der Ebene der Bühnen bereits Realität, mit regelmäßigen Treffen von Intendanten und Verwaltungsdirektoren. Allerdings wurden die Vereinbarungen, etwa bei Absprachen über Höchstgagen, ebenso oft getroffen wie gleich wieder gebrochen. Hier und bei den Bühnen- und Musikberufen läßt sich noch mehr ernsthafte Zusammmenarbeit vorstellen, die für das Überleben dieser in unserem Raum besonders intensiv gepflegten Künste durchaus einmal wichtig werden kann.
- *Fernsehen*: Dies ist wieder ein Beispiel für eine besonders weitreichende Zusammenarbeit, gewissermaßen auf Gedeih und Verderb. Man hat im Ansatz erkannt, daß es hier auch ums ökonomische Überleben einer eigenständigen TV-Produktion in dieser Region geht, und es gibt Perspektiven für eine weitere Intensivierung der

Kooperation. Die jüngste Ankündigung von über 100 Folgen einer 3-Sat-Serie über das Welt-Kulturerbe ist ein interessantes und sicher anspruchsvolleres Beispiel als so manche »volkstümliche« Hitparade, mit der man wirklich im eigenen Haus gefangen bleibt.

- Bei *Museen und Ausstellungen* stellt sich einmal mehr die Frage, was hier eigentlich demonstriert werden soll: Zuvörderst der Ruhm des eigenen Landes oder das Können einzelner, oft sehr europäisch empfindender Künstler (mit durchaus vorhandenen regionalen oder nationalen Prägungen)? Kulturpolitisch kann man sicher von den Erfahrungen einiger Staaten lernen; als Beispiel will ich hier nur Österreich nennen, mit seiner Galerienförderung bei internationalen Messen oder der neuen Instanz der »Kunstkuratoren« auf Zeit, die sehr beachtlich, ihre Ämter bisher frei von irgendwelchen Nationalismen halten konnten. Das neue Projekt einer gemeinsamen Kunstzeitschrift im deutschsprachigen Raum könnte die Chance für eine Reflexion über bestimmte Ausstellungsvorhaben bieten. Man sollte auch noch einen Schritt weiter gehen und die Museums-Zusammenarbeit grenzüberschreitend intensivieren, und zwar nicht nur über Ausstellungen, sondern auch bei Fragen einer verbesserten Administration und vor allem bei der Ausbildung des Museumsnachwuchses.
- Auch in anderen Feldern dürfte sich die Zusammenarbeit in der *kulturellen Aus- und Weiterbildung*, einschließlich dem sogenannten »Kulturmanagement«, noch zum wechselseitigen Vorteil verbessern lassen. Das gleiche gilt für *allgemeine Hochschulpartnerschaften*, wie sie sich vorbildlich z.B. bereits in der Rheinebene zwischen Basel, Freiburg, Karlsruhe und Straßburg entwickeln.
- Ob es in der *»Unterhaltungskultur«* zu einer sinnvollen Zusammenarbeit kommen kann, wird oft in Zweifel gezogen. Ich meine, daß sie längst existiert, im Guten wie im Schlechten. Universaltalenten wie Caterina Valente steht z.B. das »Heller-Syndrom« gegenüber. Dieser gemeinsame »Kulturmarkt« existiert also längst, es wäre nur zu wünschen, daß er auch zu einem Qualitätsmarkt wird, durch den die einzelnen Regionen besser miteinander vertraut werden können. Die Alternative wären kulturwissenschaftliche Managementmodelle wie die der Musical-Vermarkter von »Cats« und »Starlight Express«.
- Der *internationale Kulturaustausch* bietet ebenfalls viel Stoff für gemeinsame Projekte (obwohl diese Vorstellung gerade auf diesem

Feld bei manchen Bürokraten und Diplomaten immer wieder aneckt) und auch für die Reflexion bisheriger Praktiken. Erwähnen will ich nur die Schweiz, die grundsätzlich ohne Kulturabkommen auskommt und die zugleich mit der sowohl im Inland wie im Ausland tätigen Stiftung »Pro Helvetia« Wechselwirkungen fördert, von denen wir in Deutschland nur träumen können.

- Viele Anlässe gibt es für die *kulturpolitische Zusammenarbeit innerhalb und gegenüber der Europäischen Union,* auch für Gemeinschaftsprojekte, und zwar gerade weil die Schweiz hier wohl noch eine Weile wegen ihres EWR-Votums von Brüssel »abgestraft« werden dürfte, während sich Österreich nach dem Beitritt und Liechtenstein nach seiner Abstimmung wohl größerer Gnade erfreuen werden. Genau dieses Bild, daß nämlich europaweite Vorhaben von der Gnade einiger Eurokraten abhängen sollen, wäre aber eigentlich zu korrigieren. Auch bietet der neue Vertrag von Maastricht mit seiner »Kulturverträglichkeitsklausel« manche Ansatzpunkte für ein gemeinsames Vorgehen bei der Prüfung von EU-Vorhaben außerhalb des engeren Kulturbereichs.[30] Die Kooperationsbereitschaft des – u.a. mit diesem Ziel – zur Zeit in Gründung befindlichen neuen »Europäischen Instituts für Kulturforschung« (ERICArts) möchte ich dazu schon einmal anbieten.

- So spricht am Ende dieser nur beispielhaften Aufzählung auch viel dafür, den spartenübergreifenden *kulturpolitischen Erfahrungsaustausch unter den Kulturräten im deutschsprachigen Raum* zu intensivieren, ihn zu einer eigenständigen kulturpolitischen Kraft in unserer Großregion werden zu lassen und entsprechend ihre Rolle als Interessenvertreter für die nichtstaatlichen Institutionen und Organisationen im Kultur- und Medienbereich weiter zu stärken.

Wir können also festhalten, daß es verschiedene Ebenen und Funktionen für eine intensivere Zusammenarbeit zwischen den deutschsprachigen Regionen gibt:

*1. Förderfunktionen,* z.B. gemeinsame Stipendien und Wettbewerbe nach dem Vorbild des Ingeborg-Bachmann-Wettbewerbs in Klagenfurt, aber auch Förderung von Koproduktionen und Vertriebshilfen im literarischen Bereich;

*2. Bildungs- und Ausbildungsfunktionen,* z.B. von Spezialfächern wie Museologie oder Kulturpublizistik über Kulturadministration bis zur

Förderung interkultureller Kompetenzen im Inland und in der Auswärtigen Kulturarbeit;
3. *Informationsfunktionen*: mediale Vermittlungsaktivitäten über die Weiterführung der Fernsehproduktionen von 3-Sat hinaus, also evtl. gemeinsame grenzüberschreitende Hörfunkprogramme, aber auch Synchronisierungs- und Untertitelungshilfen, schließlich
4. die schon genannten und weitere *kulturpolitische Evaluationen und Abstimmungsprozesse*, z.B. im Urheber- und Leistungsschutzrecht.

Schließen will ich mit einer jener scheinbaren Widersprüchlichkeiten, von denen unsere geistige Kultur ja immer am meisten profitiert hat: Wenn es auch nach meiner Meinung diese *gemeinsame* Identität unserer Länder nicht gibt und geben kann, so gibt es doch *»identitätsbildende« Räume*, von denen Künstler und andere, die unsere Kultur anregen oder verbreiten, besonders profitieren können. Solche Räume sind gerade in einer interkulturell offenen, diskursiv angelegten Kultur wichtig: sie können viele Fenster haben, aber auch viel Schutz für gemeinsame Gespräche und die Arbeit an neuen Initiativen bieten.

Ich stelle mir *Liechtenstein* vor diesem Hintergrund als einen solchen offenen Raum vor, der für den künftigen kulturpolitischen Dialog von Vertretern aus dem ganzen deutschsprachigen Raum besonders gut geeignet erscheint. Das meine ich nicht nur, weil vor der Kirche in Schaan ein Fürst Johann dem Guten gewidmetes Denkmal steht, auf dem man u.a. liest: »Dem Hirten der Kunst«. Im neuen Europäischen Haus werden wir mehr als aufgeklärte Fürsten oder andere Schirmherren und -frauen der Kunst benötigen, wir müssen uns schon mit Anstand selber um unsere Angelegenheiten kümmern.

Wenn sich hier, in Liechtenstein, ein Ort oder eine Institution fände, der oder die bereit wäre, eine Art Koordinierungsrolle für die Fortführung des nun begonnenen kulturpolitischen Dialogs im deutschsprachigen Raum zu übernehmen, wäre das aus meiner Sicht optimal. Spätestens seit der Einigung müssen sich die Deutschen darüber im klaren werden, daß es gerade für ein großes – manche finden: allzu großes – Land wichtig ist, daß es sich nicht abkoppelt, nicht Partnerschaften nur im eigenen Interesse mit gleichermaßen »Mächtigen« sucht, sich vielmehr gleichberechtigt mit kleineren Ländern an einen Tisch setzt. Wir brauchen diese Zusammenarbeit am wenigsten wegen der Sprache, etwas mehr vielleicht wegen bestimmter gemeinsamer geschichtlicher Erfahrungen, über die weiter nachzudenken wäre, und am meisten für das Ziel, optimale Bedingungen für die direkte, also nicht staatlich oder aus wirtschaftlichen Interessen heraus veranlaßte Zusammenarbeit von Kulturberufen und Medienmachern zu schaffen. Vielleicht kann dann künftig aus einer Einsicht in die kulturpolitische Notwendigkeit allmählich auch Gemeinsames wachsen, für das »Identität« sicher ein viel zu hochtrabendes Wort sein wird.

**1**»Bodensee-Hefte« Nr. 10/1993. **2** »Eine Nation von Skilehrern?«, Süddeutsche Zeitung vom 28.1.1994. **3** R. Menasse: »Das Land ohne Eigenschaften. Essay zur österreichischen Identität«, Wien (Sonderzahl) 1993. 4 Vgl. H.R. Dörig und Ch. Reichenau: »2 1/2 Kulturen«, Bern (Desertina) oder J.C. Arquint: »Die viersprachige Schweiz«, Zürich (Benziger) 1982. **5** aus: »Kultur der DDR«, Berlin 1985. **6** B. Lindner, H.-H. Krüger: »Jugend und Jugendkulturforschung in Ost und West«, in Akademie Remscheid (Hg.): Jugendkultur im Osten und Westen Deutschlands, Remscheid 1991. **7** So die Ergebnisse des »1. KulturBarometer« des Zentrums für Kulturforschung im Winter 1991/92. **8** zit. nach A. J. Wiesand: »Kunst ohne Grenzen – Kulturelle Identität und Freizügigkeit in Europa », Köln 1987. **9** Zu einem anderen Bild gelangen W. Weidenfeld/K.-R. Korte: »Die Deutschen – Profil einer Nation«, Stuttgart (Klett-Cotta), 1991. Auf der Grundlage ihres Identitätskonzepts mit der Trias: Geschichtsbild – politische Handlungsdimension – Zukunftserwartung kommen sie bei den »pragmatischen Deutschen« zum Bild einer »komplexen kollektiven Identität« mit regionalen und transnationalen Bindungen. Das Aufflammen von Nationalismus und sogar Rassismus 1991-94 in Ost- und Westdeutschland war für diese Autoren nach der deutschen Einigung offenbar ganz undenkbar. Die Daten ihres empirischen Prüfrasters interpretieren sie vielmehr dahin, daß sie »keineswegs in Richtung nationalistischer Gefühlsaufwallungen« deuteten. **10** So in einem Interview der Zeitung DIE WELT im Frühjahr 1994. **11** vom 14. Mai 1993. **12** Manfred Sack schreibt in DIE ZEIT vom 7.12.1990 u.a.: »In Berlin und anderswo melden sich, kaum daß das rüde SED-Regime gestürzt ist, Propagandisten für den Wiederaufbau des Hohenzollern-Schlosses auf der Spreeinsel. Und schon finden sich in unseren feinen Gazetten dergleichen Empfehlungen. Die Restauration ist wieder wach. Nun ließe sich, wenn ringsrum alles einigermaßen in Ordnung wäre, sehr gut darüber streiten, ob derlei richtig oder gar notwendig sei, ob die Berliner und die Potsdamer ihre Stadt-Schlösser zurückerhalten müßten, damit ihr Seelenheil und das demolierte alte Bild ihrer Städte wiederhergestellt werden... Aber hier? Und jetzt? Umgeben von einem gespenstischen Verfalls-Szenarium all überall zwischen Stralsund und Suhl? Dessen gewiß, daß es viele Jahre, ach, Jahrzehnte braucht, die kaputtgewohnten, mit Neubauten brachial ramponierten Städte allesamt erst einmal wieder bewohnbar zu machen? ...gewöhnlich lassen sie dann das Stichwort Polen fallen – einen und gar untauglichen Vergleich: Polen war viermal aus den Landkarten gestrichen; nach der furchtbaren Demütigung im Zweiten Weltkrieg zwang es sein nationales Selbstbewußtsein, die neue Existenz in den Zeichen der vernichteten Geschichte, in Schloß und Altstadt, zu bekräftigen – das ist kein Motiv, das für Garnisonskirche, Frauenkirche, Berliner oder Potsdamer Schloß auch nur andeutungsweise Gültigkeit hätte. Schinkel, den sie alle gern im Munde führen, hat gesagt: »Überall ist man da nur wahrhaft lebendig, wo man Neues schafft.« **13** »Stärkung und Ausbau regionaler Identitäten«, 21-23.4.1991 in Kiel. **14** H. Schwengel: »Kulturregion und regionale Kulturidentität«, ebenda. **15** Kongreß »Nach 40 Jahren – ein bißchen weise?« des Deutschen Kulturrates vom Oktober 1989. **16** E. Busek, E. Brix: »Mitteleuropa«, Wien 1986. **17** K. Schlögel: »Die Mitte liegt ostwärts«, Berlin 1986. **18** Michal Ciesla: »Zur Kulturkunde der Länder des deutschen Sprachraumes« (Warschau 1982). **19** »Kunst ohne Grenzen? Kulturelle Identität und Freizügigkeit in Europa«. a.a.O. **20** Für H. Bausinger ist »Kulturelle Identität« z.B. eine »harmonisierende, vereinheitlichende Leerformel« (Gutachten für die Deutsche UNESCO-Kommission, 1982). **21** UNESCO-Kommissionen der Bundesrepublik Deutschland, der Demokratischen Republik, Österreichs und der Schweiz (Hg.), »Thesaurus Kultur«, Wien 1986. **22** Vgl. dazu mit unterschiedlicher Tendenz Beiträge im Themenheft »Kulturenkonflikte – Herausforderungen für die Auswärtige Kulturpolitik«, Zeitschrift für Kulturaustausch Nr. 4/1994. **23** Auswertung von A.J. Wiesand (Hg.): »Handbook of Cultural Affairs in Europe«, Baden-Baden (Nomos) 1995. **24** A. Burkhardt, K.P. Fritzsche (Hg.), Sprache im Umbruch. Politischer Sprachwandel im Zeichen von »Wende« und »Vereinigung«, Berlin/New York (de Gruyter) 1992. **25** W. Teubert, »Die Deutschen und ihre Identität«, ebenda. **26** Dokumentationsband zur Ausstellung des Deutschen Exilarchivs Frankfurt: »Deutsche Intellektuelle im Exil. Ihre Akademie und die ›American Guild for German Cultural Freedom‹«, München (Saur) 1993. **27** H. von Löwenstein: »Nach Hitlers Fall. Deutschlands kommendes Reich«, London 1934. **28** Vgl. die kommentierte Dokumentation des Deutschen Kulturrates: »Nach vierzig Jahren – ein bißchen weise?«, Bonn 1991. **29** »Kunst ohne Grenzen?« a.a.O. **30** Vgl. dazu auch Beiträge von A. Ellmeier und des Verfassers in Deutscher Kulturrat (Hg.): »Zweiter Bericht zur Kulturpolitik«, Bonn (ARCult) 1994.

*Mars Klein*

# Partizipierend – aber bedacht auf Abgrenzung

## Über das Luxemburger Verhältnis zum deutschsprachigen Kulturraum

*Keinem seiner Nachbarn ist Luxemburg politisch oder wirtschaftlich enger verbunden gewesen als Deutschland. Keinem aber steht es trotzdem mit größerer Zurückhaltung gegenüber.* Das notierte, im Kriegsjahr 1916, der deutsch schreibende Schriftsteller und Politiker Nikolaus Welter (1871-1951). Wäre in diesem – natürlich auch zeitbedingten – Satz nicht das Verhältnis des kleinen Landes zu seinem großen Nachbarland, seit der zweiten Hälfte des 19. Jahrhunderts und mutatis mutandis bis heute, zusammengefaßt: mehr ein pragmatisches Neben- denn echtes Miteinander? Politisch Abkoppelung, ökonomisch nutzbringender Synergismus, kulturell und vor allem kulturpolitisch die ambivalente, hybridische Mischung von notwendiger Anteilnahme und dem Wunsch nach Distanz, gar einem Zwang zur Distanzierung: so etwa läßt sich dieses Nebeneinander resümieren.

Verbundenheit und Zurückhaltung: fürwahr ein spannungsgeladenes Verhältnis. In den normalen Zeiten ein nicht nur für den Juniorpartner vorteilhaftes, zu den besten ein für Luxemburg nicht allein wirtschaftlich bereicherndes, an den schlimmen Schnittpunkten aber Kampf auf Leben und Tod. Nie also bedingungslose, selbstverständliche Gemeinsamkeit.

Das 19. Jahrhundert war für Luxemburg geprägt von der ständigen Bedrohung der Eingliederung in einen seiner Nachbarstaaten. 1867 hätte Napoleon III. ohne den Einspruch Bismarcks das Großherzogtum gar käuflich erworben. Und solange 1918 der Krieg nicht verloren gewesen ist, waren die Pangermanisten sich so gut wie sicher, daß die »pénétration pacifique«, die enge wirtschaftliche Verflechtung zwischen Luxemburg und Deutschland früher oder später wie von allein mit dessen Aufgehen im Reich enden würde.

Aber wie sehr Luxemburg, seit 1842 Mitglied im deutschen Zollverband, besonders zwischen 1870 und 1914 und vor allem durch den Aufbau seiner Montanindustrie mit größtenteils deutschem Kapital ein wirtschaftlicher Satellit Deutschlands war, was außenpolitische Zielvorstellungen (in Deutschland waren selbst Liberale Imperialisten, während die Luxemburger sich in ihrer oktroyierten Neutralitätsrolle durchaus nicht schlecht gefielen), was innenpolitische Grundtendenz des Staatswesens (man vergleiche die Aussage von Nicolas Ries, des Begründers der wichtigen luxemburger Kulturzeitschrift »Cahiers Luxembourgeois« aus dem Jahr 1911: *La fronde et l'esprit d'opposition sont la caractéristique de notre esprit et de notre tempérament* (Frondeur- und Oppositionsgeist sind die wesentlichen Merkmale unserer geistigen und temperamentsmäßigen Veranlagung) mit dem vorauseilenden »preußischen« Gehorsam, den durch seinen famosen Köpenicker Streich der Schuster Wilhelm Voigt bloßstellte – und der sozusagen bezeichnenderweise im luxemburger Exil begraben liegt), was Erziehungs- und Sprachenpolitik, kurzum, was das Verständnis von Gesellschaft und Kultur anging, lagen Luxemburger und Deutsche keineswegs auf der gleichen Wellenlänge. Sowieso konnte der Weg eines unabhängigen Luxemburg, wie er sich seit der 1839 erzwungenen Trennung von Belgien immer präziser abzeichnete, nur gefunden werden in einem anhaltenden Prozeß der Entfremdung von Deutschland. Das letzte freiwillige Bekenntnis der Luxemburger zu Deutschland hatte es, mit mancherlei Nüancen und Reserven, 1848 gegeben.

Zur Zeit, als das Großherzogtum einer der 38 Staaten im Deutschen Bund war, war die Zur-Verfügung-Stellung der Bundesfestung Luxemburg gewissermaßen das Maximum der Leistung gegenüber Deutschland. Wie penibel diese militärisch bedingte Beziehung endete, beschrieb 1867 ein deutscher Beobachter: *Seit mehr als 50 Jahren liegen preussische Truppen in der Bundesfestung. Nie hat ein anderes und festeres Band um Garnison und Bürgerschaft sich schlingen wollen als das des Interesses der letzteren. Denn immerhin fließen der Stadt bedeutende Summen aus dieser Quelle zu. Die Stimmung der Luxemburger war gegen die deutschen Truppen stets eine kühle, apathische, nicht selten eine verstimmte, heute sieht sie fast wie eine gehässige und feindselige aus. So macht die Besatzung den Eindruck einer Militärcolonie, hineingeworfen mitten in widerstrebende Elemente. Wie die Österreicher in Venedig fühlen wir uns, sagte mir ein Offizier.*

Der 31. August 1942, Tag des kühnen luxemburgischen Streiks gegen die faschistischen Okkupanten, war demnach nicht erst seit 1914, der ersten völkerrechtswidrigen Verletzung der Neutralität durch die Deutschen, vorbereitet.

1870 argumentierte der Historiker Heinrich von Treitschke auf die großdeutsche Tour: *Darf Deutschland diesen europäischen Skandal* – gemeint ist das 1867 neutralisierte Luxemburg – *diese vaterlandslose Schma-*

*rotzerpflanze, die am Stamme unseres Volkes sich mästet, auch fernerhin ertragen? Der nationale Staat hat das Recht und die Pflicht, sein Volkstum überall in der Welt zu schützen, es kann nicht dulden, daß ein deutscher Stamm ohne jeden Grund allein durch die Willkür einer verbildeten Bürokratie allmählich in ein deutsch-französisches Blendlingsgeschlecht verwandelt werde. Um dies zu verhindern, gibt es, wie die Dinge liegen, nur ein Mittel, die Aufnahme des Landes in das deutsche Reich.* Zur gleichen Zeit fühlte der anonyme Schreiber einer deutschen illustrierten Zeitung den Luxemburgern den Puls allerdings exakter: *Es gab und gibt Patrioten, die ihre [luxemburger] Landsleute zur deutschen Fahne zurückrufen mit aller Inbrunst bekümmerter Liebe zu Muttersprache und Vaterland, aber ihre Stimme verhallt, sie schwimmen gegen einen schon breit und reißend gewordenen Strom.*

Die Luxemburger, ein deutscher Stamm? Ja und nein. Erinnern wir uns: das alte Herzogtum, seit dem Wiener Kongreß ein Großherzogtum, war zweisprachig französisch-deutsch. Erst 1839 wurde der (bedeutend größere) wallonischsprachige Teil abgetrennt – er bildet seither als Provinz Luxemburg die größte der neun belgischen Provinzen. Damit wurde das Land linguistisch eine germanophone, aber keineswegs Hochdeutsch sprechende Einheit. Trotzdem sieht 1843 das erste Schulgesetz sofort den Bilinguismus Deutsch-Französisch vor, in Fortführung der eigenen langen Tradition. Am Gebrauch des Französischen als erster Verwaltungssprache ist – mit Ausnahme mancher Aufgaben im Kommunal- und Polizeibereich – bis heute nicht gerüttelt worden. Bloß Presse und katholische Kirche (auch in Opposition zum laizistischen Frankreich!) haben sich immer majoritär der deutschen Sprache bedient. Je stärker aber irgendwann das Risiko der Germanisierung verspürt wurde, desto entschiedener spielten die Luxemburger als Gegenkarte ihre Frankophonie aus, und die Frankophonie war gewöhnlich mit Frankophilie gekoppelt.

Die kulturellen Einflüsse Deutschlands und Frankreichs werden somit immer wieder neu auf einer Art Fifty-fifty-Balance austariert – und gerade aus diesem normalerweise gleichbleibenden Abstand ziehen die Luxemburger früh ihre »vaterlandslose« europäische Gesinnung. Diese vermittelnde Tendenz erlebte kulturpolitisch ihren Höhepunkt in der »Brückenschlag-Vision« des Colpacher Kreises um die Industriellen-Familie Emile und Aline Mayrisch, Förderer von André Gide und Jacques Rivière, von Ernst Robert Curtius und zeitweilig auch Thomas Mann. An der grundlegenden europäischen Gesinnung änderte sich auch nichts Wesentliches durch die Tatsache, daß sich, besonders auch in Abgrenzung zu Deutschland, vor allem natürlich als 1940-45 die Auflösung des selbständigen Staats durch die Nazis drohte, immer mehr ein eigenes Nationalgefühl abgezeichnet hat, das seit dem späten 19. Jahrhundert unter anderem in der luxemburger Sprache, dem Lëtzebuergesch, ankert. Auch der neuerdings wieder stark betonte »Nationalregionalismus« hindert die Luxemburger nicht daran, »gute Europäer« wenigstens sein zu wollen.

*Die Luxemburger sind ein wunderliches Zwitterding, dem jedes Bedürfnis nach einem sicheren Kulturzusammenhang mit dem deutschen Muttervolk abgeht,* schrieb ein deutscher Publizist 1913. »Zwitterkultur« – für die Luxemburger hat das immer Mischkultur geheißen und war positiv besetzt. Einseitigkeit war eh unklug, also war Janusköpfigkeit angesagt. Michel Rodange (1827-1876), der beste lëtzeburgeschsprachige Dichter des 19. Jahrhunderts, hatte diesen typischen Kulturmix noch als teilweisen Opportunismus ironisieren können: *Franzous och beim Champagner/ Beim Rhäinwäin si mer Preiss* (Sind wir beim Champagner auch noch Franzosen/Beim Rheinwein werden wir deutsch). Spätestens aber seit 1940 gilt die Feststellung des Historikers Gilbert Trausch, der die Zwischenposition kühl-definitiv folgendermaßen auf den Punkt bringt: *Zu Frankreich ist die Distanz naturgegeben – von der Sprache her. Zu Deutschland beruht sie auf dem Willen der Luxemburger.*

2

Die Luxemburger operieren nicht erst seit dem stufenweisen Entstehen ihres Nationalstaats im 19. Jahrhundert und der definitiven Loslösung von der holländischen Krone 1890 in einem dreisprachigen Kraftfeld, auf dem Deutsch und Französisch über oder neben (die Gleich- respektive Unterordnung ist jeweils zeitbedingt) dem Lëtzebuergeschen stehen.

Es scheint sinnvoll, an den Text des Sprachengesetzes vom 24. Februar 1984 zu erinnern: die Nationalsprache der Luxemburger ist Luxemburgisch (Artikel 1); die Sprache der Gesetzgebung ist Französisch (Artikel 2); die Sprachen der Verwaltung und des Gerichts sind Französisch, Deutsch oder Luxemburgisch (Artikel 3). Man könnte diesen kurzen, fast lapidaren Text, der aber mentalitätsmäßig, auch kulturpolitisch und kulturell zwar späte, nichtsdestotrotz spürbare Akzente gesetzt hat, noch um einen – natürlich redundanten – Artikel ergänzen: die Sprachen der Kultur sind Lëtzebuergesch, Deutsch und Französisch.

Mit diesem gesetzlichen Rahmen ist die Sprachlandschaft des Kleinstaats als eine nicht zu entflechtende dreifache definiert: drei eigentlich gleichberechtigte (sieht man einmal vom patriotischen Mehrwert, aber auch vom relativen kommunikativen Minderwert des Lëtzebuergischen ab), drei wohl zum Teil zu unterschiedlichen Zwecken, aber in etwa zu gleichen Maßen gebrauchte Sprachen, die sich phonetisch, lexikalisch, syntaktisch, stilistisch gegenseitig natürlich beeinflussen, zwischen denen Quantität und Qualität der Interferenzen fließend bleiben, drei Sprachen also sind das notwendige linguistische Gepäck fürs allseitige kommunikative Wandern im Luxemburger Überschneidungsraum von Germania und Romania. Die durchaus existenten Schwierigkeiten eines solchen Trilingualismus veranlaßten übrigens vor nicht zu langer Zeit eine große deutsche Zeitung zur Bemerkung: *Die Luxemburger sind zwar dreisprachig, aber nach Hausmacherart, und so stehen sie vor Sprachbarrieren im Zentrum der Europäischen Gemeinschaft.* Eine harte, aber richtige Feststellung? Ja und nein.

Man ist hier versucht ein Zitat einzuflechten, das wohl aufschlußreich, zumindest aber lustig ist. Ein Feldprediger der 1792 nach Valmy in die (sehr bedeutende) Festung Luxemburg zurückflutenden deutschen Heere urteilte: *In keinen grauenhafteren Tönen tritt die deutsche Sprache auch wohl irgendwo auf als im Luxenburgischen. Es ist eine Sprache, die sich trefflich zum Geisterbeschwören oder für die Hexenaltfrau im Macbeth schicken würde. (...) Diese altdeutsche Sprache würde nun freilich das Widrige nicht ausmachen, aber sie ist in einen so grauenvollen, halb heulenden Nasen- und Gurgelton eingekleidet, der so langsam wie bebend einherrollt, daß es schon darum schwer fällt, Zutrauen zu diesen Leuten zu fassen.* Zurückhaltung und Distanz also für ein Mal rollenverkehrt ...

1929 sagte in einem Frankfurter Rundfunkvortrag Batty Weber (1860-1940), grand old man der luxemburger deutschsprachigen Literatur, zu dieser Problematik: *Für Luxemburg sind die beiden Schriftsprachen deutsch und französisch keine Angelegenheit des Lebens, sondern eine Angelegenheit der Schule. Wer lange Jahre durch die Schulen geht, lernt davon verhältnismäßig viel, andre lernen davon weniger, viele vergessen später das Wenige, zum Deutschen bleibt ihnen immer noch die Mundart als Brücke, aber das Deutsch, das sie dann schwerfällig reden, ist eine unbeholfene Übersetzung aus der Mundart ins Hochdeutsche, für einen Deutschen aus dem Heimatland oft schwer verständlich und immer fremden Klangs.*

Wenn hiervon manches wahr geblieben ist – so gibt es die spezifisch luxemburgische Verballhornung des Deutschen als festen Bestandteil der humoristischen Literatur im »Ländchen« – so darf man nicht vergessen, daß ein verlängerter Schulunterricht, andere Reisemöglichkeiten, und vor allem das starke Einfließen gesprochener deutschsprachiger Medien, besonders seit dem allgemeinen Gebrauch des Fernsehens, viel zum Besseren gewendet haben. Ohne Zweifel aber gibt es eine Art Spezifität – und Fehlerhaftigkeit – des in Luxemburg geschriebenen und mehr noch des gesprochenen Deutsch.

Immerhin fällt innerhalb des nationalen Sprachensystems dem Deutschen eine sehr wichtige Rolle zu, geschieht doch die Alphabetisierung in der deutschen Sprache. Ehe es also seine Muttersprache lesen kann, in der es seit einigen Jahren an ansprechender, zum Teil sogar überaus populärer Kinderliteratur nicht mehr mangelt, liest das luxemburger Kind Deutsch.

In Luxemburg kann man heute allerdings ohne gravierende Probleme leben, und gar an einem größeren Teil des kulturellen Angebots partizipieren, ohne ein Wort Deutsch zu beherrschen. Tausende ausschließlich oder unter anderem frankophone Bürger des Großherzogtums sind dafür der Beweis. Ohne Französisch wird es dagegen schwer: selbst Tätigkeiten wie Essen im Restaurant oder Einkaufen können, wo diese wirtschaftlichen Sektoren vom Personal her stark frankophonisiert sind, zu linguistisch nicht ganz einfachen Geschäften werden. Daß es auffällt, vielleicht gar befremdet, wenn neuerdings eine amerikanische Fastfoodkette ihre Werbung in deutscher Sprache an ihre Kunden bringt, ist untrügliches Zeichen dafür, wie sehr, mit der großen Mehrzahl der ehemals zweisprachigen Straßenschilder, das Deutsche aus dem luxemburger Straßenbild verschwunden ist.

Wenn also – für den Luxemburger gutverstanden, nicht unbedingt für Zugezogene – das Deutsche selbstverständlich eine aus der luxemburger Triglossie nicht herauszubrechende Größe darstellt, so ist damit doch klar, daß die Großherzoglichen (wie die belgischen Luxemburger ihre »Cousins« liebevoll-distanziert nennen) im deutschsprachigen Kulturraum allein ihr sprachlich-kulturelles Zuhause nicht haben und nicht haben wollen. Die luxemburgische Sprach- und Kulturidentität kann nicht auf Eindimensionalität zurückgeführt werden.

3

Es sei noch einmal zitiert aus dem erwähnten Vortrag von Batty Weber: *Eingekeilt zwischen Ländern deutscher und französischer Zunge wäre Luxemburg wirtschaftlich und kulturell undenkbar ohne die Möglichkeit, mit seinen*

*Nachbarn in deren Sprache zu verkehren. Es mußte deutsch und französisch lernen, wie es deutsches und französisches Geld einwechseln mußte, um über die Grenzen Reisen und Geschäfte zu machen. Und – Hauptsache! – Kulturschätze heimzutragen. Zuhause aber wachte es mit eifersüchtigem Instinkt, daß ihm die Mundart als Muttersprache und stärkstes gemeinsames Band, das sich um das Volk schlingt, nicht verloren ging.*

Die Nachbarschaft von großem und kleinem Raum ergibt geradezu zwangsläufig jene Unterordnung, die im Wort »heimtragen« mitschwingt: Luxemburg partizipiert größtenteils passiv. Die Beziehungen sind durch weitgehende Eingleisigkeit gezeichnet: der kleine Raum rezipiert die beim großen Nachbarn formulierten Ideologien und die daraus abgeleiteten (mal diktierten, mal offerierten) kulturpolitischen Konsequenzen und kulturellen Vorstellungen. Der luxemburger Intellektuelle schaut auf die kulturellen Vorbilder eines der beiden Kulturräume Deutschland und Frankreich, wohl weniger ausdauernd auf beide gleichzeitig (bemerkenswert, daß Belgien wenig Einfluß ausübt, aber schaut das frankophone Wallonien seinerseits nicht nach Frankreich?), und damit stellen sich natürlich Fragen des Nachahmens und nach der Epigonalität. Der kleine Raum hat nicht den Willen, wenn oder weil er sich zurückzieht auf seine Regionalkultur – im Fall Luxemburg: Nationalkultur, wie holprig sie phasenweise auch definiert und konstituiert worden sein mag, und er hat vor allem natürlich nicht die Kraft, in den großen Raum derart hineinzuwirken, daß er dort als Entität bemerkt würde und zu einer (gewissen) Geltung kommen könnte.

In Luxemburg ist die deutsche, österreichische, schweizerische Literatur im Schulunterricht wie vom gebildeten Publikum immer aufmerksam zur Kenntnis genommen worden. Im Gegensatz dazu ist das Interesse des deutschsprachigen Auslands an der deutschsprachigen luxemburger Literatur mehr als sporadisch geblieben. Höchstens zu einer Zeit, wo es aus Propapandagründen Preise fürs sogenannte »Volkstum im Ausland« gab, kam mal ein luxemburger Schriftsteller beim großen östlichen Nachbarn zu Ehren... Das internationale Resultat der schriftstellerischen Tätigkeit einer »Diaspora deutschen Schrifttums« – ein Ausdruck aus den 20er Jahren – faßt der Literaturkritiker Michel Raus 1975 denn auch provokativ so zusammen: *Es ist in der Tat fraglich, ob es genügt, daß das Werk oder die Werke von vier, höchstens fünf luxemburger Autoren über die Grenze nach Deutschland gedrungen sind, dort mehr schlecht als recht zur Kenntnis genommen wurden, um im strengen Sinn von einer Teilhabe an oder einem Beitrag zur deutschen Literatur zu sprechen.*

Nun muß man sicher mit berücksichtigen, daß für jemand, der in Luxemburg schreibt, die literarische Sprache nicht als etwas problemlos Gegebenes vorausgesetzt werden kann. Es heißt, sein Medium erst zu wählen, und das muß natürlich nicht Deutsch sein. Man kann als LuxemburgerIn schriftstellerisch tätig sein und braucht mit dem deutschsprachigen Kulturraum, um es salopp zu sagen, nichts am Hut haben.

Der Wunsch nach Abgrenzung, die Betonung einer (echten oder vermeintlichen?) Eigenposition, vielleicht auch typisch kleinstaatlerische, gar provinzielle Eigenbrötlerei ist besonders seit dem zweiten Weltkrieg immer wieder zu beobachten bei denjenigen, die als Luxemburger deutsch schreiben. Sollten die publizistischen Trauben auf dem deutschen Markt nur deshalb sauer sein, weil sie schlicht und ergreifend zu hoch hängen?

Der schriftstellerische Separatismus wird sowohl ideologisch-inhaltlich wie linguistisch motiviert. Anise Koltz, eine Lyrikerin, die auch in Deutschland publiziert hat, schreibt 1969 kurz und bündig: *Ich gehöre nicht/zu Deutschlands Literaten/was kümmert mich/ihre Politik/und unbewältigte Vergangenheit/ (...) unsere anderen Nachbarländer/sind Frankreich und Belgien/wir reden täglich 3 Sprachen/damit man uns versteht.* Der Lyriker Robert Gliedner schreibt etwa um dieselbe Zeit: *Am genauen Schnittpunkt zweier Kulturen steig ich in mein Eigenes, Unverwechselbares. Jedenfalls versuch ich mich zwischen den Strömungen zu bewegen. (...) Mein Schicksal ist nicht das deutsche und nicht das französische; es ist mein eigenes luxemburgisches Geschick im Zwischenland. Ich bewahre Distanz, ich beobachte. Ich bin ein Wanderer der Grenzen.* 1983 resümiert der Erzähler Georges Hausemer: *Luxemburgs deutschschreibende Autoren suchen förmlich die Abgrenzung, versuchen unentwegt das zu verwirklichen, was Dieter Hasselblatt vor Jahren einmal über ein Hörspiel des luxemburger Autors Roger Manderscheid befand: »daß hier jemand in deutscher Sprache etwas sagt, was ein Deutscher auf deutsch gar nicht hätte sagen können«.*

Bleibt sozusagen als einsames Beispiel eines luxemburger Literaten, der den deutschen Raum zu seinem (recht erfolgreichen) Schreibterrain gemacht hat, Norbert Jacques (1880-1954), Erfinder der Doktor Mabuse-Figur und durchaus gelesener Reiseschriftsteller und Erzähler in der Weimarer Republik. Jacques zog aus dem »entschlußlosen Dahindämmern Luxemburgs zwischen zwei Völkern und Sprachen« seine zwar logische, leider aber auch bis in die Nähe der Nazis führende

Konsequenz. Jacques war international wohl der bekannteste Schriftsteller aus Luxemburg. Im Großherzogtum kennt ihn allerdings kaum ein Primaner. Sollte sein Schicksal bis heute eine Art Warnung an die deutschsprachigen Luxemburger Schriftsteller geblieben sein?

1992 erschienen auf dem (evidenterweise engen) einheimischen Buchmarkt mehr literarische Titel in luxemburgischer Sprache (35) als Titel in französischer (13) und deutscher (12) Sprache zusammen. Der linguistische Trend weg vom Gemeinsamen des deutschsprachigen Kulturraums hin zum Separatistischen des lëtzebuergeschen Regionalraums ist jedenfalls nicht zu übersehen. Auch literarisch demnach ein »eifersüchtiger Heimat-Instinkt, als stärkstes gemeinsames Band, das sich um das Volk schlingt« – um Batty Weber zu paraphrasieren?

4

Sprache verrät die Herkunft von Gedanken. Man braucht luxemburger PolitikerInnen meist nicht lange zuzuhören, wenn sie Lëtzebuergesch reden, um die Einflüsse der deutschen Politik herauszuspüren. Am deutlichsten ist dies sicher in den Bereichen der Sozialpolitik, die seit dem späten 19. Jahrhundert großenteils von deutschen Modellen kopiert ist, der Umweltproblematik, sowie der Gewerkschaftsarbeit. Ohne die Vordenkerarbeit der großen deutschen Parteien und Verbände – natürlich nicht ohne sie allein, der französische Einfluß steht daneben respektive vermischt sich damit – ist luxemburgische Politik schlechthin nicht vorstellbar.

Die Transporteure von Ideen und Ideologien sind in erster Linie die Printmedien und das Fernsehen. Beim Stand April 1994 vermeldet eine bekannte luxemburgische Fernsehbeilage elf deutschsprachige, elf französischsprachige und neun anderssprachige Programme. Interessanterweise sind die deutschsprachigen jeden Tag an erster Stelle abgedruckt. Ob das bloß ein Zufall ist? Auch wenn exakte Zuschauerzahlen nicht bekannt sind: von einem eminenten Einfluß der deutschsprachigen Kanäle muß zweifelsohne ausgegangen werden. Auf dem luxemburgischen Zeitungs- und Zeitschriftenmarkt sind von den zirka 3.900 vertriebenen Titeln in allen Sprachen etwa 1.600 deutschsprachige. Man darf annehmen, daß im Bereich der Tagespresse die seriösen französischen Zeitungen ein leichtes Einfluß-Plus haben, während bei der Wochenpresse die deutschen Produkte stärker gekauft werden dürften. Generell gilt, daß ohne die Präsenz der deutschsprachigen

Medien das plurikulturelle und plurilinguale Erscheinungsbild und Selbstverständnis Luxemburgs entscheidend verändert würde, ja ohne Zweifel gestört wäre.

Wie im Fall der literarischen Produktion gilt auch für die Medien, daß Luxemburg, mit Ausnahme des Dauerbrenners Bankenplatz (lies: »Steuerparadies«) und der Programmnischen für die interregionale Berichterstattung im benachbarten Saarländischen Rundfunk, kein Thema für den deutschen Journalismus ist. Auch in den Medien ist die rezeptive Eingleisigkeit des kleinen Raumes angesagt. Daß im Rundfunk- und Fernsehbereich die Regierung des Großherzogtums in den letzten Jahren eine systematische Förderung der lëtzebuergeschsprachigen Sendungen betreibt, erklärt sich wahrscheinlich auch aus der Sorge, daß durch die massive bundesrepublikanische Fernseh-Präsenz die deutsche Regierung bekannter sein könnte als die luxemburgische.

Und wie schaut es aus auf dem weiten Feld der Popularkultur? Für die Zeit der ausgeprägten luxemburgischen Germanophonie, die zwei, drei Jahrzehnte vor dem ersten Weltkrieg, notierte Batty Weber 1909: *Daß allmählich eine Verschiebung nach Osten eintritt, ist nicht zu verkennen. Das deutsche Bier und in seinem Gefolge der deutsche Christbaum, deutscher Durst und deutsches Gemüt haben auch hier ihre Expansivkraft bestätigt.*

Es fehlen die soziologischen Recherchen, und manches im luxemburgischen Alltag kommt einem so eigenständig daher oder vor, wiewohl es oft genug nur der heimatlich-provinzielle Verschnitt des deutschen Originals ist, daß es schwerfällt, die heutige »Expansivkraft des deutschen Gemüts« in Luxemburg exakt zu fassen. Man kann nur Facetten stichwortartig aufzeigen. Wäre die Bundesliga nicht, müßte sie auch für den luxemburger Fußballfan erfunden werden. Woche für Woche rauscht eine grün-gelb-rosane Herzenspost aus dem deutschen Blätterwald in die luxemburgischen KleinbürgerInnen-Stuben. Es gibt 17.000 großherzogliche Abonnenten des Bertelsmann-Lesering. Hat die landesweite Fassaden-Restaurierungswelle nicht etwas von deutscher Gründlichkeit? Ist die luxemburger Vereinsmeierei nicht ein Spiegelbild der deutschen? Hat, wenn ein deutscher Grüner niest, der luxemburgische Ökologismus nicht den Schnupfen? Wie gut, daß die Union Grand-Duc-Adolphe, der Verband der Amateurmusiker, nicht bereit zu sein scheint, die Phantasie-Uniformen der deutschen Bläserkollegen bis hinab ins romantische Mittelalter zu kopieren, sondern sich konsequent französisch-ernst uniformieren…

5

In dem Maße, wie die klassische Ideologie des »melting pot«, daß alles Fremde von allein in der eigenen Norm aufgehen werde respektive ihr zu unterwerfen sei, auch in Luxemburg immer erkennbarer ersetzt wird von jener der »ethnic diversity«, die den Zuwanderern die »Bricolage einer eigenen Identität« gestattet (die diskutierte Einschulung in einem frankophonen Zweig für Kinder aus dem romanischen Sprachraum wäre hier ein wesentliches Signal), wird natürlich die Beschreibung der luxemburger Beziehung zum deutschsprachigen Kulturraum immer komplexer. Gut dreißig Prozent der knapp vierhunderttausend im Großherzogtum lebenden Menschen – die Mehrzahl dieser Zugezogenen (meist aus dem lateinischen Südeuropa) mit keinem oder einem schwierigen Bezug zur deutschen Sprache – machen zunehmend aus der Multikulturalität ein Merkmal des luxemburgischen Selbstverständnisses.

Es ist möglich, daß diese Multikulturalität es mit sich bringt, daß das Verhältnis zum deutschsprachigen Kulturraum demnächst in deutlicher Weise rückläufig sein wird in der Quantität und Qualität. Ob die 50-50-Balance austariert bleibt, wird also die Zukunft zeigen.

*André Weckmann*

# Elsässische Identität: was ist das?

Ist das Stammeszugehörigkeit? Was würde aber mein junger Freund Régis dazu sagen? Er ist Togolese aus schönstem Ebenholz geschnitzt, im Elsaß aufgewachsen, spricht ein urwüchsiges Elsässerditsch und sagt von sich und von uns: Mer Elsässer. Dasselbe würde auch mein ehemaliger Schüler tunesischer Abstammung Farid sagen, wie auch mein tschechischer Nachbar Vucinic.

Ist es eine gemeinsame Geschichte, ein gemeinsames, oft tragisches Schicksal? Dies wohl eher. Was haben aber mein Togolese, mein Tunesier, mein Tscheche damit zu tun?

Ist es eine gemeinsame Sprache? Ja, sicher, bin ich geneigt zu antworten. Das Elsässerditsch ist der Kode unserer regionalen Identifikation. Was sagt aber dazu ein anderer, aus Innerfrankreich stammender Freund, der sich zum Elsaß bekennt und sich als Kommunalpolitiker für den Erhalt der deutschen Sprache einsetzt, obwohl er sie nicht spricht?

Worauf gründet nun unsere kollektive elsässische Identität?

Aber zuerst: Elsaß, was bist du? Was weiß man von dir? Was hat man über dich gelesen, gehört, was hat man von dir selber gelesen, gehört? Allzuoft Orientiertes, Falsch-Interpretiertes. Versucht man nicht immer wieder, die elsässische Thematik an Kriterien zu messen, die anderswo gültig sind, bei uns aber nicht? Und gibt es nicht in Südtirol den negativ- und sogar pejorativ geprägten Terminus »Verelsässerung«, der Verzicht auf ethnische und kulturelle Reinheit anprangert? Ich warne hier vehement vor den schrecklichen Vereinfachern, die heute wieder Hochkonjunktur haben.

Werfen wir einen kurzen Rückblick auf die Geschichte dieses Landes:

Das Elsaß war Bestandteil des Heiligen Römischen Reiches Deutscher Nation bis nach Ende des Dreißigjährigen Kriegs. Dann kamen die elsässischen Gebiete nach und nach unter französische Oberhoheit. 1871 wurde das Elsaß mit einem Teil Lothringens gegen den Willen seiner Bevölkerung vom neu gegründeten Deutschen Reich annektiert. Als »Reichsland Elsaß-Lothringen« war es eine preußisch-reichsdeutsche Kolonie. Erst 1911 errang es eine Art von Scheinautonomie im Rahmen des Reichs. 1918 erfolgte die Rückkehr zu Frankreich. 1940 wurde es vom nationalsozialistischen Deutschen Reich vereinnahmt und litt während vier Höllenjahren unter diesem Joch: Ausweisung, Umsiedlung, Deportierung und Zwangseinziehung zur Wehrmacht und Waffen-SS von 150.000 Elsässern, 50.000 Kriegsopfer. 1944-45 wurde das Elsaß von amerikanischen und französischen Truppen befreit.

Heute ist das Elsaß eine französische Region mit zwei Départements, das heißt mit drei gewählten Versammlungen: zwei Generalräten und einem Regionalrat. Diese Körperschaften haben nur begrenzte Befugnisse, besonders was die Kultur- und Schulpolitik betrifft. Die Schule, zum Beispiel, untersteht direkt dem Erziehungsministerium in Paris, das im Elsaß durch einen Akademie-Rektor vertreten ist.

Nun zur Sprache: Die angestammte Sprache der Elsässer ist Deutsch in seiner dialektalen Ausdrucksform Elsässerditsch. Unter Elsässerditsch versteht man die Mundarten Fränkisch im äußersten Norden und Nordwesten, Alemannisch in verschiedenen Varianten im größten Teil des Landes. Die Dachsprache Hochdeutsch ist schriftlicher Ausdruck der Elsässer seit dem 15. Jahrhundert. Dies veränderte sich allmählich nach der Eingliederung des Elsaß in den französischen Staat im siebzehnten Jahrhundert: Französisch beginnt das Schriftdeutsch zu verdrängen. Die Umgangssprache bleibt aber das Elsässerditsch. In der Reichslandszeit wird dann Französisch weitgehend ausgeschaltet. Nach der Rückkehr zu Frankreich, 1918, beginnt die große Offensive des Französischen in Schule und Öffentlichkeit, das sich dann nach 1945 endgültig als Schriftsprache der Elsässer behauptet und sich auch als Umgangssprache nach und nach durchsetzt.

Die Elsässer haben also in hundert Jahren viermal die Staats- und Unterrichtssprache wechseln müssen. Und jedesmal wurde die eine oder die andere Nationalsprache verdrängt, wenn nicht gar verfolgt, wie in der Nazizeit besonders, wo jedes ausgesprochene oder geschriebene französische Wort mit Geld- oder Gefängnisstrafe, oft sogar mit Einweisung in das Sicherungslager für Elsässer in Schirmeck-Vorbruck geahndet wurde.

Und nach 1945 wurde die Jugend bewußt und systematisch ihrer angestammten Sprache und Kultur entfremdet: Die politische und kulturelle Geschichte des Elsaß wurde nicht unterrichtet; Mundartsprechen war in der Schule, einschließlich der Vorschule, sogar auf dem Schulweg, bei Strafe verboten; Deutsch wurde wie eine Fremdsprache und erst ab der Sexta fakultativ unterrichtet; in den zweisprachigen Zeitungen mußten die Sparten Jugend, Sport, Mode und Kultur obligatorisch auf französisch erscheinen. Die Bevölkerung und ihre Gewählten reagierten nur schwach: die Schockwirkung der Nazizeit saß noch zu tief. »Nie wieder Deutsch«, sagten sich viele Elsässer.

In den Jahren nach 1968 machten sich im Elsaß die ersten Ansätze zu einer Bewußtwerdung bemerkbar. Der Kampf der elsässischen kulturellen Militanz gegen die zentralistische jakobinische Staatsideologie wurde mit den Jahren immer konsequenter. Ein erster großer Durchbruch gelang ab 1982 mit der Anerkennung der Regionalsprache Deutsch in ihren zwei Komponenten durch die staatliche Schulbehörde: Elsässerditsch und Schriftdeutsch. Ein Tabu war gebrochen. »Regionale Sprache und Kultur« wurde zu einem fakultativen Unterrichtsfach, beim Baccalauréat, dem französischen Abitur, zugelassen; der Deutschunterricht in den Grundschulklassen wurde gefördert.

Der zweite große Durchbruch findet zur Zeit statt, mit der Einführung von paritätisch zweisprachigen (französisch-deutschen) Vorschulklassen. Diese Einführung verdanken wir der Hartnäckigeit der Elternvereinigung »Zweisprachigkeit«, die mit der Unterstützung der elsässischen Gebietskörperschaften und der EG eigene Vorschulen auf assoziativer Basis gründete und so die staatliche Schulbehörde unter Zugzwang stellte, die nun nolens volens nachziehen muß.

Kürzlich wurden von der Stadt Straßburg die Hauptlinien einer Politik der Zweisprachigkeit sowie ihrer Anwendung verabschiedet: Förderung zweisprachiger Kindergärten und zweisprachiger Züge in der Grundschule und in der Sekundarstufe, zweisprachige Beschilderung in den öffentlichen Verkehrsmitteln, eine durchgehende Verwendung von Hinweis- und Raumschildern in Französisch und Deutsch (sowie in Englisch) in den Museen, französisch-elsässerditsche Straßenbeschilderung, durchgehende Verwendung beider Sprachen bei allen Bürgerinformationen.

Erfreuliche Nachrichten also aus dem Elsaß? Allerdings, aber wir sind nur am Anfang des Prozesses: der Grabenkampf gegen die ideologischen Betonköpfe des Jakobinismus geht weiter. Immer wieder versucht der engstirnige Behördenapparat den Vorwärtsgang zu bremsen. Die Tür ist aber geöffnet, und dieser Prozeß der Rückeroberung der deutschen Sprache im Elsaß wird unvermindert weitergehen.

Heute, 1994, ist die sprachliche Situation des Elsaß folgende: Elsässerditsch ist neben Französisch die Umgangssprache von 60% bis

70% der erwachsenen Elsässer. Man schätzt, daß nur noch 15 bis 20% der Schulpflichtigen Elsässerditsch verstehen. Französisch ist Schriftsprache, Verwaltungssprache, Schulsprache, Mediensprache.

Wichtig ist zu wissen, daß Standarddeutsch im Elsaß, wie in der Schweiz, nie mündlicher Ausdruck war, diese Rolle spielte und spielt auch heute noch der Dialekt. Das Elsässerditsch sichert die soziale und kulturelle Existenz der deutschen Sprache im Elsaß ab. Verschwindet der Dialekt, so gerät die deutsche Sprache ins soziokulturelle Abseits. Andererseits kann sich der Dialekt nicht behaupten, wenn er nicht durch die Dachsprache abgestützt wird.

Unser Sprachproblem ist also, wie vorher erwähnt, ein politisches Problem: Der französische unitaristische Staat gründet seine Homogenität auf eine gemeinsame Sprache und Kultur. Das heißt, daß sämtliche Minderheitssprachen dieser Homogenität im Wege stehen. Sie wurden demzufolge verfolgt, aus der Schule verbannt und zu minderwertigen Patois abgestuft. Auf diese Art wurden das Bretonische, das Okzitanische, das Baskische und das Katalanische auf eine immer kleiner werdende Zahl von Sprechern reduziert. Das Elsaß hat bis heute eine gewisse deutsche Sprachmächtigkeit erhalten können, dank dem Dialekt und auch dem Umstand, daß Standarddeutsch nie aufgehört hat, in den Gymnasialklassen unterrichtet zu werden, wenn auch als Fremdsprache; hinzu kommt dann noch die Nachbarschaft zum großen deutschsprachigen Raum.

Das elsässische Sprachproblem ist aber auch das Produkt der gesellschaftlichen soziolinguistischen Zwänge. Diese sind an sich nicht typisch für das Elsaß: Überall, wo eine Mundart und eine Standardsprache sich gegenüberstehen, besteht ein Abwanderungstrend von eben dieser – oft mit dem Odium der Minderwertigkeit behafteten – Mundart zu der Sprache der Macher und der Medien. (Die Schweiz und Luxemburg bilden da Ausnahmen.) Dieses Aufrücken in die »noblere Atmosphäre« – so wird es nämlich empfunden – geschieht stufenweise, indem man die verschiedenen Sprachschichten zwischen der Mundart und der Standardsprache durchwandert.

Zurück bleibt am Ende meistens nur noch der Stammesakzent, mit dem man seine Hochsprache würzt. Man bleibt aber im selben Sprach- und Kulturraum, man hat keinen Sprachentausch gemacht, nur einen Sprachschichtentausch.

Für den Elsässer aber hat der Verlust des Dialekts viel schwerwiegendere Folgen als für die anderen Deutschsprachigen, denn hier steht die Mundart einer ihr wesensfremden Hochsprache gegenüber, hier geschieht ein Sprachentausch, und es geht dem Elsässer dadurch die Verbindung zum deutschsprachigen Kulturraum und zu einem Großteil seiner eigenen Geschichte und Literatur endgültig verloren. Dies kommt einer nichtwiedergutzumachenden kulturellen Katastrophe gleich.

Der Elsässer stellt seine Zugehörigkeit zu Frankreich nicht in Frage. Drei Jahrhunderte des Zusammenlebens haben ein solides Netz von politischen, sozialen, kulturellen und affektiven Bindungen mit dem französischen Volk geknüpft. Negative politische Erfahrungen mit Deutschland begünstigten diese Hinwendung zu Frankreich. So ist auch der Kampf der kulturellen Militanz nicht gegen das französische Volk, sondern gegen die Assimilationspolitik des administrativen Zentralismus gerichtet. Dieser Kampf wird ganz ohne Gewalt geführt, unsere Waffen sind die Pädagogik und die Dialektik. Außenstehende mögen darüber lächeln, unser Vorgehen ist ja nicht medienwirksam. Wir aber können und wollen nicht anders, man weiß ja, wohin die teuflische Spirale von Provokation, Aggression und Repression führt.

Die Geschichte hat im Elsaß zwei Sprachen angesiedelt, die eine als angestammte Sprache, die andere Sprache als Eroberin. Die Elsässer hätten sich also schon längst zu Zweisprachigen entwickeln können, aber reichsdeutscher wie französischer Sprachimperialismus haben es nicht zugelassen. Heute, im Zeichen der deutschfranzösischen Freundschaft, sind die Fronten aufgeweicht, so daß wir nun endlich das, was die Geschichte uns als Last aufgeladen hat, in eine europäische Zukunftsvision umsetzen können, das heißt, hier am Oberrhein eine Kultur des Zusammenlebens von zwei Sprachen und Kulturen zu initiieren, die modellhaft wirken und auf andere Grenzgebiete übertragen werden könnte, um dadurch womöglich intereuropäische Konfliktsituationen zu entschärfen.

Identität? Was ist das nun in unserem Fall? Ist es nicht eher das Leben in diesem Land, heute, das identitätsbildend ist? Man lebt hier, ist oft hier aufgewachsen, spricht die angestammte Sprache des Landes, oder zumindest respektiert sie, eignet sich auch die Geschichte des Landes an.

Ich habe aber Probleme mit diesem Terminus »Identität«, er ist so vielschichtig, wird so oft mißbraucht, wird in hinterhältiger Weise von den Jakobinern in die Nähe der Volks- und Deutschtümelei gerückt, wirkt oft ausschließend, abgrenzend, oder wird als solches empfunden.

Ich würde eher sagen: das Elsaß ist ein spezifisches Sein und Werden, das nicht in die üblichen ethnischen oder minderheitssprachlichen Schablonen hineinpaßt. Wir sind keine Frankreichdeutschen, wie es Ungarndeutsche oder Rußlanddeutsche gibt. Wir sind zugleich Elsässer und Alsaciens, wie es Eugène Philipps treffend formulierte.

Unsere Kultur ist eine Mischkultur. Wir wollen nicht mehr in eine deutschsprachige Monokultur zurück. Wir wollen uns nicht in eine französischsprachige Monokultur einsperren lassen.

Daß es eine aufwendige Gymnastik ist, gleichzeitig auf zwei Stühlen sitzen zu wollen, dessen sind wir uns bewußt. Es gibt für die Elsässer aber keinen anderen vernünftigen Weg in die europäische Zukunft.

Das Elsaß ist eine wandelbare Struktur an der Nahtstelle zwischen Frankreich und Mitteleuropa, in die jeder, sei er nun Einheimischer oder Zugewanderter, seine persönliche Eigenart einbaut, in der versucht wird, aus Vergangenheit und Gegenwart eine interessante Zukunft zu entwerfen, Verwurzelung mit Weltoffenheit zu konjugieren, die Freiheit des Geistes zu festigen, und schließlich aus dem Land einen »offenen Garten für die Immen der vier Winde« zu machen. Eine Utopie, die realisierbar ist.

*Leonhard Paulmichl*

# Südtiroler Ansichten

Nachdem ich als Lückenbüßer hier einspringe, habe ich den Vorteil, kein ausgefeiltes Manuskript vor mir zu haben. Ich komme also aus einem Land, in dem Walther von der Vogelweide – der angeblich ein Südtiroler gewesen sein soll, die Wissenschaft ist sich da nicht sicher – nach dem Süden schaut vom Bozner Stadtplatz aus. Das Denkmal wurde vor ungefähr hundert Jahren errichtet auf Initiative der Tiroler und Österreich-Nationalen. Als Reaktion darauf haben die Italiener auf Drängen der Dante-Alighieri-Gesellschaft in Trient Dante aufgestellt, mit dem Blick nach Norden, und die Italiener haben damals gesagt, wir wollen der gesamten deutschen Kultur die gesamte italienische Kultur gegenüberstellen. In Südtirol gibt es, wie Sie wissen, drei Volksgruppen: die Südtiroler, eine österreichische Minderheit, die Ladiner, die älteste Volksgruppe in Südtirol, und die Italiener, und zwar die Italiener, die man herauf verpflanzt hat bzw. diejenigen, die schon längst in Südtirol geboren sind.

Ich selbst bin am Fuße des höchsten Berges der K.-und-K.-Monarchie geboren, am Fuße des Ortler. Mein Großvater mütterlicherseits war Schwabenkind. Er war Zimmermann in seinem späteren Leben. Auch meine Mutter war ein Schwabenkind, und beide haben sich nie darüber beschwert, daß sie in Ravensburg auf dem Kindermarkt verhandelt worden sind. Sie waren immer sehr glücklich, draußen irgendwo bei einem Bauern gearbeitet zu haben, weil sie sonst in Tirol kein »Gwand« am Jahresende bekommen hätten und so gut zu essen hatten. Daß man hat arbeiten müssen damals, war klar. Und somit habe ich sehr starke Erinnerungen an meinen Großvater. Mein Großvater hat mir deswegen auch sehr viel bedeutet, weil er 93 Jahre alt geworden ist, und als er 91 war, hat man mich, den Jüngsten, eingeteilt, ihn zu betreuen. Ich komme nämlich aus einer kinderreichen Familie, ich bin das letzte von zehn Kindern. Die sozialen Verhältnisse bei uns zu Hause waren: zehn Kinder – zwei Kühe.

Er war katholisch, das hat auch mit meiner Identität zu tun, und bei uns hat man die ganze Zeit, als ich jung war und zur Kirche ging, um fünf in der Früh die Messe gelesen, auch auf lateinisch, Sie dürfen nicht vergessen, daß dieser mein Großvater schon den Ersten Weltkrieg mitgemacht hat, und vor dem Ersten Weltkrieg bzw. während des Ersten Weltkrieges war bei uns die Sitte, wer als Erstes aufsteht, greift in den Weihbrunnkessel, schlägt das Kreuzzeichen und sagt »Gelobt sei Jesus Christus!« Nach 1918, ich war damals natürlich noch nicht auf der Welt, aber meine Mutter hat es mir erzählt, hat er dann immer auch ins Wasser hineingetaucht und gesagt: »Seit mir bei die Walschen sind, tut's Wetter nimmer, gelobt sei Jesus Christus!« Das war sein Standardsatz. Sie sehen, er ist natürlich mit der Situation nicht fertig geworden. An der Südfront haben Deutschland und Österreich jede Schlacht gewonnen, aber den ganzen Krieg verloren.

Und so dann die Diskussion bei uns zuhause über das Hitler-Mussolini-Abkommen, ob wir optieren sollen oder nicht. Mein Vater ist Lehrer gewesen, und mein Vater als Lehrer sagte sich: »Wandern wir aus, denn soviel als wir hier in Stilfs haben, kriegen wir draußen dazu.« Meine Mutter hingegen, die eine Monarchistin war, war anderer Meinung, und zwar aus folgendem Grund: Als der letzte Kaiser noch als Erzherzog zum Stilfser Joch hinaufging, die Festungen zu besichtigen, da war meine Mutter in der Volksschule. Sie war eine der Besten und durfte ein Gedicht aufsagen. Der Karl beugte sich über sie, küßte sie. Ab dem Moment war sie Monarchistin. Sie hatte nur das Pech, als sie ins wahlfähige Alter kam, gab es weder die Monarchie noch waren wir bei Österreich. Wir waren nämlich Italiener geworden. Mein Vater wollte also optieren, meine Mutter sagte: »Na, Leonhard, mir wandern nicht aus, mir sein koane Deitschen, und Österreich gibt es nimmer, daher bleibmr do.« Das hatte zur Folge, daß mein Vater, der Staatsangestellter war, in die alten Provinzen versetzt werden mußte, und er kam acht Jahre nach Piombino. Dort ist es ihm sehr gut gegangen, er hat bei einer Arztfamilie in Untermiete gewohnt, und er ist insgesamt in Piombino sehr gut aufgenommen worden.

Ich springe jetzt sehr weit. Ich habe dann Matura gemacht, ich habe dann eine Zeitlang an jener Universität studiert, die der sechzehnte Sohn der Kaiserin Maria Theresia gegründet hat. Es würde mich interessieren, ob das jemand weiß? Es ist die Universität Bonn. Dort habe ich studiert, und dann habe ich natürlich in Innsbruck fertig gemacht, weil wir wegen der Studientitelabkommen zwischen Österreich und Italien an einer österreichischen Universität abschließen mußten, um die Studientitel in Italien anerkannt zu bekommen. Ich habe dann den italienischen Militärdienst gemacht in Cuneo. In Cuneo deswegen, weil die Südtiroler gerne dorthin verschickt wurden. In

Cuneo war der Beginn des italienischen Aufstandes gegen den Faschismus. Heute steht dort noch ein Epitaph in sehr großen Lettern: »Wir werden nicht eher ruhen, bis der Faschismus niedergekämpft und der letzte Deutsche aus Italien vertrieben worden ist.« Ich muß gestehen, daß es mir beim italienischen Heer besonders gut ergangen ist, und ich habe damals überlegt, ob ich nicht meine Zukunft in Mailand aufbauen sollte. Mein Italienisch war nicht schlecht, und ich hätte mir dort sicher auch eine Position erobert. Weil aber der Kommandant dort, er hieß Tedeschi, ein besonderer Südtirolfeind war, weil damals in Südtirol die Bomben gefallen sind, habe ich mich zu einer Art Sprecher aller Südtiroler in der Kaserne gemacht. Es ist mir dann sehr gut gegangen, ich bin ins Aostatal verschickt worden als Schilehrer. Ich war nämlich zur Studentenzeit in St. Anton Hilfsschilehrer und beherrschte das Schilaufen.

Warum ich Ihnen das alles erzähle? In Südtirol ist zu der Zeit eine große Kampagne entstanden unter der deutschsprachigen Bevölkerung, durchaus mit verschiedenen politischen Nuancierungen und Ausrichtungen. Die große ethnische Partei, die Südtiroler Volkspartei, hat mit Hilfe Österreichs – unserer Schutzmacht – in Italien sehr vieles erreicht; und ich glaube, daß die jetzige Autonomie, wie sie vorhanden ist, zwar nicht für alle befriedigend sein wird, aber es ist doch eine ausgezeichnete Basis, und das wird hauptsächlich auch von den Südtirolern anerkannt, von den Italienern weniger. Die Italiener haben in der Zeit, in der sie in Südtirol leben bzw. Politik machen, eigentlich immer verabsäumt, ihren eigenen Leuten zu sagen, daß die Autonomie, die die Südtiroler bekommen und die für sie ebenso gilt, ein großer Vorteil ist, und sie empfinden sich oft als die Zigeuner dieser Gegend, was natürlich überhaupt nicht stimmt, denn keinem Italiener kann irgend etwas weggenommen werden, was ja auch pervers wäre, und sie haben den Vorteil, was die Trentiner, die ebenfalls in den Genuß dieser Autonomie gekommen sind, bereits längst erkannt haben.

Ich persönlich bin der Meinung, daß wir Südtiroler heute viel offener wiederum auch mit den Italienern reden können, weil wir das eigentlich erreicht haben, was uns notwendig erschien. Nämlich: daß wir die deutsche Sprache wieder verwenden können in allen Ämtern. Sie dürfen ja nicht vergessen: Ich heiße laut Taufurkunde nicht Josef Peter Leonhard Paulmichl, sondern Giuseppe Leonardo Paolomichele. Und das ist an sich eigentlich etwas Schönes. Es klingt sehr gut. Nur ist es eine Ungerechtigkeit gegen uns. Wenn jemand während des

Faschismus auf dem Grabkreuz Ambach hieß, »Am Bach« nämlich, der wurde ausgepinselt und hieß dann »Al rio«. Al rio ist wunderbar, aber es ist eine Ungerechtigkeit. Und da hat schon gestern der Professor Bausinger Ettore Tolomei zitiert, der alle diese Namen umgewandelt hat. Davon, muß man sagen, ist man heute gottseidank sehr weit weggekommen. Natürlich gibt es auch in Südtirol Leute, die Maximalforderungen aufstellen. Aber in Zeiten, wo der Vertreter der größten italienischen Gruppierung jetzt, nämlich Mitolo im Nachhang oder im Nachbeten seines Parteiobmannes Fini gesagt hat, daß der Duce die größte Persönlichkeit Europas sei, das sind natürlich keine guten Vorzeichen. Wobei man gerechterweise sagen muß, daß just der Mitolo, der jetzt wieder die größte Partei leitet, zur Zeit des Paketverhandelns, auch wenn er immer dagegen war, immer sehr korrekt mitverhandelt hat. Aber was macht er, wenn er plötzlich von seiner Basis weggefegt wird, und es kommen andere, auch wenn sie Holzmann heißen, einen deutschen Namen haben, aber Faschisten sind? Und dergleichen mehr.

Was in Südtirol, glaube ich, noch nicht gut ist, das ist die Tatsache, daß die Ladiner zum Beispiel außer einem Kulturinstitut nichts haben, wo ihre Sprache anerkannt ist, weder in Südtirol, noch im Trentino. Es ist das Bedürfnis zwar vorhanden, daß sich die Ladiner der Dolomitentäler zusammenschließen, aber das geht verwaltungsmäßig nicht, denn die sind auf Provinzen aufgeteilt, auf Südtirol, auf Belluno (auf Cortina d'Ampezzo) und das Trentino. Ansonsten hat dieser Kampf, wenn ich es einmal so nennen will, um die Sprache und ums Überleben auch positive Dinge gezeigt: in der Literatur nämlich.

Es gibt eine junge deutschsprachige Literatur, die sich wirklich sehen lassen kann. Es gibt eine politische Kultur, Schreibkultur, die sich auch sehen lassen kann, und die Südtiroler sprechen fast durchwegs italienisch, vielleicht die älteren Leute nicht oder ganz alte Leute nicht, aber die Jungen können sich heute im Parlament in Rom ebenso bewegen wie im Industriegebiet in Mailand. Nur ein Beispiel am Rande: Ich habe einen Bruder, der hat Kirchenmusik studiert und verehrt nur den lieben Gott und ist auch auch Komponist. Der hat vor etwa 30 Jahren am Konservatorium in Bozen eine Stelle erhalten, die einem Südtiroler vorbehalten war, nämlich Kirchenmusik, denn in Südtirol werden ja die Staatsstellen und auch die halbstaatlichen Stellen nach dem ethnischen Proporz vergeben; zwei Drittel plus ein Teil für die Südtiroler und Ladiner und ein Drittel für die Italiener. Und der hat dann die Papiere nach Rom geschickt, um sie zu nostrifizieren, weil er in München und Regensburg studiert hatte. Um in die Stammrolle zu kommen. Und als ich dann Südtirol-Korrespondent wurde für den ORF, habe ich ihn einmal gefragt: »Ja, wie ist es mit deiner Pragmatisierung?« »Ja, schon vor zehn Jahren hab ich's nach Rom geschickt, aber ich habe noch nichts gehört.« Ich bin dann zu einem Freund, der war Parlamentsabgeordneter, der hat sich interessiert, und die hatten nichts in Rom. Mein Bruder hatte aber noch den Aufgabeschein mit dem Stempel, alles drauf, gibt ihn mit. Der geht noch einmal hinunter, nein, da ist wirklich nichts da. Dann ist mein Bruder ausgerechnet im Ferragosto selbst nach Rom gefahren, findet dort natürlich alles verschlossen, aber der Pedell vom Archiv im Ministerium ist da, und mein Bruder muß besonders traurig dreingeschaut haben, daß dieser Pedell ihm sagt: »Bitte, also, da wern mer schon einen Weg finden. Sie dürfen aber niemand was sagen. Kommen Sie nach dem Mittagessen her, ich laß sie hinein, da können Sie ihre Dokumente suchen.« Dann sagt mein Bruder: »Wenn Sie so nett sind, dann lad ich Sie zum Mittagessen ein.« Die gehen Mittagessen, so um drei Uhr nachmittags, wahrscheinlich etwas angeheitert, gehen die ins Archiv hinein, er darf einen Tag, eine Nacht und noch einen Tag suchen, findet abgelegt unter dem Absender Herbert Paulmichl alle Dokumente, Brief nie geöffnet, aber alles vorhanden. Nimmt das mit. Das ist natürlich Kafka in Reinkultur. Ich will damit nur sagen: auch wir sind der Meinung, die Italiener kann man mögen, die muß man mögen, aber die Verwaltung, da muß man aufpassen, das wird es wahrscheinlich überall geben, aber da muß man aufpassen. Mit den Menschen kommt man natürlich zurecht.

*Dieses Statement entstand aufgrund des Ausfalls eines Referenten spontan und erhebt keinen wissenschaftlichen Anspruch.*

*Hans Brunhart*

# Identität im deutschsprachigen Kulturraum: Liechtenstein

Ich vertrete an dieser Diskussionsrunde das Fürstentum Liechtenstein, mithin nicht nur das Gastgeberland dieser internationalen Tagung, sondern auch das kleinste der in der Runde vertretenen Länder. Gleichzeitig bin ich der letzte in der Reihe der Redner. Ich werde deshalb versuchen, mich kurz zu halten, auch um der anschließenden Diskussion den gebührenden Raum zu lassen. Sie sollten allerdings aus dieser für Sie als Zuhörer und Teilnehmer der Tagung durchaus angenehmen Zielsetzung nicht schon den Schluß ziehen, daß die Bescheidenheit eine der Hauptkomponenten der liechtensteinischen Identität darstellt.

Diese Diskussionsrunde steht unter dem Titel »Identität im deutschsprachigen Kulturraum«. Es ist mir die Frage gestellt, welche Eigenheiten die an der rechten Seite des Rheins auf einer ungefähren Länge von fünfundzwanzig Kilometern, in elf Dörfern, etwa in der Mitte zwischen Chur und Bodensee wohnenden Menschen und der von ihnen bewohnte und als Kulturraum geprägte Bereich haben und, auch diese Frage ist vorerst nicht geklärt, ob sie überhaupt solche aufweisen, was an sich nicht erstaunlich wäre, ist das Land doch zu klein, um eine Region zu bilden, was gemeinhin als eine wichtige Voraussetzung für die Bildung kultureller Identität betrachtet wird.

Ich möchte das Thema in einer Art und Weise behandeln, die wohl nicht allen wissenschaftlichen Ansprüchen zu genügen vermag. Ich möchte Ihnen die Frage der Identität Liechtensteins vor allem auf Grund meiner persönlichen Einschätzung und Erfahrung näher bringen.

Ich möchte versuchen, die Konturen der Identität Liechtensteins und seiner Bewohner in der Art eines »Phantombilds« zu zeichnen, wobei es hin und wieder nicht einfach sein wird, zwischen tatsächlicher Gegebenheit und dem Wunschdenken eines Liechtensteiners, der seinem Land nur Gutes wünscht, zu unterscheiden. Aber, und auch das ist wohl etwas unwissenschaftlich, das kann ich oft selber nicht.

Der Umgang mit dem Eigenen, sei dies nun Heimat oder eigene Person, ist nie leicht und nicht frei von Gefahren. Es ist deshalb angezeigt, daß man sich diesem Thema auf einem Wege nähert, der ein Höchstmaß an gesicherten Fakten verspricht, nämlich über Geschichte und Geographie, dann übergeht zu dem, was aus dieser Geschichte, geprägt durch den politischen Willen der Einwohner und den politischen Rahmenbedingungen im weiteren und näheren Umfeld geworden ist, und sich dann die Frage stellt, ob in diesen engen Grenzen ein eigenständiger Kulturraum entstanden ist, der dem einzelnen Raum für seine Identität bietet.

Die Geschichte des Gebietes des Fürstentums Liechtenstein hat bis zur Entstehung des heutigen Fürstentums keine signifikant andere Entwicklung erlebt als die umliegenden Regionen. Wichtig war zweifellos, daß dieses Gebiet schon sehr früh in eine Randlage innerhalb von östlich und nördlich gelegenen europäischen Machtzentren und deren Einflußgebieten kam. Die Zugehörigkeit zum Deutschen Bund im letzten Jahrhundert und die enge Partnerschaft mit Österreich bis nach dem Ersten Weltkrieg mögen als Hinweis genügen.

Der Rhein bildete auf Grund dieser Konstellation einen Grenzfluß im eigentlichen Sinne zwischen politisch anders strukturierten und konfessionell anders geprägten Gebieten. Die Verbindungen über den Rhein hinweg waren denn auch bis weit in unser Jahrhundert hinein weniger eng als jene nach Feldkirch und Graubünden. Auch die wirtschaftliche und politische Hinwendung zur Schweiz und die damit verbundenen Veränderungen vermochten diese alten Bande nicht zu zerstören. Kulturelle und geistige Verbindungen sowie die Ausrichtung ganzer Rechtsbereiche blieben bestehen. Die Tatsache, daß der Landesfürst seit 1938 im Lande wohnt, hatte eine außerordentlich wichtige Stärkung und Popularisierung der Monarchie zur Folge. Die offene Grenze zur Schweiz brachte viele schweizerische Einflüsse, die in den vergangenen Jahren durch die zunehmende Einbindung Liechtensteins in das europäische Geschehen ergänzt wurden. Die geographische Lage ist ein wichtiger Faktor dafür, daß im alemannischen Raum mit alpenländischen Gegebenheiten ein kleines Staatswesen sich über so lange Zeit erhielt und, davon bin ich überzeugt, auch in einer neuen Konstellation Europas eine gute Zukunft hat.

Zur geographischen und geistigen Komponente ist noch beizufügen, daß es sich um ein außerordentlich kleines Staatswesen und ein außerordentlich kleines Land handelt, in dem es praktisch keine Stelle gibt, von der aus man nicht ins Ausland sieht. Es ist schon gesagt worden, Liechtenstein bestehe nur aus Grenzen oder fast nur aus

Grenzen, und die im Zusammenhang mit der Diskussion um die kulturelle Identität viel zitierten Grenzerlebnisse sollten folgerichtig in Liechtenstein besonders prägend und intensiv sein.

Liechtenstein hat eine ausgesprochene politische Identität, welche insbesondere durch die Staatsform der Monarchie mit einer starken Stellung des Monarchen definiert ist, gleichzeitig aber durch die Partnerschaft in dieser Staatsform mit durchaus schweizerischer Ausstattung entsprechenden demokratischen Einrichtungen. In Zeiten, wo statische Elemente über dynamische Entwicklungen dominieren, ist die politische Identität, und die jüngste Vergangenheit hat dies gezeigt, offenbar leichter zu definieren als in Zeiten großer Veränderungen. Das gilt heute weniger für die inneren Verhältnisse als für das Beziehungsfeld nach außen, für die Frage etwa, welchen Platz und welche Rolle das Land in einem immer vernetzteren Europa und in einer auf Solidarität aller angewiesenen Welt einnehmen soll. Dabei scheint mir der Kern dieser Auseinandersetzung durchaus ein Beispiel für die grundsätzliche Problematik: Die Besitzstandswahrung als Prinzip der Zukunftsgestaltung, die Isolierung als Schutzschild vor fremden, die eigene Identität vermeintlich oder tatsächlich bedrohenden Einflüssen steht der Bereitschaft zur Offenheit, zur Aufnahme von auch durch äußere Einflüsse geprägten Veränderungen entgegen. Die Identität ist nicht etwas einmal Erreichtes, sie verändert sich, hat immer neue Inhalte, muß sich neue Ziele setzen, wie das Individuum, das Land, die Welt. Sie muß einen Balanceakt bewältigen zwischen Veränderung und Beharrung, zwischen Neuem und Altem, zwischen Innen und Außen, zwischen Eigenem und Fremdem. Sie muß mit der Gefahr leben, ja, sich dieser aussetzen, überdeckt zu werden und, ohne genügend Substanz, nicht lebensfähig zu sein.

Liechtenstein ist heute, wie wir aus einer Mischung von mehr Stolz und weniger Understatement feststellen, eines der höchstindustrialisierten Länder der Welt. Es ist hier nicht der Ort, um diese Behauptung auf ihren Wahrheitsgehalt hin zu überprüfen. Aber es ist offensichtlich, daß das kleine Wirtschaftswunder, das sich in diesem Land in den vergangenen fünfzig Jahren abgespielt hat, dazu führt, daß eine weitgehend positive Einstellung zur Wirtschaft besteht, zur Qualität der Arbeitsplätze und, darauf beruhend, auch zur Notwendigkeit guter Ausbildung und intensiver Weiterbildung. Nur so sind die außerordentlich großen Anstrengungen zu erklären, die in diesem Bereich in den vergangenen Jahrzehnten unternommen worden sind. Wie weit trägt aber diese Ausbildung, so wird hin und wieder gefragt, zu einer kulturellen Identität bei, wenn sämtliche Lehrpersonen im Ausland, und sei es auch nur zehn Kilometer über der Grenze, ausgebildet werden und ein erheblicher Anteil der Lehrpersonen ausländischer Herkunft sind? Und, um bei den Fragen zu bleiben: Wo bleibt die Identität eines Volkes, das täglich zu einem guten Teil ausländische Zeitungen liest und, mehr noch, ausschließlich ausländische Fernseh- und Radiosender sieht und hört, dies in Ermangelung eigener Sender, welche gemeinhin für die kulturelle Identität einer Region als so wichtig angesehen werden? Wo bleibt die kulturelle Identität, wenn rund 35 Prozent der Bevölkerung Ausländer sind und 62 Prozent der Beschäftigten keinen liechtensteinischen Paß haben?

Diese Fragen, die für viele Einwohner Gefahren für eine liechtensteinische Identität beinhalten, können nun nicht nur über die Geschichte, Geographie und Politik allein beantwortet werden, obwohl dies oft geschieht. Ein Kleinstaat wie Liechtenstein und dessen Bewohner beziehen ihre Identität wohl selektiv und grenzüberschreitend auch aus größeren politischen Einheiten. Die ständigen Grenzüberschreitungen bringen es mit sich, daß die eigenen Grenzen relativiert werden. Wer krank wird in Liechtenstein, wird in vielen Fällen in einem ausländischen Spital gepflegt. Und bis vor wenigen Jahren sind ganze Generationen von jungen Liechtensteinerinnen und Liechtensteinern im Ausland zur Welt gekommen. Es war denn auch eines der wichtigen Argumente beim Bau eines neuen Spitals in Vaduz, daß man den Liechtensteinern und Liechtensteinerinnen die Möglichkeit schaffen wolle, im eigenen Land auf die Welt kommen zu können.

Im dargestellten Sinn hat Liechtenstein zweifellos eine kulturelle Identität aufzuweisen, nicht im Sinne einer eher fruchtlosen Kulturdiskussion, ob selbst produzierte Kultur wichtiger sei als importierte, sondern in einem Sinne, der auf identitätsbildenden Faktoren beruht. In einem kleinen Land wird man sich der Ambivalenz kultureller Identität besonders deutlich bewußt, so etwa in Form einer lebendigen Beziehung zu seiner natürlichen und geistigen Umwelt, aus der sich ein inneres Engagement ableitet. Damit wäre der im Zusammenhang mit der Identität zentrale Begriff der »Heimat« angesprochen, was wohl den Grad der Identifikation mit einer politischen Einheit und dem persönlichen Lebensraum beinhaltet. In Liechtenstein, so hat man den Eindruck, gibt es einen Kleinstaat-typischen direkten Bezug zum Staat und seinen Institutionen und eine ausgesprochen starke und positive Beziehung zum persönlichen Lebensraum, ohne daß der Alemanne Gefahr laufen würde, Emotionen zu enthusiastisch ausleben zu wollen. Aber jedenfalls ist das emotionale Element nicht zu unterschätzen und mindestens latent gegeben.

Verändert ein Anteil der ausländischen Wohnbevölkerung von zehn Prozent, von zwanzig Prozent, von dreißig Prozent oder von vierzig Prozent die kulturelle Identität und, wenn ja, in welchem Sinne? Man würde meinen, daß diese Reizschwelle in einem kleinen Land, das tagtäglich mit seinen Grenzen konfrontiert ist, später erreicht wäre. Oft ist das Gegenteil der Fall, weil man durch den hohen Anteil an Fremden nach Auffassung vieler in engem Raum bei einer kleinen absoluten Zahl schneller Gefahr läuft, beeinflußt zu werden. Wer wenig Platz hat, teilt noch weniger gern, nicht nur den Platz, sondern auch die Chancen und Möglichkeiten der Entfaltung im Leben.

So ergibt sich in vielerlei Beziehung im Hinblick auf die kulturelle Identität in Liechtenstein eine merkwürdige Diskrepanz. Im Abstimmungskampf für die Einführung des Frauenstimmrechts Anfang der siebziger Jahre hat eine Gruppe, die beruflich tagtäglich mit der ganzen Welt in Verbindung stand und dadurch einen offenen Blick hätte erhalten sollen, sich öffentlich gegen die Einführung dieses Menschenrechts gewehrt. Die Weltoffenheit, die, und hier beziehe ich mich auf meine Ausführungen über die erfolgreiche Geschichte der liechtensteinischen Wirtschaft, dort in durchaus nicht ganz uneigennützigem Sinn gepflegt und anerkannt wird, hat nicht immer ihre Entsprechung in Fragen der Solidarität und der Gerechtigkeit nach innen.

So führt ein Blick auf die liechtensteinische Identität vorerst dazu, daß sie kulturell zu definieren ist, nachdem andere Kriterien offensichtlich nicht ausreichen. Jedes hilft wohl, dem Phantombild des »Liechtensteiners an sich« etwas näher zu kommen, aber gleichzeitig verzerrt es, auf sich allein gestellt. Dabei sei eingeräumt, daß Liechtenstein als Staat mit den meisten seiner stereotypen Klischees, die es wie jeder andere Staat mit sich in der Welt herumträgt, ja nicht schlecht lebt. Wie der Ton die Musik macht, so besteht ein Gesamtbild, eine Identität, ebensosehr aus Einheitlichkeit wie aus Unterschieden, und die letzteren sind oft kreative Elemente der Entwicklung.

Kulturelle Identität ist mehr als ein blankes Resultat der Geschichte. Sie enthält auch mehr als die Summe individueller Identitäten. Sie setzt ein Maß an Gemeinsamkeit voraus. Es kommt ein Zweites hinzu: Die zunehmende Heterogenität der Gesellschaft macht es offensichtlich schwieriger, kulturelle Identität zu entwickeln, nachdem die Werthaltungen der Individuen so verschieden sind. Daran vermag auch die Feststellung nichts zu ändern, daß in vielen Bereichen, staatlich gefördert oder freiwillig, die Beziehung zur Geschichte, oft allerdings in Form der »guten alten Zeit«, und das, was an Althergebrachtem vorhanden ist oder rekonstruiert wird, neu auflebt. Weiter möchte ich die Bedeutung eines bestimmten Standards formalisierter Erlebnis- und Beziehungsmöglichkeiten betonen, wie sie für den Staat und staatliche Symbole typisch sind. Gleiches gilt für den Sport, wo der Grad der Identifizierung je nach dem Erfolg zu- oder abnimmt. Vereinigungen in diesen Bereichen bieten jedenfalls Möglichkeiten des Einstiegs für Ausländer in die inländische Identität. Es wird dem Ausländer, von dem ein permanentes Assimilationsverhalten erwartet wird, doppelt angerechnet, wenn er sich für die Geschichte interessiert und wenn er sich durch lobende Äußerungen über die Ursprünglichkeit der Bevölkerung Freunde und Freundlichkeit verschafft. Gerade auf dem Gebiet des Sports vermag es viele Fans nicht zu stören, wenn man sich nur mit Hilfe eines südosteuropäischen Wörterbuchs durch die Mannschaftsaufstellung lesen kann, obwohl sie sonst der Zuwanderung mit dem Argument der Überfremdung betont kritisch gegenüberstehen.

Die liechtensteinische kulturelle Identität lebt von der Begegnung und braucht das Grenzerlebnis. Auf sich allein bezogen und auf sich allein gewandt, wird sie nicht als geistige Grundlage dienen können für ein Volk, das in Zukunft wettbewerbsfähig sein soll. Dabei muß Liechtenstein einen vernünftigen Ausgleich finden zwischen einer Übernahme ausländischer und der kreativen Entwicklung eigener Lösungen. Es ist aber notwendig, daß jenen Faktoren, welche die kulturelle Identität wesentlich beeinflussen, die nötige Beachtung geschenkt wird: Damit komme ich, um einen dieser Faktoren zu nennen, zur Sprache. Wir sprechen hier von der Identität im deutschsprachigen Kulturraum, ein Titel, der immerhin voraussetzt, daß es offensichtlich in diesem großen Kulturraum sprachlich geprägte eigene Identitäten gibt. Dabei geht es mir nicht um die hin und wieder falsch verstandene und dadurch verkrampft wirkende Verherrlichung des Dialekts, sondern um den Umgang mit der Sprache ganz allgemein und dem Stellenwert der Sprache als Mittel der menschlichen Kommunikation. Zweifellos aber bildet die Tatsache, daß in sämtlichen elf liechtensteinischen Gemeinden eine mehr oder weniger unterschiedliche Mundart gesprochen wird, nicht einen trennenden, sondern verbindenden Teil der liechtensteinischen Identität. Sicherlich teilen wir auch viele Konsequenzen aus dem hohen Stellenwert der Mundarten in unserer Gesellschaft mit den Schweizern, vor allem das auch von uns gepflegte Vorurteil, wir könnten nicht so gut reden wie die Deutschen. Ansonsten helfen die gleiche Sprache und ähnliche Bezüge im alemannischen Sprachraum, um problemlos Grenzen in die Schweiz, nach Österreich und nach Deutschland zu überspringen. Liechtenstein lebt nicht an einer Sprachgrenze. Das erleichtert auch die Überwindung politischer Grenzen, deren weitgehende Minimierung wir glücklicherweise in diesen Jahren erleben.

Was für die Sprache gilt, gilt auch allgemein: Wenn die Angst, in einer offenen Gesellschaft und politischen Landschaft weder konkurrenzfähig noch wertfähig zu sein, die Dominante der kulturellen Identität wird, dann hat diese keine Zukunft und wird bald verschwinden. Wenn aber Zuversicht zu sich selbst, aber auch Verständnis für die andern, Genugtuung über das, was wir sind, aber auch eine ehrliche Überzeugung, kein Vorbild zu sein, im klaren mit sich selbst, aber auch tolerant gegen die andern im In- und Ausland dominieren, dann ist Identität ein positives Element der Gestaltung politischer, wirtschaftlicher, kultureller und gesellschaftlicher Bedingungen. Dann wird auch ein kleines Volk und der einzelne Vertreter desselben nicht in zu großen Schuhen und mit zu kurzen Ärmeln daherkommen. Er wird im Regen einen Hut und bei Kälte eine warme Jacke tragen. Er wird in Übereinstimmung mit dem leben, was ihn ausmacht: seine Geschichte, seine geographischen Gegebenheiten, seine politischen Institutionen und Grundsätze, seine kulturellen Beziehungen, seine wirtschaftliche Leistungskraft und sein aufgebautes Wissen, vor allem aber seine Individualität.

*Emma Guntz*

# Kulturelle (elsässische) Identität und Medienmarkt

Der Begriff der »elsässischen Identität« hat sich in der Nachkriegszeit als Konterpart zum viel benutzten Terminus der »französischen« Identität herausgebildet und setzt an die Stelle der Monokultur, der Monosprachigkeit eine »elsässische« Doppelkultur und Doppelsprachigkeit als Anspruch und Verantwortung.

Elsässerin sein heißt: Anspruch erheben auf die französische Staatsbürgerschaft mit allem, was dies beinhaltet im politischen und kulturellen Bereich *und* Mitinhaber sein der deutschen Sprache und ihrer kulturellen Komponente im Elsaß (in der Vergangenheit, der Gegenwart und der Zukunft).

Diese »Janusköpfigkeit«, diese Zugehörigkeit zu zwei Sprach- und zwei Kulturräumen, dieses »und« oder »plus« wirkte und wirkt seit jeher störend und wurde/wird fast immer mißverstanden.

Es erhebt sich die Frage, wie dieser Begriff einer spezifisch elsässischen Identität von den Bewohnern des heutigen Elsaß rezipiert und reflektiert wird. Dabei ist in Betracht zu ziehen, daß die Elsässer in der bewegten politischen Geschichte der letzten 120 Jahre viermal die Staatsangehörigkeit und die »Nationalsprache« wechseln mußten.

Da ist zunächst die große Mehrheit der Bevölkerung, die Geschichte hinnimmt, hinnehmen muß und denen seit 1945 eingeredet wurde, daß allein die jetzige Nationalsprache Bildungssprache und Karrieresprache sei, kurz, daß es schick sei, französisch zu reden. Ich spiele hier an auf den weitverbreiteten Slogan: »il est chic de parler français«.

Diese große Mehrheit reagiert nicht spontan zum Thema »Doppelkultur«, »Doppelsprachigkeit«. Doch ergibt sich aus Umfragen, daß man mehrheitlich an der Bewahrung der »regionalen« Sprache hängt in ihren beiden Komponenten: umgangssprachlicher Dialekt und hochdeutsche Schriftsprache, falls diese mit positiven Vorzeichen versehen wird und die entsprechenden Mittel zur Verfügung gestellt werden.

Unter den Intellektuellen, Kulturschaffenden, Politikern, Industriellen kann man drei Kategorien unterscheiden:

Diejenigen, die sich entschieden der »einfachen« Lösung der Monokultur zugewandt haben. Andere, die den Anspruch einer »elsässischen Identität« als zu schwierig, zu aussichtslos empfinden, wollen die Doppelkultur unter dem Motto »Sterben ist auch eine Kunst« feierlich zu Grabe tragen.

Die »mündigen«, »bewußten« Elsässer haben sich für das »aufwendige Balancieren« auf den zwei Stühlen der Mischkultur entschieden, für ein grenzüberschreitendes Miteinanderleben der Sprachen und Kulturen, für Verwurzelung und Weite. Sie halten es für selbstverständlich, daß man sich als Franzose fühlt und neben französisch auch elsässisch und deutsch spricht und schreibt. Und sie beanspruchen dieses Mittlertum für alle Bewohner des Elsaß, nicht nur für eine mehr oder minder kleine Elite.

Es sind diese »Januskopfigen«, die in Manifesten, Essays, durch Chansons, Lyrik, Romane und pädagogische Programme seit Jahren an die Öffentlichkeit treten und den Zugang zu den Medien suchen.

Doch die Vielschichtigkeit des elsässischen Bewußtseins, das Bejahen oder Verneinen dieser elsässischen Spezifität war und ist im großen und ganzen kein Thema für die regionalen, nationalen oder internationalen Funkmedien und Printmedien, von »Insiderveröffentlichungen« einmal abgesehen.

Im allgemeinen stand und steht in den wenigen, das Elsaß betreffenden Fernsehsendungen jenseits der Vogesen oder des Rheins das industrielle, landwirtschaftliche und vor allem das touristische Element im Vordergrund mit den elsässischen Emblemen à la Hansi. Die oft ausgezeichneten Dokumentarfilme bewegen sich auf rein kunst-historischer Basis.

Während man auf »deutschsprachiger« Seite vorsichtig jeden eventuellen Vorwurf einer Einmischung vermeiden will, um die französisch-deutsche Freundschaft keinerlei Belastung oder Trübung auszusetzen, hütet man sich im allgemeinen auch in Paris vor der nicht-französischen Konstante der elsässischen Vergangenheit. Vorkommende satirisch-ironische Anspielungen auf »germanische« oder »Boche«-Überbleibsel in der französischen Provinz Alsace werden von den Elsässern mit gereizter Empfindlichkeit aufgenommen.

Es gab und gibt einige wenige Radiosendungen (France-Culture, Süddeutscher Rundfunk, Südwestfunk, Österreichischer Rundfunk), die das Thema anschneiden. Radio-France-Alsace, das vor 10 Jahren regionalsprachige Sendungen fast völlig strich und aus kommerziellen Gründen (das elsässische Publikum war zu RTL, lokalen Musiksendern oder zum Südwestfunk abgewandert) die Regionalsprache auf Mittelwelle wiedereinführte, beschränkt sich meist auf Küche, Kinder, Klatsch und Schlager.

Das regionale Fernsehen – mit seiner sehr beschränkten regionalen Sendezeit (etwa vier Stunden pro Woche) – schneidet das Thema nie direkt an. Doch leisten u.a. die täglichen fünfminütigen Nachrichten in Regionalsprache (französisch untertitelt) und eine wöchentliche Lyriksendung (Dauer 4 Min.) in den drei im Elsaß heimischen Sprachen ihren Beitrag zu einer »kleinen Zweisprachigkeit«.

In den letzten fünf Jahren machte sich ein Umschwung der Mentalitäten bemerkbar, der sich in den Reihen der Politiker, Wirtschaftsfachleute, bei den jungen Intellektuellen vollzog und vor allem in den regionalen Printmedien deutlich wird.

Zeitschriften, Bücher, die sich mit dem Thema der elsässischen Identität beschäftigen, werden immer zahlreicher, verkaufen sich und werden in den regionalen Tageszeitungen besprochen; besonders, wenn die Schriften auf »Nummer sicher« gehen und sich auf eine Bestandsaufnahme beschränken: also Anamnese ohne Diagnose und Therapievorschläge.

Doch daß das Thema »Doppelkultur und Doppelsprachigkeit« salonfähig geworden ist, beweisen die Artikel in den »Dernières Nouvelles d'Alsace«, der zweiten Tageszeitung Frankreichs (Gesamtauflage: 250.000, mit einer zweisprachigen Auflage von 40.000).

Es ist hier keine Seltenheit mehr, die elsässische Spezifität der Doppelkultur als ein kulturelles, politisches, wirtschaftliches Positivum behandelt zu sehen, dem allerdings mit gegebener Vorsicht zu begegnen sei.

Auch der am 20. April 1994 im »L'EXPRESS« erschienene Artikel von Bernard Mazières zeichnet ein begrüßenswertes Bild des Elsaß als einer »internationalen Region mit europäischer Berufung«, die auf ihr Recht poche, in ihren Sprachen zu sprechen, »à condition de sabrer en français«... Ob dieses erfreuliche Phänomen auf das geschickte Taktieren der elsässischen kulturellen Militanz zurückzuführen ist, die die wirtschaftlichen Vorteile der elsässischen Zweisprachigkeit ins Feld führte (30% der industriellen Investitionen im Elsaß beruhen auf deutschem Kapital, die Region zählt 60.000 »Grenzgänger«), ob die Schaffung eines kulturellen und wirtschaftlichen europäischen Raums den Europagedanken im Elsaß schneller populär machte als in anderen Regionen, das sei dahingestellt.

Wichtig ist, daß man der großen Masse der Elsässer, die man seit

Jahrzehnten in der Schule und in den Medien dahingehend beeinflußte, daß »Mono« alleinseligmachend sei, die Gelegenheit gibt, den europäischen Modellfall der grenzüberschreitenden elsässischen Identität als ein Positivum kennenzulernen, und daß man ihnen die Möglichkeit dazu gibt, sie im schulischen Bereich zu erlernen und im täglichen Leben zu praktizieren.

An praktischen Vorschlägen und pädagogischen Programmen fehlt es nicht. Es dreht sich jetzt darum, die Massenmedien, das Fernsehen und die großen Tageszeitungen zu gewinnen und sie vom Marktwert des vorgeschlagenen Modells zu überzeugen. Dabei müssen nationale und grenzüberschreitende Vorurteile und Hemmschwellen abgebaut werden.

Die Frage der Methode ist gestellt. Wir warten auf Vorschläge. Der in Schaan bei einem privaten Gespräch von den Luxemburger Teilnehmern gemachte Vorschlag, eine internationale Konferenz einzuberufen und von der politisch unverdächtigen Luxemburger Warte aus – auf der Basis des dreisprachigen Luxemburger Modells – dem elsässischen Anliegen »Schützenhilfe« zu leisten, steht zur Debatte.

*Ralph Kellenberger*

# Kulturelle Identität – muß das sein? Oder: Unser Kulturraum ist auch nicht mehr das, was er nie gewesen ist

Meine Damen und Herren,

eigentlich sollten wir uns den folgenden Satz von Georg Christoph Lichtenberg zu Herzen nehmen: »Sehr viele und vielleicht die meisten Menschen müssen, um etwas zu finden, erst wissen, daß es vorhanden ist.« Identität ist ja geradezu zum Symbol für einen solchen Suchprozeß geworden. Dieses Suchen beschränkt sich indes noch allzuoft auf die eigenen Wurzeln, ohne dem Verbindenden gebührend Rechnung zu tragen. Es mag sein, daß wir daran zweifeln, dessen Existenz nicht wahrhaben wollen – und somit auch nichts finden. Wie viel einfacher war es doch früher: Da konnte man die Frage »Wer bist du?« beantworten mit: »Der Sohn, die Tochter meiner Eltern.« Inzwischen lautet die Antwort: »Ich bin ich und verdanke alles mir selbst.« Der einzelne soll also das sein, was er sein will, und ist folglich gezwungen, seine Autonomie ständig zu beweisen.[1] Gewissermaßen als Gegenpol und Orientierungshilfe dient ihm der Gruppenkonsens, welcher allerdings unter dem Titel nationale Identität zunehmend als Phantom erkannt wird (Susanne Knecht). Daß indes Nation und Heimat keineswegs an Aktualität eingebüßt haben, ist hier schon anzumerken. Nur wäre auch die Bezeichnung zu vermelden, welche der elsässische Schriftsteller Jean Egen den allzu eifrigen Verfechtern zuweist: »Patridioten«. In der pluralistischen, säkularisierten Gesellschaft wird ein Identitätsverlust bewußt in Kauf genommen.

Oder doch nicht? Das Konzept kulturelle Identität hat gute Chancen, Brücken zu schlagen. Und solche sind offensichtlich notwendig. Die Beziehungen zwischen dem Individuum und gemeinschaftlichen Ordnungsmustern brauchen einen Kitt, der inhaltlich bindet und verbindet. Diesen Kitt bestimmen zu wollen, erinnert jedoch an den »Versuch, einen Pudding an die Wand zu nageln« (Max Kaase).[2] Immerhin zeigen deutsche Studien, daß soziale Bindungen zum Teil stark zugenommen haben. Auf die Frage: »Was würde ihnen wohl am meisten fehlen, wenn Sie weg müßten?« antworteten 1953 36% der Befragten: »mein Bekanntenkreis«. 1979 lag der Vergleichswert bereits bei 65%, 1985 bei 69%. Aber auch andere soziale Komponenten sind zwischen 1953 und 1985 deutlich gestiegen: etwa Nachbarschaft (von 16% auf 30%), Vereins- und Sportkameraden (von 8% auf 15% bzw. 12%) oder Stammtischkollegen (von 4% auf 8%). Der Trend hängt dabei weder vom Geschlecht noch von der Größe des Raumes, der Stadt ab. Die zunehmende Bindungslosigkeit, welche nicht zuletzt die Identitätsdiskussion ausgelöst hat, manifestiert sich fast exklusive bei den religiösen Bindungen (1953: 17% – 1985: 10%).[3] – Immer mehr Menschen identifizieren sich mit den neuen sozialen Bewegungen. In der Schweiz sympathisieren inzwischen 39% mit der Umweltbewegung. Rechnet man die Friedens-, Anti-AKW- und Frauenbewegung dazu, so haben diese Gruppierungen in der jüngsten Bürgerkategorie mehr Anhänger als alle politischen Parteien zusammen.[4]

Aus Zeitgründen bin ich gezwungen, Ihnen einen relativ dichten Katalog von Fragestellungen und Interpretationsmöglichkeiten zum Thema kulturelle Identität zu präsentieren. Zweifellos eine Verkürzung. Der Mensch kommt wohl ohne gewisse Realitätsreduktion nicht aus. Begrenzte Rationalität stabilisiert ja das soziale System. Im Identitätsbewußtsein steckt mehr Vorstellung als effektive Wirklichkeit (Ulrich Im Hof). Stereotypen liefern die Vorurteile und Bilder, die zu Identitätselementen werden. Sie sind an sich nicht unbedingt negativ, haben jedoch Bewertungscharakter und können dann zur Ausgrenzung führen. Es ist nicht uninteressant, daß im deutschsprachigen Kulturraum Stereotypen vor allem auch projektiv »wirken«. Hier will man eher wissen als bei den romanischen Nachbarn, welche Vorstellungen und Fremdbilder andere über einen selbst entwickeln.[5] – Da Identität an Bilder und Vorstellungen geknüpft ist und somit subjektiv erlebt wird, dürfte es legitim sein – um zu meinem Vortrag zurückzukehren –, insbesondere auch mit Umfrage-Ergebnissen zu argumentieren.

Es ist allerdings schon anzumerken, daß Identität auch mit konkreten, handfesten *Interessen* zu tun hat. Der neue Personalausweis der Schweiz liefert dazu ein Beispiel. In der »Neuen Zürcher Zeitung« vom 5. April 1994 findet man unter dem Titel »Sorgen mit der Identitätskarte« folgende Kurzmeldung: »Die Identitätskarte 95...stellt die Bergregionen vor besondere Probleme. Auf dem kreditkartengleichen Ausweis kann der Vermerk ›einheimisch‹ nicht mehr angebracht werden.

Damit eignet er sich nicht mehr als Legitimation für Vergünstigungen.« Die Zugehörigkeit soll hier also gleichzeitig ausgrenzen, weil Vorteile normalerweise nur greifen können, wenn der Kreis der Begünstigten limitiert bleibt. Ähnlich verhält es sich bei anderen Ausweisen für bestimmte Bevölkerungsgruppen, etwa bei Altersabonnementen. Obwohl solche Gruppierungen auch kulturell definiert werden können, steht hier kaum die emotionale Bindung im Vordergrund: Eine Identifikation ist kaum Bedingung. Diese Identität kann alters- und schichtenspezifisch, firmenintern, regional oder auch staatlich sein. Mitunter wird sie gespalten sein: In Österreich ruft die Politik bei 49% der Wähler (1989) negative Gefühle der Enttäuschung und des Mißtrauens hervor – in der Schweiz ist der entsprechende Anteil nicht einmal halb so hoch (22%) – , gleichzeitig wird aber der Staat von der großen Mehrheit der Österreicher als Garant für soziale Sicherheit und als bevorzugter Arbeitgeber mit unkündbaren Dienstverträgen angesehen.[6]

Und wie halten es die Österreicher mit der nationalen Identität? Neun von zehn identifizieren sich selbst als Österreicher. Die deutsche Wiedervereinigung hat für sie keine Bedeutung. Dennoch erfolgt eine demonstrative Abgrenzung gegenüber Deutschland. Ihr Nationalstolz ist wesentlich stärker ausgeprägt. Österreich liegt dabei mit 53% an dritter Stelle, hinter den USA und Großbritannien. Die Deutschen bringen es bloß auf 21%, die Schweizer auf 31%. Fragt man aber nach dem Nationsbegriff, so spricht sich inzwischen mehr als ein Viertel der Österreicher für die »Sprachnation« aus, die über die gemeinsame Sprache – unabhängig von den Staaten – definiert ist. Dieser Befund korreliert nicht ganz mit dem Ergebnis zur »Familienähnlichkeit«: Zwar ist die innere Verwandtschaft mit den Deutschen nach wie vor am größten, aber der Anteil ist rückläufig. Wiederentdeckt wird dagegen beispielsweise Ungarn. Signifikant sind ferner die regionalen Unterschiede. So sehen 1990 durchschnittlich 5% die größte Verwandtschaft mit den Schweizern; im Bundesland Vorarlberg sind es jedoch 17%. Und die Verwandtschaft mit Liechtenstein? Sie liegt bundesweit bei 1%, in Vorarlberg bei 18%.[7]

Aus der Sicht der Identitätstheorie ist der an sich amorphe Kulturraum schwer faßbar, weil Identität vorwiegend alltagskonkret erlebt wird. Es ist leicht einzusehen, daß im Kulturraum eine Identität nur kulturell, nicht national, sein kann. Gerade wenn man an soziale Bindungen denkt, setzt ein Raum eine gewisse Ausgeglichenheit der

Bevölkerung voraus. Staaten sind ja immer wieder bestrebt, den Mangel an kultureller Homogenität durch Abschottung identitätsstiftender Merkmale zu kompensieren, was indessen fast ausschließlich zur Desintegration führt. Allzu leicht fällt man beim Versuch, kulturelle Elemente festzustellen, auf Schemata zurück, welche eigentlich zur nationalen Identität gehören. Für eine Gruppierung ist die Aufnahmeselektion konstitutiv – und gerade hier gerät der Staat in Schwierigkeiten, wenigstens, soweit man nicht ausschließlich auf die Ausländerproblematik fixiert ist. Es dürfte ihm schwerfallen, lediglich Mitglieder zuzulassen, welche, in identitätsdynamischer Hinsicht, in den eigenen Kreis passen. In der Vereinsfreiheit, garantiert in Art. 11 EMRK, wird denn auch gelegentlich eine Bedrohung des staatlichen Herrschaftsanspruchs gesehen.[8]

Vielleicht ist es nützlich, mit dem sogenannten *kulturellen Gedächtnis* zu argumentieren, d.h. mit dem Wissen, welches unser Handeln und Erleben steuert. Dieses Gedächtnis ist identitätskonkret. Man erwirbt Wissen nicht aus Neugierde, sondern aus einem Identifikationsbedürfnis. Nur in ihrer kulturellen Überlieferung wird eine Gesellschaft sichtbar: sowohl für sich als auch für die anderen. Daraus kann man ableiten, daß Zugehörigkeit sozialisiert wird. Zum kulturellen Gedächtnis gehören sinnstiftende Handlungen und Dinge – es ist gewissermassen Überlieferung von Sinn. Kultur »funktioniert« wie ein Immunsystem. Nur sind es hier nicht Zellen, die zirkulieren, sondern eben kultureller Sinn. Was ist damit gemeint? Es handelt sich um den Vorrat an geteilten Werten und Deutungen, welche Gemeinsinn entstehen lassen.[9] Es leuchtet nun ein, daß ein ganzer Kulturraum von einem größeren Vorrat zehren kann. Zugehörigkeit allein genügt offensichtlich nicht. Es braucht Bewußtwerdung. Erst dann steigert sich Zugehörigkeit zum Wir-Gefühl, zur reflexiv gewordenen Identität. Identität bedarf der inneren Anerkennung. Und diese muß bewußt erfolgen.[10]

So verstandene kulturelle Identität wird weniger die Unterschiede als das Gemeinsame betonen, weil sie geteilte Inhalte und objektive Bindung anstrebt. Kultur bildet Kontext und steckt den Identifikationsrahmen ab, auf den gerade offene Gesellschaften angewiesen sind. Diese Gemeinsamkeiten sind indes schwierig, weil mehrere Teilkulturen sich durchdringen und quer durch verschiedenste Gruppen laufen. Identität ist wie ein Patchwork, das das Potential pluralistischer Gesellschaften reflektiert – im Positiven wie im Negativen (Dagmar Steffen).[11]

Doch wie sieht es nun mit den *Gemeinsamkeiten* im deutschsprachigen Kulturraum aus? Die »klassische« Annäherung orientiert sich an den Faktoren Geschichte, Abstammung, Sprache, Mentalität und politische Kultur.

Die *Geschichte* kann wohl kaum das Verbindende des Kulturraumes sein – sonst gäbe es ja nicht verschiedene Nationen darin. Geschichte ist zwar Kulturelement, aber eben zuallererst des Nationalstaates. Wer sie hervorhebt – und das tun viele –, übersieht die unterschiedliche Ausgangslage des Nationalbewußtseins: Es gibt Staaten wie Frankreich, in denen die Nation die Macht in einem bereits existierenden Gebilde übernommen hat; andere sind durch Sezession etwa aus der Habsburgermonarchie entstanden. Durch die staatliche Integration Deutschlands und Italiens ist die politische Karte dagegen farbloser geworden. Die deutsche Geschichte dieses Jahrhunderts hat den Kulturraum wohl eher getrennt. Gottfried Keller bekannte sich noch sowohl zum schweizerischen Staat als auch zur deutschen kulturellen Identität. Nach 1914 ist man in diesem Land neutral geworden. Carl Spitteler beispielsweise hat sich klar mit der nicht-deutschen Kultur der Schweiz solidarisiert.[12]

Bleiben wir in der deutschsprachigen Schweiz. Ist sie wirklich *deutschsprachig?* Sie werden daran zweifeln, wenn Sie mich hören. In der Schweiz kennt man drei Formen: das geschriebene Deutsch, das Schweizerdeutsch als Sammelbegriff verschiedener Dialekte und das gesprochene Hochdeutsch, welches durch spezifische Artikulation und Syntax geprägt ist. Die Verwendung der Mundart hat hier keinesfalls mit niedrigem Prestige zu tun und ist nicht auf soziale Unterschichten begrenzt – im Gegenteil: Das Schweizerdeutsch dominiert die politische Diskussion und immer mehr auch die Medien. Korrektes Deutsch ist fremd, weil es die Sprache der Deutschen ist und im Alltag wenig Verwendung findet. Auch Intellektuelle haben ein verkrampftes Verhältnis dazu. Die Dialektwelle hat durchaus Symbolcharakter gegen die Uniformierung und entspricht einem sozialen Bedürfnis. Sie führt aber auch zu einer verhängnisvollen Abkapselung. Der Schweizer Schriftsteller Kuno Raeber hat einmal überspitzt festgestellt, wenn das Deutsche bloß noch Schriftsprache sei, verliere es die Berechtigung als Kommunikationsmittel. Sprache bedeutet aber mehr: Sie ist ein Identitätsakt, markiert persönliche und soziale Identität und transportiert Werte, Normen – sowie Mentalitäten.[13]

Der Bezug zum Raum symbolisiert eine Lebensweise, welche *Men-*

*talitäten* ausdrückt. Ich möchte an dieser Stelle kurz über eine sprachsoziologische Untersuchung berichten. In den 80er Jahren sind Deutsche interviewt worden, die in der Deutschschweiz leben. Die Antworten stammen also ausschließlich von deutschen Einwanderern. Sie zeigen, daß Kultur vereinheitlicht und Verschiedenartigkeit fördert. Deutlich kommen sowohl die wesensmäßigen Ähnlichkeiten als auch die Unterschiede in Mentalität, Denkweise und zwischenmenschlichem Umgang zum Ausdruck. Erstaunlich ist es schon, daß bloß noch 28% der Befragten sich ganz oder mehr als Deutsche fühlen. Oftmals sieht man sich jedoch »innerlich« als Deutscher mit Schweizer Paß oder umgekehrt – eine gefühlsmäßige Gespaltenheit, welche Heimat- und Identitätslosigkeit signalisiert. Immerhin sind die niedergelassenen Deutschen in hohem Maße assimiliert. Sie konsumieren Schweizer Medien, sind Mitglied in Vereinen und interessieren sich zumindest ebenso stark für das politische Geschehen im Gastland.[14] Mehr als vier Fünftel glauben, daß Anpassung erwartet werde, auch sprachlich. Doch sei dies oft schwierig, weil die Schweizer nicht kontaktfreudig, schwerfälliger, weniger offen, tolerant und spontan seien – sagen die Deutschen. Die Lebensart sei hier eben anders, lautet eine verbreitete und durchwegs negativ besetzte Aussage. Andererseits sehen sich knapp zwei Drittel der Informanten mit Vorurteilen konfrontiert. Als Gründe werden u.a. die sprachliche Unterlegenheit der Schweizer und der Minderwertigkeitskomplex gegenüber dem sogenannten »großen Bruder« angegeben...[15]

Das Resultat mag etwas zwiespältig erscheinen und an den Gemeinsamkeiten zweifeln lassen. Dieser Eindruck dürfte noch verstärkt werden, wenn man die *politische Kultur* einbezieht. Darunter versteht man das System von Werten, Normen und Einstellungen, die uns bestimmte Orientierungsmuster anbieten. Sie ist nicht mit dem Verhalten selbst gleichzusetzen. Sie konditioniert zwar, d.h. sie lenkt unser Verhalten, determiniert jedoch nicht. Politische Kultur ist gewissermaßen die »subjektive Dimension von Politik« (Lucian Pye), aber dennoch keine Privatangelegenheit, sondern von großer gesellschaftlicher Relevanz. Sie hat zweifellos auch mit Mentalitäten zu tun, legt aber gleichzeitig ein politisch strukturiertes Netz über den Kulturraum. – Trotz geographischer Nähe und sozialpolitischer Berührungspunkte charakterisiert das Verhältnis der drei Nachbarländer Deutschland, Österreich und Schweiz kulturelle Distanz, die sich in unterschiedlichem Politikverständnis manifestiert. Alle drei Länder verfügen über eine eigenständige politische Kultur. Deutschland nimmt dabei eine mittlere Position ein. Man ist hier stärker als in Österreich, aber weniger als in der Schweiz von der persönlichen Einflußmöglichkeit überzeugt. Die Partizipationskultur ist dagegen relativ aktiv und das Vertrauen in die politischen Institutionen gefestigt. Letzteres ist in Österreich hierarchisch geprägt. So vertrauen, einer Umfrage von 1989 zufolge, 56% der Polizei, 53% den Gerichten, jedoch nur 27% der Regierung und dem Parlament. In der Schweiz liegen alle Werte über 50%. Die schweizerische politische Kultur gibt sich prononciert selbstbewußt.[16] Ihre Elemente direkte Demokratie, Föderalismus und Subsidiarität sind von unten nach oben und kleinräumig angelegt – was gelegentlich das Offensein erschwert. Man ist hier vielleicht bereit, in der Literatur, Kunst usw. auf Eigenart zu verzichten, beansprucht diese aber bei der politischen Kultur! Der Deutschschweizer ist wohl »geistig« den Deutschen näher; er bekennt sich indessen zu einer politischen Kultur, welche ihn mit der Westschweiz verbindet.[17]

Es fehlt mir die Zeit, auf *zwei weitere Interpretationsmöglichkeiten* von kultureller Identität näher einzugehen. Bei beiden wäre aber Skepsis angebracht. Die eine baut auf *kulturelle Institutionen und Angebote.* Sie greift wohl zu kurz, weil sie die Alltagskultur vernachlässigt. Zudem sind viele Kulturangebote nicht sprachlich und damit auch nicht an den Kulturraum gebunden. Der internationale Kulturmarkt agiert ohnehin global. Immerhin ist dieser Ansatz schon einer Diskussion wert, da er kulturpolitisches Gestaltungspotential freilegen kann.

Die andere Interpretation will *politische Integration* gewissermaßen kulturell verstärken. Kultur dient hier der Legitimationsbeschaffung für das, was aufgrund von Interessenkalkulation ohnehin geschieht (Habermas). Auf Kongressen ist es inzwischen üblich, Jean Monnet zu zitieren und die kulturelle Verständigungs- und Vergemeinschaftungsbasis zu forcieren. Kulturelle Identität wird dort »gefährlich«, wo Kultur, da positiv besetzt, zu einem Zustimmungszwang, zur Vereinnahmung führt. Daß die Überbetonung kultureller Zusammengehörigkeit nicht immer den Frieden fördert, beweist die Lage im ehemaligen Jugoslawien.

Ich schließe mit einem letzten Annäherungsversuch und halte mich dabei an Hans Saner und Hartmut Esser. Für Saner bedeutet kulturelle Identität »Einverständnis mit Zugehörigkeiten, in die wir entweder hineingeboren werden oder die wir wählen«.[18] Diese Interpretation bringt zwei Komponenten ins Spiel: innere Anerkennung oder Übereinstimmung sowie Freiwilligkeit, Wahlfreiheit. Beides impliziert der Begriff *Identifikation*. Im ersten Fall geht es um die emotionale Besetzung eines Raumes oder Objektes; die zweite Komponente betont dagegen eher funktionale Bezüge. Identifikation ist die Folge von Assoziationen und Erfahrungen. Die moderne Handlungstheorie lehrt uns, daß Menschen auf Stimuli nicht kausal reagieren, sondern sich entscheiden – und zwar in sehr komplexer Weise: Sie wählen aus Identifikationsangeboten diejenigen aus, die persönlichen Nutzen versprechen. Dieser kann durchaus auch emotionale Bedürfnisse befriedigen. Der Ansatz hat den Vorzug, daß er auf psychologistischen («Instinkt«-Bindung an den Raum) und soziologistischen Determinismus (soziale Bezüge über Beziehungen) verzichtet. Kulturelle Identität ist somit reflektiv: ein bewußter Entscheidungsakt, ohne allzu große Zumutungen an unsere Werthaltungen, welche die Zugehörigkeit uns aufdrängt.[19]

Es mag sein, daß diese Interpretation etwas beliebig und eigennützig erscheint. Sie dürfte aber der modernen Gesellschaft entsprechen, in der Identität nurmehr partiell und phasenweise »erscheint«. Unsere Vorstellung von kultureller Identität als einer einmaligen Kombination von objektiven Kulturelementen ist wohl zu statisch, zu systematisch – und zu wenig prozeßorientiert.[20] Gerade die Mobilität hängt ja von wechselnder räumlicher Attraktivität ab. Dies wäre eine Herausforderung, der man sich auch im deutschsprachigen Kulturraum stellen müßte.

**1** Frey/Hausser 1987: 11. **2** Longchamp 1993: 50. **3** Böltken 1987: 149ff. **4** Longchamp 1993: 79. **5** Kreis 1992b: 1259ff. **6** Plassner/Ulram 1993a: 30f. **7** Plassner/Ulram 1993b: 145f.; Plassner/Ulram 1993a: 39. **8** Kellenberger 1993b: 13. **9** Assmann 1988: 9ff.; Assmann 1992: 19ff. und 140ff. **10** Assmann 1992: 132ff. **11** Kellenberger 1993a: 650f. **12** Schneider 1991: 167f.; Weibel/Feller 1992: 245. **13** Koller 1992: 22f. und 35ff.; Saladin 1989: 249. **14** Koller 1992: 159ff.– Fast alle Deutschen haben schweizerische Tageszeitungen abonniert. 80% interessieren sich für die inländische Politik. Mehr als die Hälfte sind Vereinsmitglieder (zum Vergleich: 1973 gehörten 32% der Schweizer einem Verein und weitere 29% mehreren Vereinen an). **15** Koller 1992: 137ff. **16** Plassner/Ulram 1993a: 25ff. und 43f. **17** Kreis 1992a: 901f.; Weibel/Feller 1992: 34ff. **18** Saner 1986: 45. **19** Esser 1987: 110f. und 117. **20** Saxer 1992: 1430f.

LITERATURVERZEICHNIS

*Assmann, Jan,* 1988: Kollektives Gedächtnis und kulturelle Identität. In: Assmann, Jan/ Hölscher, Tonio (Hg.): Kultur und Gedächtnis. Frankfurt. S. 9-19.

*Assmann, Jan,* 1992: Das kulturelle Gedächtnis. Schrift, Erinnerung und politische Identität in frühen Hochkulturen. München.

*Böltken, Ferdinand,* 1987: Ortsgebundenheit und Ortsverbundenheit. In: BFfLR: Informationen zur Raumentwicklung. H. 3. S. 147-156.

*Esser, Hartmut,* 1987: Lokale Identifikation im Ruhrgebiet. In: BFfLR: Informationen zur Raumentwicklung. H. 3. S. 109-118.

*Frey, Hans-Peter/Hausser, Karl* (Hg.), 1987: Identität. Stuttgart.

*Kellenberger, Ralph,* 1993a: »Da draussen bin ich nur ein armes Luder...« Ein Beitrag zur Diskussion über nationale oder kulturelle Identität. In: Schweizer Monatshefte 1993. H. 7/8. S. 645-652.

*Kellenberger, Ralph,* 1993b: Identitätstheorie und Menschenrechtsdiskussion. In: Riklin/Wildhaber/Wille (Hg.): Kleinstaat und Menschenrechte. Festgabe Gerard Batliner. Basel. S. 157-178.

*Koller, Werner,* 1992: Deutsche in der Deutschschweiz. Eine sprachsoziologische Untersuchung. Aarau.

*Kreis, Georg,* 1992a: Politische Kultur. In: Hugger, Paul (Hsg.): Handbuch der schweizerischen Volkskultur. Zürich. S. 901-924.

*Kreis, Georg,* 1992b: Stereotypen. In: Hugger, Paul (Hg.): Handbuch der schweizerischen Volkskultur. Zürich. S. 1259-1273.

*Longchamp, Claude,* 1993: Politisch-kultureller Wandel in der Schweiz. In: Plassner, Fritz/Ulram, Peter A. (Hg.): Staatsbürger oder Untertanen? Politische Kultur Deutschlands, Österreichs und der Schweiz im Vergleich. Frankfurt. S. 49-101.

*Plassner, Fritz/Ulram, Peter A.,* 1993a: Politischer Kulturvergleich: Deutschland, Österreich und die Schweiz. In: Plassner, Fritz/Ulram, Peter A. (Hg.): Staatsbürger oder Untertanen? Politische Kultur Deutschlands, Österreichs und der Schweiz im Vergleich. Frankfurt. S. 17-48.

*Plassner, Fritz/Ulram, Peter A.,* 1993b: Politisch-kultureller Wandel in Österreich. In: Plassner, Fritz/Ulram, Peter A. (Hg.): Staatsbürger oder Untertanen? Politische Kultur Deutschlands, Österreichs und der Schweiz im Vergleich. Frankfurt. S. 103-155.

*Saladin, Peter,* 1989: Sprachkultur. In: Suchbild, Silhouette, Sagome. Zürich. S. 246-252.

*Saner, Hans,* 1986: Von den Gefahren der Identität für das Menschsein. In: Benedetti, Gaetano /Wiesmann, Louis (Hg.): Ein Inuk sein. Interdisziplinäre Vorlesungen zum Problem der Identität. Göttingen. S. 39-51.

*Saxer, Ulrich,* 1992: Medienkultur in der Schweiz. In: Hugger, Paul (Hg.): Handbuch der schweizerischen Volkskultur. Zürich. S. 1405-1432.

*Schneider, Heinrich,* 1991: Europäische Identität: Historische, kulturelle und politische Dimensionen. In: Integration 4/91. S. 160-176.

*Weibel, Ewald R./Feller, Markus* (Hg.), 1992: Schweizerische Identität und europäische Integration. Bern.

*Jeanne Hersch*

# Widersprüche in der menschlichen Identität

Meine Damen und Herren,

der französische katholische Philosoph Gabriel Marcel sagte oft: »Quand on parle de Dieu, ce n'est presque jamais de Dieu qu'on parle.« Und ich möchte heute zunächst einmal diese Bemerkung anbringen. Denn ich glaube, daß viele der wesentlichen Worte, mit denen wir zu leben meinen, tatsächlich von der Art sind, daß, wenn wir sie aussprechen, wir sie eigentlich kaum meinen. Kultur ist auch so ein Wort. Ein französischer Romancier hat ironisch als Zeichen für Kultur geschildert, daß Frauen, wenn sie eine Tasse Tee trinken, den kleinen Finger erheben; dies bedeute Kultur. Man sollte immer ein bißchen mißtrauisch sein gegenüber Worten, die zuviel in sich enthalten. Man soll sie äußerst sparsam brauchen, »avec crainte et tremblement«. Und dies nicht, weil sie falsch sind, sondern weil sie leicht mit Lügen belastet sind.

Nun: mit Kultur und Identität steht es schlimm. Das klebt zu nahe am Menschen, es hängt untrennbar mit ihm zusammen. Niemand ist ohne Kultur. Es ist undenkbar. Ohne Kultur gibt es niemanden. – Natürlich haben wir gewisse Zeitgenossen, die kulturlos sein wollen, indem sie behaupten, sich selber geschaffen zu haben. Sie sind sozusagen aus dem Nichts allein hervorgegangen. Und so sind wir zu dem Paradox gelangt, in dem wir heute leben. Nie hat man soviel Geld für Erziehung aufgewendet wie heute; gleichzeitig ist es aber der Erziehung untersagt, am Kind etwas zu verändern. Das Kind soll so bleiben, wie es geboren wurde. Nicht einmal die Regeln seiner Muttersprache darf man ihm beibringen. Das ist schon Tyrannei, denn diese Regeln hat es vor ihm schon gegeben, es hat sie nicht selbst erfunden. Fehler dagegen sind ›persönlich‹! Diese Zweideutigkeit, in der wir heute leben, ist etwas Erstaunliches und auch Gefährliches.

Ich hatte meinem Referat einen Titel gegeben, der im Programm nicht aufgeführt ist; er lautete »Widersprüche in der menschlichen Identität«. Manche von Ihnen mögen glauben, daß ich in Widerspruch verliebt bin, habe ich doch vor einigen Jahren an den Salzburger Festspielen meine Eröffnungsrede betitelt »Widersprüche in der Musik«. Nun, in der menschlichen Identität, glaube ich, sind Widersprüche eine Grundgegebenheit. Warum nur?

*Weil allein ein Wesen, das frei entscheiden kann, was es sein will, eine Identität haben kann.* Eine Identität ist mehr als die Farbe seiner Haare, die man *eben hat.* Man kann nur das erfinden, was man *nicht hat.* Identität ist eben die Fähigkeit, aus sich selber jemanden zu schaffen. Und schon sind wir wieder gefangen: das gehört zu unserem Menschsein. Die Freiheit ist so widerspruchsvoll, wie es nur sein kann. Die Bedingung der Freiheit ist die Unfreiheit, und umgekehrt.

Woher kommt dies? Das kommt daher, daß wir in der Zeit leben. Das ist keine große Entdeckung, aber die Zeit ist so widerspruchsvoll, daß alles in ihr widerspruchsvoll ist. Der Heilige Augustin hat es damals neu erlebt im elften Buch der »confessiones«: Er staunt vor den Widersprüchen der Zeit, und das einzige, was er tun kann, ist, Gott zu bitten: Bitte hilf mir, denn ich verstehe nichts davon. Und wir alle verstehen nichts davon, sobald wir anfangen, darüber nachzudenken.

Gestern haben wir einen ausgezeichneten Vortrag gehört über die unreduzierbare Zweideutigkeit zwischen identisch und Identität. Identisch scheint ein Begriff zu sein, der in erster Linie ein logischer Begriff ist. »Identique« ist ein seltsamer Begriff, den man auf die Wirklichkeit anwenden kann, eine künstliche oder eine erdachte Wirklichkeit. Ein logischer Begriff, der sehr nahe an »unveränderlich« grenzt. Identisch bedeutet etwas, was der Veränderung nicht unterworfen ist; es bleibt so, wie es ist. Wenn man den Begriff »Identität« in Verbindung mit der Zeit deutet, schließt man jede Veränderung aus. Man erlebt keine Veränderung, um identisch zu bleiben. Bleiben, das ist das Sein der Beständigkeit, der Unveränderlichkeit. Es ist zudem »logisch«, es hat etwas mit »ewig« zu tun, ewig im Sinne einer Gegebenheit, einer Sache. Es ist etwas, das so bleibt, wie es ist. Der beste Ausdruck dafür, wenn wir es auf den Menschen anwenden wollen, ist der Satz von Kipling: »Je suis moi, dit le crabe, moi et rien d'autre.« Ich bin ich, sagt der Krebs, Ich und sonst nichts. Das ist der Ausdruck der subjektiv erlebten Identität, wenn man dies so sagen kann.

Das ist nicht nur komisch, es ist auch ganz ernst, denn es entspricht faktisch einem Aspekt oder einem Pol der menschlichen Freiheit. Ich denke zum Beispiel an einen Text von einem jungen Priester aus dem Osten, der furchtbar unter dem Druck der kommunistischen Auffassungen gelitten hat, und der plötzlich, in heller Begeisterung und wahrer Freude, eines Tages entdeckte, daß, wenn er zu sterben bereit ist, ihn niemand mehr zwingen kann. Daß es dann die Möglichkeit des Zwanges überhaupt nicht mehr gibt, wenn jemand zum Allerletzten bereit ist. Und diese Entdeckung – man muß es nacherleben, um zu verstehen, was er empfand – war für ihn eine übermenschliche Befreiung. Er entdeckte, daß niemand ihn zu etwas zwingen kann, wenn er zum Letzten bereit ist. Er hat jenen Punkt des absoluten Mutes entdeckt, jenseits des Todes, jenseits des Schmerzes, jenseits von Allem. Und denselben Akzent findet man meiner Ansicht nach in dem Roman von Solschenyzin, der heißt »Die Eiche und das Kalb«. In diesem Buch finden wir, unter schlimmsten Umständen, dieselbe unglaubliche Freude, als Solschenyzin eines Tages, nach vielen Prüfungen, mit seiner Frau beschlossen hat, nie mehr zu lügen. Was auch geschehe, selbst mit ihren Kindern geschehe, sie würden nie mehr lügen. Man könnte sie dazu nicht mehr zwingen. Es ist, als hätten sie beide endgültig die Schallmauer durchbrochen. Man ist jenseits. Und Jenseits ist eine andere Atmosphäre. Es gibt keine Angst mehr. Es gibt die Ruhe der Angstlosigkeit.

Natürlich gibt es auch entsprechende, kleine, miserable Ausdrücke dieser Erfahrung im Alltag, wenn man hartnäckig wird, und zwar so hartnäckig, daß man seelisch taub wird, auf keine Argumente mehr hört, mit niemandem mehr kommunizieren will. Man hört nur, wenn jemand so denkt wie ich – man verliebt sich in sich selbst. Das ist eine Grundabsage der Kommunikation, im Jaspers'schen Sinne keine Kommunikation also, weil man die Wahrheit *hat*, nicht eine Teilwahrheit, *die ganze Wahrheit*. Und solche Formen können äußerlich, vielleicht sogar innerlich, manchmal trügen. Sie sind sehr nahe am Glauben, doch vielleicht sind sie ein Gegenpol dazu. Das Seltsame im menschlichen Leben, im geistigen Leben ganz besonders, ist gerade, daß die extremen Widersprüche einander so sehr gleichen. Im Grunde gleicht nichts so sehr Gott als der Teufel. Diese extremen Gegensätze, die einander gleich oder ähnlich sind, das ist etwas, was alle unsere Probleme, die wir hier besprochen haben, so zweideutig und vieldeutig macht.

Einigen von Ihnen habe ich schon meine Sorgen um den heiligen Martin erzählt. Ich habe nie verstanden, daß er seinen Mantel in zwei Stücke geteilt hat, um dem armen Mann etwas Wärme zu geben. Denn ein Mantel, den man entzweischneidet, der gibt niemandem mehr Wärme, weder dem Heiligen noch dem Armen, es wird beiden kalt. Und der heilige Martin wollte doch wahrscheinlich barmherzig sein und wünschte, daß der arme Mann warm habe. Aber das war wohl nicht der beste Weg. Oder hat es sich vielleicht um eine breite Pelerine gehandelt? – Zweideutigkeit steckt also in allen Dingen, auch mit der Identität ist es so. Es geht nicht darum, Identität zu wollen. Die Absicht ist gut. Aber es ist eben nicht Identität, und es ist nicht Kultur. Und das ist schlußendlich die Schwierigkeit, mit der wir immerzu zu kämpfen haben.

Der Mensch, der in der Zeit und in der Geschichte lebt, ist normalerweise nicht Besitzer der ganzen Wahrheit. Vielleicht ist er es nie, was zu glauben ich neige. Er ist nicht Besitzer. Und ich glaube, das ist die Rolle der negativen Theologie, die wir kostbar bewahren sollten, nämlich weil wir das Negative brauchen, um der Wahrheit näher zu kommen, und nicht in ihren direkten Besitz. In diesen Dingen ist direkter Besitz fast immer Verkehrung. Der Mensch ist eben nicht im Besitze der Totalität, er kennt sie nicht. Dem verdankt er sein Menschsein, das heißt, daß er in seiner Zeit gegenwärtig ist. Wenn er die Totalität besitzen würde, wäre er kein Mensch mehr.

Ich staune immer, mit welcher Leidenschaft die Menschen darum kämpfen, die Vorbedingungen ihres Menschseins zu zerstören und zu leugnen. Zeit, Tod, Teilwissen, Geschichte, alle diese mühsamen Dinge, in denen wir leben. Nur das ist die Vorbedingung dafür, daß wir freie Menschen sind oder sein können. Es ist, als wären wir irgendwie gegen uns selber im Kampf, gegen das Herz der Sache. Diesen Unmöglichkeiten haben wir es aber zu verdanken, daß die Dinge für unsere Freiheit offen und wir im Werden sind. Der Mensch lebt in der Zeit, die von ihm wegflieht, die er nicht halten kann, die ihn überflutet, und die er nicht versteht. Und so muß es sein. Was wir tun sollten, ist, den Sinn davon zu erforschen. Das ist, glaube ich, Kultur. Aber man denkt nicht, daß es Kultur ist. Der Mensch sucht das Anderssein der anderen Menschen, um selbst sein zu können. Durch das Sein der anderen Menschen wird er er selbst. Also durch das Nicht-Identischsein mit den anderen Menschen.

Das Nicht-Identischsein, wie steht es mit dieser Obsession? Der Mensch hat doch den Ruf, das Wahre zu suchen, und nicht, das Wahre zu besitzen. Er strebt nach dem Wahren, doch das Wahre entflieht. Das ist vielleicht der Grundzug, weswegen ich die Philosophie meines Lehrers Jaspers für das Leben mitgenommen habe, weil das eine Philosophie der Enteignung ist, und nicht der Aneignung im Sinn von Besitzerwerben. Ich würde sogar sagen, für mich ist jede Zeile von

Jaspers etwas, was uns von etwas enteignet, und gerade dadurch ruft sie zu etwas auf, zu einer neuen Mühsal, zu einem neuen Werben. Und deswegen nenne ich das eine »Philosophia Negativa«, in Anknüpfung an die Theologia Negativa.

Nun hat sich unsere Welt unglaublich verändert und verändert sich weiter. Sie verändert sich grundlegend, schnell und verschiedenartig. Und doch bleibt in dieser veränderten Welt unsere einsame Berufung, die wir in dieser Welt haben, bestehen. Nur wir haben diese Berufung, frei und verantwortlich zu sein, es gibt keine anderen Wesen als die Menschen, die diese Berufung haben, und nur diese Berufung rechtfertigt die Menschenrechte. Jeder Mensch hat ein Recht auf Menschenrechte, weil er die Berufung hat, frei und verantwortlich zu werden. Wenn wir in einer sich so tief und sich ständig verändernden Welt frei und verantwortlich werden wollen, müssen wir selber uns ändern. Es ist wirklich nicht die Zeit, um an einer Unveränderlichkeit festzuhalten. Im Gegenteil. Und dies bedeutet bei weitem nicht Willkür, Laxismus und Ethiklosigkeit.

Das alles verlangt von uns Hoffnung. Hoffnung ist etwas Wesentliches, nicht etwa, weil es uns Freude macht. Hoffnung ist notwendig. Hoffnung ist eine Form von Vertrauen, ist eine Form von Jasagen zu unserem Menschsein. Ich sage Ja zum ›Ein-Mensch-Sein‹. Und das bedeutet, den Mut zum Sich-Ändern haben. Es bedeutet nicht ›irgendetwas‹, nur daß es anders wird. Es bedeutet ebenso wenig, daß Schlimmes andauern soll. Ganz im Gegenteil. Mehr Möglichkeiten für uns und die anderen zur möglichen Freiheit sollen sich allmählich entwickeln. Und das ist es, was uns mit den anderen verbindet, nämlich daß die anderen dieselben Möglichkeiten haben wie wir selbst.

*Diskussionsrunde 1*

# »Grenzüberschreitung und Zusammenarbeit im deutschsprachigen Kulturraum«

*Andreas J. Wiesand:*

»Ich wollte eigentlich nur eine Sache zu gestern anmerken, zum Referat von Herrn Klein aus Luxemburg. Es sei ihm bestritten worden, daß man über Sprache Identität bilden kann. Also, ich habe nichts dergleichen bestritten, Herr Klein, im Gegenteil. Man könnte sagen, Luxemburg ist in gewissem Sinne ein Prototyp für die möglicherweise künstliche europäische Identität, indem es die Besonderheit aufweist, auch noch 20 Prozent etwa, so hat man mir erzählt, Portugiesen im eigenen Land zu haben, die natürlich weiterhin Portugiesisch sprechen. Das ist also sicherlich eine ganz besondere Spezialität. Wir können mit unseren Türken da nicht mithalten. Ich war eigentlich aus anderen Gründen zu meinen Ausführungen gekommen, ich sage aus historischen Gründen, wegen der schieren Größe, wegen der inneren Widersprüche können die wiedervereinten Deutschen zu diesen Selbstfindungen der einzelnen Länder dieses Raumes relativ wenig beitragen, und auch nicht über die Sprache, verstehen Sie, das ist eine andere Aussage. Das hat eben nicht nur damit zu tun, daß wir kein Ministère de la Francophonie besitzen, wie es die Franzosen gerade wieder eingerichtet haben. Das bringt mich jetzt aber zur Frage, an Sie, zurück, Herr Klein. Sie waren ja so klar in Ihrem Bekenntnis zur Francophonie. Es war schon gut, glaube ich, für diese Tagung, wenn jemand das hier so klar sagt, auch mal den Unterschied erklärt, und sagt, was so faszinierend an dieser Francophonie ist, und daß man sie so klar ohne Wenn und Aber als, wie soll ich mal sagen, als kulturellen Raum akzeptieren kann, während man das vom deutschsprachigen Volk ja nicht tun kann. Dieser Unterschied, der würde mich jedenfalls sehr interessieren. Warum kann man das eine so klar sagen und das andere so klar nicht sagen?«

*Mars Klein:*

»Das ist an sich eine sehr gute Frage. Ich habe weiter nichts sagen wollen, als daß wir offiziell keine Probleme damit haben, das so klar zu sagen. Also, die Frage würde sich stellen, wenn es etwas Vergleichbares gäbe zur Francophonie im deutschsprachigen Raum und wir politisch unterscheiden müßten, denn das Bekenntnis zur Francophonie ist ja in jedem Fall eine politische Aussage, eine offiziell politische Aussage. Der Luxemburger Staat partizipiert an dem Gipfel der Francophonie, weil das eben so politisch gewünscht ist. Die Frage, ob wir auch partizipieren würden, wenn es einen Gipfel der Germanophonie gäbe, das gibt es ja auch gar nicht. Allerdings, die Frage ist insofern auch interessant, weil das Deutsche in der Schulpolitik eine wichtige Rolle spielt. Luxemburg hat beispielsweise nicht partizipiert an der Rechtschreibereformkommission. Wir übernehmen das zwar, aber wir partizipieren daran nicht. Das ist eigentlich ein gewisser Widerspruch. Wir müßten logischerweise nach beiden Seiten dabeisein, sind es aber nicht. Wenn wir in Brüssel Deutsch sprechen, würden die Dolmetscher durcheinandergeraten. Das ist das Problem. Weil es ganz einfach eine offizielle Entscheidung ist.«

*Andreas J. Wiesand:*
»Ich habe die Frage unter anderem auch deshalb gestellt, weil mir das nicht nur in Luxemburg, sondern auch sonst aufgefallen ist, daß offenbar Francophonie damit leben kann, daß es eine zentrale Stelle gibt, eine Ministère de Francophonie in Paris, in einem großen Zentrum, das sagt, wie zu sprechen ist. Das können die offenbar aushalten. Wenn es das im deutschsprachigen Raum gäbe, ich möchte nicht wissen, also nicht behaupten, daß das nicht geht, aber das würde sicherlich nicht so leicht ausgehalten werden.«

*Mars Klein:*
»Ja, so leicht halten die francophonen Länder das auch nicht aus. Also das belgische Französisch, da gibt es in vieler Hinsicht Unterschiede, in der Semantik oder in der Stilistik oder in was weiß ich. Ein besseres Beispiel ist nicht so einfach, besonders in der Literatur nicht. Man sagt ja, daß die Belgier kreativer im Französischen seien als die Franzosen. Vor allen Dingen sind sie weniger rigide als die Franzosen. Also so einfach ist das Problem wahrscheinlich nicht.«

*Fred Urban:*
»Beim Thema Francophonie bin ich direkt betroffen, zumal, wie Sie vielleicht gehört haben, im Moment im Parlament ein neues Gesetz vorgelegt wurde zur Benutzung der französischen Sprache. Schon der

Titel ist bezeichnend, man könnte sagen: zunächst wird es als eine Art »Verbraucherschutzgesetz« dargestellt, als das Recht eines Franzosen, Gebrauchsanweisungen, Angebote, Arbeitsverträge in französischer Sprache zu bekommen. Aber es steht natürlich etwas ganz anderes dahinter. Im Grunde möchte man am liebsten den Gebrauch dieser Sprache so weit offizialisieren, daß alle verpflichtet sind, sie im alltäglichen Leben, morgens, abends und in der Arbeit und auch sonstwo, immer wieder zu benutzen. Und das ist eine Art – man könnte sagen – Obsession bei manchen Leuten. Aber gleichzeitig wird über diese Sache auch sehr viel gewitzelt, nicht nur im Ausland, sondern auch in Frankreich. Wiederholt wurde gesagt, daß dieses Gesetz zunächst hauptsächlich den Einfluß des Englischen eindämmen soll. Zu vermeiden, daß die Zweisprachigkeit, wie sie sich überall eingerichtet hat, ausschließlich mit der englischen Sprache verbunden wird, ist, würde ich sagen, durchaus von europäischem Interesse. Das ist ein gutes Anliegen.

Kommen wir zur Francophonie zurück. Sie haben gerade die Belgier erwähnt. Die haben in der Tat im Moment große Schwierigkeiten, weil sie beschlossen haben, im Rahmen der Gleichberechtigung der Geschlechter, eine Reihe von Ausdrücken, Berufsbezeichnungen usw. zu revidieren. Und das macht nun die Französische Akademie nicht mit. Es wird darüber gestritten, ob man ›Madame la Députée‹ sagen darf oder »Madame lé Député« usw. Diese Francophonie-Geschichte ist, wenn ich es mal ganz grob ausdrücken kann, für mich ein Überbleibsel des alten Imperiums. Man versucht irgendwie noch etwas auf der Welt alleine zu bestimmen. So wird es auch von den Staaten, die mitmachen, empfunden, weil die sich sagen, wenn ich als Volk die Francophonie mitmache, ist es wieder eine Möglichkeit, an Geld heranzukommen.«

*Regina G. Wyrwoll:*
»Ich würde gerne eine kleine Anekdote in diesem Zusammenhang hinzufügen. Ich war bei der Findungskommision für die neue Leiterin der Documenta X. Wir haben eine Französin ausgewählt, und man hat versucht, ihr die Anweisung zu geben, in Zukunft sei in offizieller Mission nur noch französisch zu sprechen. Man würde ihr vom Amt her einen Dolmetscher zur Verfügung stellen. Das muß man sich einmal vorstellen...«

*Norbert Riedl:*
»Ich glaube, man muß eines dazusagen – daß die französische Verfassung prinzipiell den Minoritätenbegriff nicht kennt. Das heißt, es wird von vornherein von der Verfassung ausgeschlossen, daß es innerhalb Frankreichs unter den Francophonen Minoritäten gibt, die anzuerkennen sind, und dadurch auch wird jetzt die Hilfskonstruktion mit diesem Gesetz, das ja speziell auf das Elsaß und die Bretagne...«

*Fred Urban:*
»Entschuldigung, das ist nicht richtig! Denn dieses Gesetz beschäftigt sich mit der französischen Sprache. Und die Tatsache, daß man in diesem Gesetz jetzt von Regionalsprache spricht, hat mit dem Druck zu tun, den wir aufgebaut haben. Aber der kommt nicht vom Ministerium. Das Ministerium weigert sich nach wie vor, beispielsweise die Europäische Charta für Regional- und Minderheitssprachen zu unterschreiben.«

*Norbert Riedl:*
»...ist aber darin durch die Verfassung gedeckt.«

*Fred Urban:*
»Sicher, doch die Verfassung wurde auch erst 1992 geändert. Und da kann man auch sehen, daß der Aufbau von Europa, Maastricht usw., dazu führt, daß diese Leute auch Angst bekommen wegen der Identität, und die wird ja in Frankreich hauptsächlich über die Sprache definiert. Sodaß man bei dieser Gelegenheit die Verfassung, um sie sozusagen Maastricht-gerecht umzuformulieren, diesen Passus eingebracht hat: ›Französisch ist die Sprache der Republik‹. Das stand vorher nicht drin.«

*Moderatorin Angelica Bäumer:*
»Wir sind nun bei unserem Thema – nämlich ›Identität im deutschsprachigen Raum‹. Ist diese Identität über die Sprache definiert? Bei den Franzosen ist es offensichtlich so. Warum bei den Deutschen nicht?«

*Urs Frauchiger:*
»Darf ich nicht trotzdem noch schnell zum vorigen etwas sagen? Wir haben letztes Jahr Französisch-Schweizerische Kulturgespräche ge-

habt. Und in der vorbereitenden Kommission bei der Traktandenliste hat die Schweiz vorgeschlagen, die sprachlichen Minoritäten zu thematisieren. Antwort: On a pas des minorités! Aber jetzt ein nächstes. Sie haben, Herr Wiesand, die Portugiesen in Frankreich in Parallele zu den Türken gesetzt. Das stimmt gerade nicht... Paris ist die zweitgrößte portugiesische Stadt. Es gibt zum größten Teil ein ganz ausgezeichnetes und neues Französisch, das sie sprechen, und dazu kommt, daß sie sich in ihrem Land jetzt langsam absondern. Sie sprechen immer französisch – sozusagen, um zu beweisen, daß sie nicht mehr richtige Portugiesen sind. Also über die Sprache und ihre Anpassung in Frankreich, die einen neuen französischen Dialekt ausmacht, und zwar einen von sehr breiten Schichten gesprochenen, beginnt sogar eine Identitätsablösung in Portugal selber.«

*Angelica Bäumer:*
»Wir sind alle Emigranten, hat Jeanne Hersch gesagt...«

*Jeanne Hersch:*
»Ja. Ich möchte nur sagen, daß diese Geschichte mit Minister Toubon einen etwas anderen Aspekt hat, als es gezeigt wurde. Denn es geht nicht so sehr darum, wer Französisch spricht, sondern wie die Franzosen sprechen. Herr Toubon hat verschiedene englische Wörter, die schon im Gebrauch sind, einfach verboten. Diese englischen Wörter sind auf Französisch verboten. Und bei manchen von diesen Wörtern ist es unvorstellbar, daß man sie nicht mehr benützt. Das ist eine Hybris. Aber das zeigt, worum es geht. Es geht wirklich einerseits um politischen Einfluß, aber auf der anderen Seite um die Sprache selbst.«

*Angelica Bäumer:*
»Warum haben wir im Deutschen Minderwertigkeitskomplexe und die Franzosen nicht? Warum nehmen wir unsere Sprache nicht so ernst?«

*Kathinka Dittrich Van Weringh:*
»Wenn ich mich jetzt auf Deutschland beziehe... Ich kenne die Politik zum Beispiel des österreichischen oder des schweizerischen Ministeriums nicht. Ich weiß aber, daß die deutschen Ministerien ungeheuer daran interessiert sind, die deutsche Sprache ›heilsbringend‹ zu verbreiten. Und zwar teils auf ganz unsinnige Art. Das geht so weit, daß man zum Beispiel der ehemaligen Sowjetunion dringend anrät, daß

das Goethe-Institut dort Deutsch als Muttersprache der Sowjetdeutschen ein bißchen aufpoliere. Aber dort kann natürlich nicht ein einziger Sowjetdeutscher einen Pieps Deutsch. Es gibt in diesem Bereich kein Deutsch als Muttersprache mehr. Die Gründe sind bekannt. Jedenfalls gibt es dieses nicht – aber es ist wohl Politik. Man will zwar eine sehr starke Sprachpolitik betreiben – nur nicht so rigoros wie die Franzosen. Aber das Betreiben von Deutschland aus ist zur Zeit, was den Osten betrifft, sehr stark, und zum Teil, wie gesagt, unsinnig.«

*Leonhard Paulmichl:*
»Ich will ein Beispiel aus Südtirol in diesem Zusammenhang erwähnen. Derzeit ist wieder die Diskussion im Gange, daß man den ethnischen Proporz, was die Sprache anbelangt, reduzieren will. Man sagt: es ist gut, wenn die Südtiroler Deutsch sprechen; aber wenn ein Italiener, der Deutsch sprechen müßte, wenn er zu einem deutschsprachigen Beamten geht, auf ein Amt kommt, hat der deutschsprachige Beamte das Recht, in seiner Muttersprache gefragt zu werden. Das will man jetzt wieder verbieten. Es ist ohnehin so, daß der Südtiroler, wenn ein Italiener kommt und er merkt, daß er nicht gut Deutsch spricht, automatisch mit ihm Italienisch spricht – sei es aus Höflichkeit, sei es einfach aus Gründen der Raison. Zum zweiten: es ist ja bekannt, daß ein Drittel der Südtiroler Regierung Italiener sein müssen. Die Italiener, die natürlich – sagen wir einmal: aus Altergründen – nie Deutsch gelernt haben, sprechen dort in der Regierung auch nicht Deutsch. Und obwohl zwei Drittel der Südtiroler rein deutsch sind von der Muttersprache her, wird dort eigentlich immer italienisch gesprochen, denn diese beherrschen das natürlich, und zwar ohne Dolmetscher. Obwohl sie von Rechts wegen das Recht hätten, dort deutsch zu reden – allerdings dann mit Dolmetscher. Aber das geht nicht. Doch die Tendenz ist natürlich steigend und man muß schon aufpassen, daß man sein Recht behält. Das hat gestern der Kollege aus dem Elsaß beklagt, daß man in Südtirol oft das Wort »Verelsässerung« gebraucht. Das ist nicht so sehr eine Herabminderung der Elsässer, sondern mehr ein Sich-Abgrenzen-Wollen gegenüber anderen Modalitäten und anderen Gewohnheiten. Es ist noch etwas zu bemerken. Seit die RAI in Italien nur noch 25 Prozent der elektronischen Werbung kassiert und 75 Prozent der künftige Ministerpräsident Italiens – etwas, was es in ganz Europa nicht gibt – hat die RAI begonnen, auch in Südtirol die Dienstposten einzusparen, das Budget zu kürzen und dergleichen.

Nun ist, das wissen wir, die RAI in Bozen gegründet worden als typisches Assimilierungsinstrument, was aber nie zum Tragen kam, denn die Südtiroler haben das nie richtig angenommen. In der Zwischenzeit hat sich aber dort eine deutschsprachige RAI installiert, die als Heimatradio und -fernsehen einen sehr guten Dienst versieht. Jetzt merkt man jedoch, daß es nicht so hingehauen hat und sich Schwierigkeiten einstellen. Lieber würde man das alles wieder aufheben. Das nur nebenbei als Stimmungsbild.«

*Fred Urban:*
»Zwei kleine Bemerkungen: Zum ersten, Sie haben gefragt: warum haben die Deutschsprachigen einen Minderwertigkeitskomplex? Ich frage mich, ob es nicht genau umgekehrt ist. Ob es nicht grade ein Angstkomplex ist auf der französischen Seite, der eigentlich gar nicht auf Realitäten beruht – sondern, wie gesagt, eben der alte Traum der grande nation usw. – und nun merkt man, der funktioniert halt nicht mehr im politischen Raum, also versucht man sich mit solchen Nebensächlichkeiten ein bißchen zu amüsieren. Und es gibt halt Leute, die das mitmachen. Der zweite Punkt: Thema Minderheit. Der Trick heißt, wenn man diese Antwort vermeiden will: Wir wollen nicht über Minderheiten reden, wir wollen über die Mehrsprachigkeit in Frankreich reden... Die gibt es in der Tat auch jetzt im Gesetz, und unter anderem in diesem Sprachgesetz von Toubon. Ich gehöre zu der Gruppe von Leuten, die Änderungsanträge eingebracht haben, und da ist das Wort Regionalsprache mit drin. Insofern kann man das jetzt schon ansprechen.«

*Konrad Paul Liessmann:*
»Auf der einen Seite will ich da anknüpfen und doch einen Bogen schlagen zu den Referaten des heutigen Vormittags... Was mich bei diesem ganzen Gespräch fasziniert hat, ist der Zusammenhang zwischen Sprache, Kultur und dem Problem bzw. der Frage der Identität. Das sind im Grunde drei Dinge, die nicht unbedingt etwas miteinander zu tun haben müssen. Identität ist etwas, das erst seit einigen Jahren virulent ist. Vor fünf oder zehn Jahren hätte niemand über kulturelle, sprachliche oder sonst eine Identität diskutiert. Man muß sich fragen, was das bedeutet? Das bedeutet, daß jetzt Fragen erhoben werden und geknüpft werden an ganz bestimmte sprachliche oder kulturelle Besonderheiten, die es ja früher auch schon gegeben hat – aber ohne daß

daran jetzt Identitätsfragen geknüpft worden wären... Mich interessiert in diesem Zusammenhang vor allem ein philosophisches Problem, auf das ich im Vortrag von Frau Hersch gestoßen bin. Identität als logische Kategorie – das ist etwas, was sich außerhalb der Zeit befindet. Bei der Entwicklung der Identitätsproblematik vor allem in der modernen Gesellschaft kommt doch im Grunde heraus, um es einmal philosophisch sehr abstrakt zu formulieren, daß als einziges Fundament der Identität eines modernen Subjekts das übrigbleibt, was Kant das transzendentale Subjekt genannt hat. Also einfach dieses authentische Ich-Gefühl oder Ich-Bewußtsein oder die Voraussetzung, daß ich immer ich zu mir sagen kann, daß ich weiß, wer ich bin, egal, welche Identitäten ich dann annehme. Denn wir ändern ja unsere Identität allein schon durch unser Lebensalter. Ich bin nicht mehr der Säugling, der ich war. Ich würde sogar sagen, mit mir als Säugling habe ich überhaupt nichts mehr zu tun, trotzdem gibt es eine durchgehaltene Identität, die sich vielleicht auch nur in Geburtstag, dem Paß und dem Identitätsausweis usw. dokumentiert. Genauso kann man natürlich den Kulturraum wechseln, die Sprache, das Land, man kann ein- und zweisprachig aufwachsen, man kann aus einer proletarischen Kultur kommen, in eine Hochkultur vorstoßen oder in die Subkultur abgleiten – das Subjekt macht das alles mit. Ich denke, daß die Vorstellung der modernen Gesellschaft im Grunde darauf beruht: entscheidend ist das Subjekt und sind nicht die Identitäten, die es annehmen kann. Was wir heute tun, ist – und ich halte dies für einen Prozeß, der diskussionswürdig ist –, daß wir von diesem Begriff eines abstrakten Individuums weggehen und es wieder gleichsam einbetten wollen in ganz bestimmte vorgeordnete soziale, kulturelle, kommunikative, gesellschaftspolitische, geschlechtliche und politische Identitäten, daß zuerst das Subjekt da ist und dann, als zweite Folge, seine ethnische, sprachliche, kulturelle oder sexuelle Identität. Heute muß man zuerst wieder sagen: ich bin Frau, ich bin Mann, ich bin Türke, Deutscher, ich bin Jude, ich bin Kulturmensch, ich spreche deutsch, ich spreche französisch – und doch ist kein Ich dahinter. Das halte ich im Grunde in meiner aufklärerischen Perspektive für ein bedenkliches Problem.«

*Reinhard Stumm:*
»Ich versuche mich zurückzubaggern zum Anfang und frage einmal bei allem Unverständnis, ob es nicht unser Thema ist, daß nicht ich zu mir ich sage, sondern daß andere zu mir ich sagen. Ist nicht das das

Problem? Das ist eine Frage der Hierarchie. Ich bin mit einer Hamburgerin verheiratet, und es kam vor, daß wir beim Überqueren der Grenze in die Schweiz die Pässe nicht bei uns hatten. Ich habe damit nie ein Problem, warum – weil ich Dialekt spreche, das ist besser als jeder Paß. Meine Frau hat immer die größten Probleme, weil sie den Dialekt nicht sprach, nur Hochdeutsch sprach – also sie konnte sich nicht ›ausweisen‹... Und ich glaube, daß wir es hier überhaupt mit Hierarchie zu tun haben. Der Dorfdialekt unterscheidet den Bewohner dieses Dorfes vom Nachbardorf. Ein Vaduzer ist immer ein Europäer, ein Europäer ist nicht immer ein Vaduzer. Diese merkwürdigen Kurzschlüsse sind aber die Dinge, die uns hier beschäftigen, um sie geht es letzten Endes. Der vom Dorf identifiziert sich gegenüber dem Nachbardorf. Als nächstes gehört er zu einer Region, das ist schon eine größere Sprachgemeinschaft. Dann wird es ein Kanton – in der Schweiz kann man die Kantone an ihren Dialekten unterscheiden. Dann gibt es so etwas wie Schweizerdeutsch. Das ist ein Kunstbegriff für etwas, das es eigentlich schon gar nicht mehr gibt, aber es ist ein Arbeitsmittel, um das eine vom anderen zu unterscheiden. Dann kommt die größere Gruppe der Deutschen. Nun kommt ein merkwürdiger Umstand: daß je höher in der Hierarchie wir kommen, je bewußter so etwas wie kulturelle Identität wird, umso mehr löst sie sich gleichzeitig auch wieder auf. Das heißt, es läuft in sich selber zurück, es vernichtet sich gewissermaßen von selbst. Sodaß eigentlich nur der Dorfbewohner über eine wirkliche kulturelle Identität verfügt, ohne es zu wissen; er kann sie nicht formulieren, er kann nicht darüber reden. Der darüber reden kann, hat sie nicht mehr, er ist nämlich längst Europäer, Weltbürger, was immer Sie wollen. Im Kulturbereich können wir – ich knüpfe noch an dieses Goethe-Institut-Referat an – genau das gleiche beobachten. Es ist wie beim Fußball. Eine Nationalelf ist alles andere, bloß keine Nationalelf. Da spielen Schwarze und was alles mit. Was ist daran national? Was ist daran national, wenn die Bundesrepublik Robert Wilson mit einer Theaterproduktion in die USA schickt? Das ist ein Witz. Das hat mit kultureller Identität nichts mehr zu tun – das ist so, wie wenn ich nach Holland fahre, um dort schweizerischen Emmentaler zu kaufen.«

*Angelica Bäumer:*
»Vielleicht ist es tatsächlich so, daß wir keine ›großeuropäische‹ Identität haben – ob jetzt deutsch- oder französischsprachig –, sondern daß

wir wieder auf die kleinformatigeren Dinge kommen... Weil Sie sagen, jedes Dorf hat eine andere Dialektfärbung; das ist ja in Österreich nicht anders. Einen Kärtner und einen Tiroler erkennen Sie ja sofort an seinen Dialekten, und ein Wiener und ein Tiroler reden ja eigentlich auch ungern miteinander...«

*Widerspruch und Einwürfe von vielen Seiten.*

*Konrad Paul Liessmann:*
»Ich möchte einmal die Frage stellen, ob dieses hier eingeforderte oder erwünschte Weltbürgertum auf der anderen Seite so etwas wie eine lokale Identität als Korrespondenz zur Voraussetzung hat. Das ist das eine. Das zweite: ob wir hier, wenn wir von Kosmopolitismus und Weltbürgertum sprechen, jetzt in einem etwas anderen Jargon gesagt, nicht einem eurozentrischen Vorurteil unterliegen, denn Kosmopolitismus war natürlich eine europäische Idee ersten Ranges, die mit der Aufkärung zu tun hat und in der Form weder in Amerika noch in Afrika oder in China vorhanden war. Das heißt, *wir* tun uns leicht, uns als Weltbürger zu fühlen in einer Zeit, in der zwei Drittel der Welt sehr stark europäisiert sind. Und eine kleine Pointe am Rande: der Schweizer Grenzbeamte, der jemand durchließ, weil er den Schweizer Dialekt beherrscht, hat nach der Idee des aufgeklärten Staates völlig inkorrekt gehandelt. Ohne Rücksicht darauf, wie jemand spricht, hätte er sagen müssen: wer keinen Paß hat, geht wieder zurück.«

*Reinhardt Stumm:*
»Ich glaube, ich habe mich ganz mißverständlich ausgedrückt, wenn Sie die Zustände auf diese Weise generalisieren. Das meine ich genau nicht. Ich meine umgekehrt, daß immer alles in Hierarchien geschieht. Wir können gar nichts fordern. Der Dorfbewohner wird immer Dorfbewohner sein. Das ist eine Frage von Bildung, von Ausbildung, von Emanzipation, wenn Sie so wollen. Meine These ist die: daß mit zunehmendem Stand der Emanzipation – das meine ich jetzt in jedem Sinne – immer mehr von der kulturellen Identität wegfällt. Das heißt er wird immer verwechselbarer.«

*Konrad Paul Liessmann:*
»Nein! Wer sich in der Frankfurter oder New Yorker Kulturszene bewegt, ist im Grunde ebenso ein Dorfbewohner, nur hält er sein Dorf

für die Welt. Und er ist unverwechselbar, mit einem Dorfbewohner nicht mehr zu verwechseln...«

*Reinhardt Stumm:*
»Das ist einfach nicht wahr. Sie reden horizontal durch ihre Bildungsschicht hindurch, ich rede vertikal durch viele Bildungsschichten hindurch, das ist ein völlig anderer Vorgang. Ich habe immer behauptet, daß Schweizerdeutsch zum Beispiel ein politisches Steuerungsinstrument ist. Es besteht gar kein Interesse in der deutschsprachigen Schweiz daran, daß Deutschschweizer wirklich Hochdeutsch lernen. Weil das gleichzeitig eine Emanzipation bedeuten würde über die Grenzen raus. Das heißt, dieses Volk ist umso lenkbarer, auch in seinem Selbstverständnis, je weniger Hochdeutsch es kann. Es ist aber ausgerechnet so, daß *die* Leute, die diese Thesen allenfalls vertreten könnten, keinerlei Mühe haben, sich absolut korrekt und einwandfrei hochdeutsch auszudrücken. Genau *die* wissen den Unterschied von einem zum anderen – und das ist, was ich meine.«

*Kathinka Dittrich Van Weringh:*
»Ich habe auch große Zweifel an dem Weltbürger. Wenn ich mein eigenes Leben betrachte, wohin ich überall gereist bin und wo ich gewohnt habe – ich würde mich nicht als Weltbürger betrachten, sondern würde doch sehen, daß ich auch bestimmt bin durch die Sprache, durch die Herkunft, durch einen Ort. Ich spreche zwar sechs Sprachen, und trotzdem ist Deutsch meine mich prägende Sprache. Also ich glaube, das Sich-immer-weiter-Entfernen von einer Identifikation, das ist gefährlich. Ich glaube nicht, daß es wirkliche Weltzuwendung gibt. Letztlich kommen wir alle irgendwoher. Letztlich sind wir alle Provinz und das ist ja auch ok.«

*Urs Frauchiger:*
»Ich möchte noch etwas anfügen, um meine Unsicherheit auszudrücken. Ich bin eigentlich völlig mit dem Diskurs von Ihnen einverstanden – bis auf ihre Beispiele. Ich würde mich anheischig machen für einen Test, Fußballmannschaften, Nationalmannschaften anzuschauen und etwa mit 80% zu sagen, das sind Schweizer, das sind Franzosen und das sind Engländer. Dasselbe mit Streichquartetten. Dort habe ich es schon gemacht und käme wahrscheinlich noch etwas über 80%. Aber nur bei Spitzenmannschaften und Spitzenquartetten,

bei durchschnittlichen nicht. Aber sobald ein Quartett ein Gesicht hat – ein künstlerisches Gesichts meine ich, nicht ein nationales – kann man auch sehr viel rascher den Raum identifizieren, woher sie herkommen.«

*Andreas J. Wiesand:*
»Nicht nur das. Wenn Sie sich die Fotografien von August Sander einmal vor Augen halten, diese Porträtfotografien aus den zwanziger Jahren, dann können Sie auch die politische Klasse, sozusagen, die politische Orientierung dieser Leute aus diesen Bildern ablesen. Sogar *das* ist möglich, es hat also nicht nur was mit der Nationalität oder Regionalität zu tun.«

*Kathinka Dittrich Van Weringh:*
»Nehmen wir doch zum Beispiel Pina Bausch. Unter ihrer Leitung entsteht etwas in ihrem Raum, was woanders nicht entstehen würde. Sie ist *da* mit ihrer Gruppe – es wird nicht ein lösgelöstes, weltbürgerhaftes, internationales Tanzballett. Nein – es ist *ihr* Ballett... Und die Tatsache, daß einer der berühmten russischen Fußballspieler in Karlsruhe spielt, hat die Österreicher ja auch nicht davon abgehalten, lächelnd zu sagen, vielleicht werden wir endlich eine Nation, wenn wir die besiegt haben.«

*Ralph Kellenberger:*
»Ich wollte nur eine kleine Datenergänzung dazu anbringen. Ich habe von dieser sprachsoziologischen Untersuchung berichtet »Deutsche in der Deutschschweiz« – da gibt es unter anderem auch die Frage, ob man die Deutschen am Gesicht als Deutsche erkennen kann. Es wurden nur Deutsche gefragt. Die Deutschen haben zu 80 Prozent etwa gesagt, daß sie glauben, die Schweizer könnten sie als Deutsche erkennen.«

*Robert Menasse:*
»Ich möchte gerne einen Gedanken einwerfen, um ihn für die Diskussion doch noch zu retten, der etwas aus ihr verschwunden ist. Nämlich: was bedeutet es, daß wir plötzlich so viel über die Identitätsfrage nachdenken, was bedeutet eigentlich diese erstaunliche Karriere dieser Identitätsdiskussion? Meine Erfahrungen mit dem Leben in Österreich und die zwangsläufigen Begegnungen mit dieser Diskussion in

Österreich lassen ein paar ganz einfache Antworten zu. Ich glaube zum Beispiel, daß es für Österreich logisch war, sich diesen Fragen zu stellen, nachdem alles im großen Kontext sich verändert hat und noch dazu, als für das Land selbst sich die Perspektive aufgetan hat, in einen neuen großen Zusammenhang einzugehen. Da erscheint es mir logisch, daß so ein Ruck durch das Land geht und man sich die Frage stellt: wer sind wir eigentlich? Wer werden wir sein, wer sind wir gewesen? Wir haben schon einige solche Debatten in Österreich erlebt und haben uns das einmal angeschaut und sind daraufgekommen: im Jahr 1989 gab es ein Symposion zum Thema »Heimat und Identität in Österreich«, im Jahr 1990 gab es vier davon, dann wird es schwierig, ich weiß nicht mehr, waren es 1991 oder 1992 72 oder 86 Debatten, und im heurigen Jahr, am 1. Mai, ist diese Zahl auch schon wieder überschritten worden. Also man sieht, das beginnt doch ganz klar ab einer bestimmten historischen Wendesituation, so ab 1989. Da sind zwei große Sachen passiert: die großen Veränderungen in Europa und zweitens die Konkretisierung der Beitrittsverhandlungen mit der Europäischen Union. Aber das erklärt nicht, warum diese Frage auch so eine Bedeutung bekommt in Liechtenstein, Luxemburg, Frankreich, Deutschland oder auf dem Balkan usw. Es ist etwas passiert in der großen Bewegung, in der Geschichte und der Entwicklung der Zivilisationen: Die Philosophie hat ursprünglich Identitäten bekämpft, weil es ihr zu einfache Abstraktionen gewesen sind... Heute erlebt man ein Interview mit einem Minister, der – ohne mit der Wimper zu zucken und ohne daß der Interviewer stutzt und ohne daß am nächsten Tag in den Zeitungen darüber räsonniert wird – sagt: »Bei dieser Frage muß ich Ihnen ehrlich sagen: als Gewerkschafter muß ich das durchsetzen, als Minister muß ich es verhindern. Und da der Interviewer fragt, wie will man das lösen könne, sagt der Minister: »In der Sozialpartnerschaft« – wo er auch noch einen Sitz hat – »werden wir sicher zu einem Kompromiß kommen«. Das heißt, er macht bekannt mit einem Konflikt mit sich selber in verschiedenen Identitäten, und gibt auch bekannt: der Staat hat aber schon dafür gesorgt, daß er in einer dritten Identität das ohnehin lösen wird. Das heißt: die einfachen Abstraktionen funktionieren nicht mehr, es differenzieren sich verschiedene Identitäten im Menschen heraus. Man muß eigentlich als aufgeklärter Mensch zum Beispiel Positionen beziehen kraft seines Geschlechts, fünf Minuten später kraft seiner Religion als Jude oder Christ, dann kraft seiner privaten Überzeugung. Man changiert ununterbrochen zwischen verschiedenen Identitäten hin und her, kann es für sich selbst nicht mehr synthetisieren, man stellt ja auch nicht mehr den Anspruch es zu tun, und delegiert es jetzt ans Gemeinwesen. Gesellschaft, sage mir, wer ich in meinem übergeordneten, aufgehobenen Sinn bin. Dann kann ich weiter hier als Jude, hier als Schriftsteller oder als zoon politikon usw. meine Positionen vertreten. Ich glaube, daß es vielleicht mit dieser allgemeinen Ausdifferenzierung, mit dem Verlust des klassischen Individualitätsbegriffes zu tun hat...«

*Konrad Paul Liessmann:*
»...ein Hinweis dazu, der *auch* diese Veränderung zeigt. Dieses zwischen verschiedenen Positionen, Haltungen, Überzeugungen Changieren hat es früher auch gegeben. Gerade in den 60er und 70er Jahren hat man das abgehandelt unter dem Begriff der Rollentheorie. Man war sich bewußt, man spielte, es war völlig klar, man hatte viele Rollen zu spielen. Aus diesen Rollen sind jetzt plötzlich Identitätsansprüche geworden. Und das ist für mich das Bedenkliche daran... Ich hab auch so ein Initialerlebnis gehabt. Ich bin Österreicher, und nicht Wiener, geboren in Kärnten, und das reicht offensichtlich, mir eine Identität zu verleihen, um die ich nicht angesucht habe. Der Kärtner Landeshauptmann hat in Wien eine Veranstaltung gemacht, ein Treffen Kärtner Intellektueller. Ich war nicht eingeladen wegen einer intellektuellen Leistung – er hat nur gewußt, mich gibt's irgendwie als Philosophen, und ich bin Kärtner. Deshalb bin ich eingeladen worden. Aber deswegen will ich nicht eingeladen werden. Vor Zeiten wäre es niemandem eingefallen, die Bachmann als Kärtner Dichterin einzuladen. Wie ich studiert habe, da war es die Philosophin Hannah Arendt, jetzt ist es immer die jüdische Philosophin Hannah Arendt, plötzlich. Bei aller Distanz, die sie zum Judentum immer dokumentiert hat. Das ist verrückt...«

*Reinhardt Stumm:*
»Sie bestätigen einmal mehr, was ich vorher schon vermutet habe. Sie reden immer auf Ihrem Level. Es gibt aber nicht nur Ihren Level. Unter diesem Level ist das, was man gemeinhin so als die Leute bezeichnet. Es gibt, auf das bezogen, was Sie zuletzt gesagt haben, ein Gedicht von Ludwig Thoma; ich kann es nicht genau auswendig, es muß aus den zehner Jahren stammen und stand wahrscheinlich einmal im »Simplizissimus«. Ein junges Mädchen kommt auf die Post und will einen Brief

abholen. Der Beamte hinter dem Schalter gehört zur Familie und fragt: Ja, wo hast Du Deinen Ausweis? Das Mädchen: Du weißt doch, wer ich bin. Da sagt der Beamte: Als Dein Verwandter weiß ich natürlich, wer Du bist, aber ich sitze hier als Beamter, und als der weiß ich nicht, wer Du bist, Du mußt Dich ausweisen. Der wichtige Unterschied ist aber der: dieser Beamte hat vollkommen internalisiert, was Sie natürlich nicht tun. Aber Sie reden immer so, als ob alle es täten. Das ist aber nicht unser Problem. Wenn alle es täten, hätten wir das Problem ja gar nicht. Wenn ihr Kärtner Landeshauptmann gleich denken würde wie Sie, dann wäre das Problem ja gar nicht vorhanden. Der Postbeamte hat nicht Ihren intellektuellen Level. Aber um den geht es, nicht um uns. Wir wissen alle, wie wir damit umgehen, mehr oder weniger.«

*Angelica Bäumer:*
»Das bezweifle ich. Ich bezweifle, ob wir alle wissen, daß wir seit zwei Tagen von einer deutschsprachigen Identität reden und ihr eigentlich noch nicht einmal nahegekommen sind. Wir sind eigentlich auf der Position, daß wir jetzt alle wissen, daß wir nicht identisch sind. Aber was es sein könnte…? Ich glaube, die Jeanne Hersch hat etwas sehr Schönes gesagt: in der Veränderung der Welt verändern sich auch die Identitäten. Und auch was die Frau Dittrich Van Weringh gesagt hat, was die Kunst betrifft im Ausland: natürlich geht der Bob Wilson mit einer deutschen Produktion nach Amerika, ganz gleich, ob er jetzt Amerikaner ist, oder die Pina Bausch mit einer sehr gemischten Gruppe nach Rußland – weil vielleicht Kunst im tiefsten Sinn nicht national allein zu denken ist, und schon gar nicht in unserer Zeit, sondern sehr viel mehr international, und daß vielleicht Kultur nationaler geworden ist. Dieser kleine Finger, oder daß man sich in China nach dem Essen räuspert oder rülpst, weil sonst die Gastgeberin beleidigt ist oder ähnliche Dinge, die vielleicht mehr mit der Identität im Alltag zu tun haben. Und da glaube ich, daß Sie eben diesen Durchschnitt auch meinen, diesen regionalen Kontrast.«

*Andreas J. Wiesand:*
»Re-Nationalisierung ist ja eigentlich die Frage, zumindest Re-Nationalisierung der Kultur. Gibt's diesen Trend? Und was Sie eben gebracht haben, spricht ja auch für eine Re-Regionalisierung, für Verstaatlichungstendenzen von Kultur. Ich hatte gestern dieses Beispiel der deutschen Akademie im Exil in New York erwähnt. Das war natürlich

keine deutsche Akademie, es war eine Akademie, wo halt die Thomas Manns und die anderen aus allen möglichen Ländern drinsaßen. Das hat jedenfalls so lange funktioniert, wie sie sich nicht darüber in die Haare gekommen waren, wie hinterher Deutschland aussehen soll, was dazugehört oder nicht. Es hat also einen Moment lang funktioniert, und Hannah Arendt beispielsweise wurde auch von dieser Akademie gefördert ganz selbstverständlich als Deutscher Akademie. Vielleicht befinden wir uns hier wieder in einer aufsteigenden Sinuskurve, die in diese Re-Nationalisierung oder Re-Politisierung und Bürokratisierung in manchen Fällen hineinläuft. Es gibt ja eine Theorie, die vor allem an der Musik exemplifiziert worden ist, daß etwa alle hundert Jahre die Musikstile sehr starke nationale oder – europäisch gesehen – regionale Strömungen aufweisen und da auch zum Teil instrumentalisiert werden. In der Bildenden Kunst kann man ähnliches feststellen, da kann ich es nicht so nachvollziehen – aber in der Musik ist das irgendwo bewiesen worden –, und da sagt man, daß wir jetzt wieder in der ansteigenden Sinuskurve sind, wo diese Nationalisierung wieder anfängt. Und wenn wir das übertragen auf verschiedene Politikbereiche und uns die Konflikte ansehen, die im Moment in Europa selber stattfinden, wird man ja nicht leugnen können, daß ein Teil davon eben auch kulturelle Wurzeln hat, religiöse sowieso. Da muß ich ja gar nicht nach Bosnien gehen, da muß ich mir nur angucken, was in Irland oder anderswo stattfindet. Also es gibt sozusagen offenbar wieder ein Ansteigen dieser nationalen Kurve, und wie wollen wir uns dazu verhalten? Das ist doch die Frage.«

*Leonhard Paulmichl:*
»Ich würde gerne zu dem, was Sie gesagt haben, ein Beispiel aus Italien anführen. Im Jahre 1870, als Italien geeinigt wurde, gab es einen italienischen Schriftsteller namens Massimo D'Azeglio. Der hat gesagt: Italien haben wir gemacht, jetzt müssen wir die Italiener machen. Jetzt, hundert Jahre später, geht schon wieder die Diskussion los, teilen wir den Norden und Mittelitalien vom Süden. Nicht der Sprache wegen, aber aus wirtschaftlichen und aus ideologischen Gründen. Und das führt mich zurück auf die Diskussion von gestern, wo ja eigentlich die Hauptargumente »deutscher Sprachraum« und »Mitteleuropa« geistig aufeinanderprallten. Ich muß Ihnen ehrlich sagen: Sie haben erwähnt, die Wiener reden mit den Tirolern nicht gern, also mich müssen Sie da unbedingt ausnehmen – ich hab dort zwei Drittel meiner Freunde,

und ich würde mich sehr dagegen wehren. Doch Spaß beiseite. So gerne – ich habe in Deutschland studiert – so gerne ich die deutsche Kultur habe, habe ich eine ungeheure Lust, mit meinen Friauler Freunden zusammenzusein. Nicht nur, weil das ähnliche Menschen sind wie ich, sondern weil dort einfach auch Dinge sind, die mich beschäftigen aus der Tradition: Acquileia, Wein und die Würste. Ich habe da dieses Blatt liegen sehen »Wo man Deutsch spricht«. Da fehlt Italien, wo 350.000 Menschen Deutsch sprechen. Es gibt in Italien 2,5 Millionen nicht Italienisch sprechende Italiener, und ich habe meinen Militärdienst, wie gesagt, in Friaul abgeleistet; ich habe inzwischen dort Freunde. Was ich gelernt habe von ihnen, das ist ein Teil von mir geworden, und das will ich mit ihnen kommunizieren. Das ändert aber überhaupt nichts daran, daß ich ein Tiroler bleibe, je älter ich werde.«

*Norbert Riedl:*
»Ich möchte zu Herrn Wiesand sagen: richtig, es gibt diese Tendenz der Re-Nationalisierung im Moment. Auf der anderen Seite werden in Österreich dann wieder ganz spezielle Phänomene bekannt. In Frankreich soll jetzt im Herbst eine Geschichte der deutschen Literatur herauskommen, und im Anhang sind zwei Tabellen. Auf der einen Seite die Schriftsteller, wo zwei Drittel für Österreich ausgewiesen sind, und eine Zeittafel. Da findet man: 1938 »Anschluß Österreichs an Deutschland«, aber der Staatsvertrag von 1956 fehlt. Das heißt: nach dieser Literaturgeschichte ist Österreich nach wie vor noch ein Teil Deutschlands. Das zweite ist, daß wir natürlich jetzt für unsere Identität auch kämpfen müssen, und ich denke, daß das Literatur-Institut in Marbach ein Vielfaches von unserer Nationalbibliothek hat – da sämtliche Nachlässe nach Marbach abwandern. Jüngstes Beispiel ist Christine Lavant, obwohl mir ebenfalls ein Angebot an die Erben vorliegt. Aber einerseits verlangen sie in Österreich für ein Enkelkind eine gesicherte Beamtenposition – wenn das Land Kärnten das nicht bietet, geht der Nachlaß nach Marbach. Und diese Beispiele findet man pausenlos... Tatsache ist, daß gerade auf literarischem Gebiet die meisten Schriftsteller in Deutschland verlegt werden. Auf der anderen Seite haben Sie das Phänomen mit dem Zwiespalt, etwa bei Elias Canetti, der von Österreich total reklamiert wird, aber in der Schweiz lebt. Da gibt es eine Plakatserie »Reihe Österreichische Literatur«, da ist Canetti aufgeführt und wird reklamiert, obwohl er sich ein bißchen distanziert hat...«

*Mardoecke Boekraad:*

»Ich arbeite im Europa-Parlament für die Grüne Fraktion und wollte verschiedene Dinge sagen. Für uns im Europa-Parlament, wie wir es sehen, gibt es einen Gegensatz zwischen regionaler Identität und Welt-Identität nicht. Wir gehen davon aus, daß man eigentlich nur wirklich eine kosmopolitische Identität haben kann, wenn man sich auch seiner provinziellen Identität bewußt ist. Also man kann das eine nicht aufheben durch das andere, das wird sogar gefährlich, wenn man versucht, irgendwen auszuschließen, was die extremen rechten Parteien ja ständig tun. In jedem Vortrag, den sie halten, kommt immer eine Tirade gegen den Kosmopolitismus vor. Das ist eine Sache, die nicht geht – man muß diese Ebenen miteinander verbinden. Wir sind sehr viel in Kontakt mit regionalistischen Bewegungen, die auch danach handeln. Wir haben ein Fest über bretonische Kultur und ein anderes über kurdische Kultur, wo sie sich bewußt ganz stark auseinandersetzen mit dem, was außerhalb ihrer eigenen Grenzen passiert. Dann gibt es eine große Gruppe von regionalistischen Bewegungen, die sich wirklich sehr viel Mühe geben, sehr weltoffen zu sein, und das sind die Bewegungen, die am stärksten sind und die auch den Mitgliedern der Regionalkulturen am meisten geben. Wir können in der Europäischen Union eindeutig beobachten, daß es eine starke Tendenz zur Regionalisierung der Identitäten gibt, der Ausschuß der Regionen wurde gerade gegründet und hat sich schon zweimal getroffen. Für uns Grüne ist das auch keine schlechte Sache, denn wir sehen einfach, daß die ganzen Dimensionen, in denen die Welt sich bewegt, wie wir jetzt auf einmal planetarisch geworden sind, die Kommunikationstechnik ist so stark verbessert worden, die Transportmöglichkeiten usw., so daß es eigentlich ein ganz natürlicher Prozeß ist, daß Leute sich eine neue, andere Einheit suchen, in der sie agieren können. Es gibt auch eine Art Frustration gegenüber nationalen Einheiten und »Welteinheiten«, die Leute haben das Gefühl, man kann nichts mehr beeinflussen – und da gibt es eine Art Streben nach Aktivwerden in der eigenen Region. Wir treffen auch sehr viele Initiativen an, die auf regionaler Ebene operieren – das sind oft recht dynamische Gruppen, die sich sehr wohlfühlen mit ihrem regionalen Aktivismus. Die einzige Angst, die ich habe, ist dieses Identitätsgefühl, das mit einem Ausschließen verbunden wird. Dazu vielleicht noch die Information, daß der Flämische Rat die Initiative ergriffen hat, einen Conseil der holländischsprachigen Initiativen zu gründen. Das wichtigste an diesem Treffen war, daß gesagt wurde: wir möchten nicht wie die Franzosen sein, keine Form von Imperialismus pflegen.«

*Angelica Bäumer:*
»Unsere Diskussionsrunde heißt ja ›Grenzüberschreitung und Zusammenarbeit im deutschsprachigen Kulturraum‹. Ich glaube, sehr viele von diesen Dingen sind jetzt angeklungen; zu einer Conclusio werden wir sicher nicht kommen. Es wird bei vielfältigen Meinungen und Überzeugungen und Richtungen bleiben, aber vielleicht können wir zum Schluß noch einmal auf das Thema kommen.«

*Fred Urban:*
»Ganz konkret im Zusammenhang mit meinen Bemühungen und meinem Auftrag – wir würden uns sehr wünschen, daß es eine gemeinsame Sprachpolitik gibt, die von allen getragen wird, weil wir uns ja immer in diesem Zweierverhältnis Deutschland-Frankreich bewegen. Und das ist für unsere Sache nicht sehr günstig, trotz Freundschaftsvertrag usw... Es wäre absolut notwendig, daß man eine Neutralisierung der bilateralen Nebeneffekte durch eine Gemeinschaft der Deutschsprachigkeit erreicht – nicht im Sinn der Francophonie, das möchte ich auch noch einmal betonen, wie sie heute betrieben wird, sondern als ein gemeinsames Gut mit Unterschieden – die Tatsache, daß es keine Vereinheitlichung gibt, die durchgesetzt wird, das finde ich sehr gut – daß das einfach als gemeinsames Kulturgut in Europa miteinander getragen wird, und daß diejenigen, die also mehr Schwierigkeiten damit haben, mehr Unterstützung bekommen.

*Angelica Bäumer:*
»Das ist doch das Geheimnis: dieses Dirigistische aus Frankreich wollen wir alle nicht... Es geht also über die einzelnen Menschen, auch wenn das sehr romantisch klingt.«

*Jeanne Hersch:*
»Es ist gut, daß es Sprache gibt. Es ist gut, daß sie mehrfach sind, es ist gut, daß in einer bestimmten Gegend verschiedene Wurzeln von verschiedenen Sprachen, von verschiedenen Stämmen zusammenleben. Ich denke immer an den polnischen Schriftsteller Stanislaw Vincenz. Er hat in einem seiner Bücher die Gegend in den Karpathen beschrieben, wo es gleichzeitig Rumänen und Ungarn, Juden, Chassiden und

Polen und ich weiß nicht was noch gab, die nebeneinander gelebt hatten und wo jeder seine Sitten, seine Sprache und seine Folklore hatte. Und wenn er daran dachte, daß diese schwierige Ecke in einem bestimmten Sinn nicht mehr existierte, dann hat er immer geweint. Es ist ein Verlust für die Menschheit. Es ist ein Verlust für jede Gruppe. Was es gibt, ist gut, ich finde das Positive ist gut; nur das Negative ist schlecht.

*Hans-Jörg Rheinberger:*
»Ich wollte kurz auf zwei Punkte hinweisen, die beide mit einer gewissen Differenzierung zu tun haben. Einmal haben wir zwischen zwei Sorten von Identität zu unterscheiden. Das eine sind wie immer geartete kollektive Identitäten, das andere sind individuelle Identitäten. Ich glaube, daß das eine Unterscheidung ist, über die wir versuchen sollten uns klar zu werden, und auch darüber, wieweit solche kollektiven Identitäten, über die wir hier diskutieren, gewissermaßen nichts anderes sind als Phantome, als imaginäre Einheiten. Der zweite Punkt betrifft wiederum eine Differenzierung. Wir reden hier über Kultur – können wir das so einfach tun, ohne uns darüber bewußt zu werden, daß es unglaublich viele unterschiedliche Facetten und Bereiche und Partikel gibt, in denen sich jeweils die Probleme – wie wird Kommunikation hergestellt, wie wird Identität hergestellt? – auch ganz unterschiedlich stellen können? Ich möchte nur ein Beispiel hier erwähnen, und daran wird dann auch die Sprachproblematik wieder klar: Die Entwicklung der letzten 40, 50 Jahre hat bei den Wissenschaften, vor allem den Naturwissenschaften, das ist uns allen klar, dazu geführt, daß es mehr oder weniger nur noch eine wissenschaftliche Weltsprache gibt. Wie verhalten wir uns gegenüber diesem Phänomen? Natürlich, gibt es Resistenzen, beispielsweise in Frankreich, die dort mittlerweile viel stärker geworden sind. Nach dem Zweiten Weltkrieg hat sich Deutschland eigentlich problemlos in diese Entwicklung eingefädelt, und ich persönlich habe an diesem Wissenschaftsprozeß teilgenommen und nehme auch noch daran teil. Ich würde sagen, es ist hier eine Ebene erreicht, auf der eine neue Regionalisierung im Sinne der Wiedereinführung von nationalen Sprachen, von Regionalsprachen, von Dialekten eine absolut absurde Sache wäre.«

*Jeanne Hersch:*
»Daß man in Englisch in den Wissenschaften kommuniziert, da habe

ich nichts dagegen, und Sie auch nicht, wie ich gehört habe. Es ist eben dann eine Notwendigkeit für die anderen, nicht Englischsprechenden, Englisch zu lernen. Darüber haben wir sehr wenig gesprochen, daß die Europäer Sprachen lernen sollen. Alle Europäer gehen jetzt viel, viel länger in die Schule, als es früher der Fall war. Sie hätten jetzt Zeit, Fremdsprachen zu lernen. Und das ist ein Plus in der Politik, und ich finde die Europäer furchtbar faul. Die einzige schlimme Seite des Englischen in der Wissenschaft, das trifft die Amerikaner. Denn die armen Amerikaner haben kein Motiv, überhaupt eine Sprache zu lernen, was sie arm macht, und auf der anderen Seite hören sie überall ihre Sprache so schlecht behandelt, daß ich nicht weiß, wie sie das ertragen.«

*Diskussionsrunde 2*

# »Kulturelle Identität und Medienmarkt«

*Moderatorin Eva Krings:*

»Meine Damen und Herren, die Stichworte für unser anschließendes Thema, nämlich Medienmarkt, sind gefallen: Einschaltquoten, Werbezeiten, Kulturanteile zu nachtschlafender Zeit. Wir haben uns sozusagen zu unserem neuen Thema herübergeredet. Es lautet: »Kulturelle Identität und Medienmarkt«. Ganz offensichtlich stellen die Medien ein Schlüsselproblem in der Frage der Identität dar. Das ist auch bei uns in der Diskussion, die wir bislang hier geführt haben, immer mal wieder angeklungen. Medien sind Mächte der symbolischen Ordnung, kann man vielleicht sagen. Problematisiert werden sie derzeit ganz besonders im Hinblick auf die elektronischen Medien. Es sei mir aber gestattet, ganz kurz darauf hinzuweisen, daß bei Einführung jeglichen neuen Mediums, unter anderem auch des heute so geschätzten Buches, dessen Abgesang wir zum Teil derzeit beklagen, im Grunde genommen bestimmte Stimmungen von Angst und auch von Kulturpessimismus sich eingestellt haben. Derzeit macht sich das ganz stark an den elektronischen Medien bemerkbar. Die elektronischen Medien, die sich derzeit als neuer Machtfaktor etablieren, sind ganz besonders stark bildorientiert und weniger wortorientiert. Möglicherweise hat die Verunsicherung und haben die Befürchtungen, die sich damit verbinden, auch mit dieser Bildorientierung etwas zu tun. Ralph Kellenberger hat heute vormittag darauf hingewiesen, daß Identitätsbildung an Bilder und Vorstellungen geknüpft ist. So kann man sagen, konkurrieren also derzeit die neuen Medien ganz intensiv mit anderen sinnstiftenden Instanzen, als da wären: die Intellektuellen, die Pädagogen und die Politiker. Auch in unseren Diskussionen klang die Skepsis gegenüber den elektronischen Medien immer wieder an. Die »großen Gleichmacher« – irgendjemand hat das gesagt. In der Diskussion tauchen Worte auf wie zum Beispiel Überfremdung, Überflutung, Bilderflut; das heißt Worte, die auf eine bestimmte Abwehr verweisen und darauf, daß Identität sich bedroht fühlt. Hermann Bausinger hat in seinem Eröffnungsvortrag darauf aufmerksam gemacht, daß es offensichtlich zwar einerseits eine weltweite Suprastruktur gibt, daß aber andererseits kulturelle Brechungen und Übersetzungen nach bestimmten Mustern, und zwar nach individuellen und nach regionalen Mustern erfolgen. Ich fand das eigentlich ganz ermutigend, und ich muß sagen, mir hat das etwas besser gefallen als die Diskussion über Quotierung zum Beispiel, die auch in der Bundesrepublik jetzt im Anschluß an die Gatt-Verhandlungen intensiver geführt wird. Ich würde Sie aber bitten, wenn Sie Lust haben, wie gesagt, sich darauf zu beziehen, ob tatsächlich die Medien die großen Gleichmacher sind, oder wie Sie kulturelle Identität mit den Medien ins Benehmen setzen. Ich gebe zunächst an Frau Wyrwoll weiter.«

*Regina Wyrwoll:*
»Ich komme von der Kunstgeschichte und bin ein bißchen eine Exotin in dieser Runde, die ja stark wortorientiert ist. Um einmal auf diesen Medienpessimismus zu kommen: ich verdiene seit 20 Jahren mein Geld beim deutschen Fernsehen als freie Mitarbeiterin. Anläßlich einer Bonner Kunstwoche, die alle vier Jahre stattfindet, haben wir ein achtstündiges Künstlerfernsehen durchgesetzt, und zwar den sogenannten Kunstkanal. Wir haben uns gedacht, und das ist nach wie vor mein Anspruch, daß die bildenden Künstler ebenso ein Recht haben, diese Ästhetik mitzubestimmen in den elektronischen Medien, wie klassischerweise die Filmemacher das ja tun, und es ist uns also gelungen, Geld zusammenzuraffen, und wir haben unter Beteiligung von über 30 Künstlern ein achtstündiges Programm gemacht. RTL plus hat damals noch nicht übergreifend, also in ganz Deutschland, gesendet, sondern hatte noch so Inseln, aber darunter auch NRW. Das war eine ziemlich chaotische Angelegenheit, weil das total unterfinanziert war. Ich hatte das kalkuliert auf 600.000 Mark und habe 230.000 Mark gehabt. Das heißt, das Geld war ausgegeben, als wir angefangen haben, um es ganz lapidar zu sagen. Die Stadt Bonn hat uns ihren Anteil finanziert, weil sie gern wollte, daß über die elektronischen Medien diese Bonner Kunstwoche und Bonn und Bonn und Bonn immer wieder transportiert wird, und das konnten wir ja auch liefern. Wir haben drei bildende Künstler aufgefordert, die auch als Videokünstler bekannt geworden waren, eine aktuelle Berichterstattung zu machen über die Ereignisse des Tages.

Jedenfalls ist es uns gelungen. Wir waren am Ende des Tages immer nach dem damals noch sehr sanften Porno vor Sendeschluß eine Stunde auf Sendung, und es ist uns gelungen, in dieser einen Woche zwei Millionen Zuschauer zu bekommen. Das ist, wenn man's mal wagt, wenn man's mal tut, wenn man einfach mal sagt, ich weiß es nicht besser, was meine Zuschauer wollen, was ja die Fernsehleute unablässig tun, dann kann man schon etwas erreichen und etwas bewegen. Das war der sogenannte Kunstkanal.

Daneben habe ich teilgenommen an einer Initiative des Goethe-Institutes. Das Goethe-Institut ist auf die Idee gekommen, daß es ergänzend zu seiner normalen Programmarbeit Medienarbeit machen muß. Und da habe ich die Gelegenheit bekommen, dort ein Konzept zu entwickeln und durchzusetzen, was, wenn ich es mal ganz mutig sagen darf, sozusagen der letzte freie Platz in der deutschen Medienlandschaft gewesen ist, eine Art von Kulturfernsehen. Ich bin also der Meinung, daß man hineingehen muß auch angesichts von Daten-Highway, Infobahn, wie die Amerikaner sagen, daß man Plätze besetzen muß, daß man das mutig und wenn's geht sogar mit einer gewissen Radikalität tun sollte.«

*Urs Widmer:*
»Wenn Sie erlauben, möchte ich so ein bißchen aus meiner Optik sprechen, also aus der Optik des Autors, des Künstlers. Meine Optik ist natürlich die von einem, der Kunst machen will und ist nicht die von denjenigen, die die Strukturen anbieten. Obwohl ich auch daran nicht ganz unbeteiligt gewesen bin immer wieder einmal, zum Beispiel bin ich an der Konzeption und der Realisierung des Verlags der Autoren, der ja auch eine große Medienabteilung hat, die wiederum Medienpolitik zu betreiben versucht, sehr stark beteiligt gewesen. Dennoch sehe ich es halt nicht aus dieser Optik und bin, muß ich sagen, den Politikern, den Beamten, den Machern außerordentlich dankbar, die ohne Hintergedanken finanzieller oder anderer Art, politischer Art, versuchen, der kulturellen Produktion eine Möglichkeit zu eröffnen. Das Problem der Künstler ist ja, daß wir unsere Sachen tun wollen, und wir tun's am Schluß auch gratis. Und das weiß ja jeder, und darum sind wir in der Ernährungskette sozusagen die letzten, die auch immer erfolgreich aufgefressen werden. Nur, bis unter ein gewisses Niveau kann man ja nicht gehen, weil es dann nicht mehr möglich ist zu arbeiten. Wir haben jetzt eine Krise, wir haben zweifellos eine kulturelle Krise, dieses Gespräch ist zweifellos der Ausdruck eines Krisenbewußtseins, sonst würden wir uns hier nicht treffen. Und wir haben eine ökonomische Krise, die ich allerdings in der Hauptsache eher für einen Verteilungsprozeß halte, und weniger für eine gewaltsame Umverteilung von

Mitteln, und weniger als die rein ökonomische Krise, als die sie oft dargestellt wird. Dennoch sind wir da natürlich sehr, sehr bald bei der Frage, wo ist die tolerierbare Grenze – kulturell und materiell. Irgendwann mal können wir nicht mehr arbeiten. Und ich denke doch, daß das, was die Künstler tun, mit der Identität einer Gemeinschaft ganz außerordentlich viel zu tun hat. Eine Gemeinschaft, sei es eine Nation, sei es ein lokaler Zusammenhang, wird meiner Meinung nach überhaupt erst definiert durch das, was man ihre Kultur nennt. Und wie soll die anders zustande kommen als im weitesten Sinne durch das, was die Künstler tun. Allerdings braucht es da bei diesem gemeinsamen Nenner natürlich jemand, der Gemeinschaft schafft, und das sind zweifellos die Medien. Da haben Radio und Fernsehen etwas Entscheidendes zu tun, und da liegt meiner Meinung nach auch die hohe Verantwortung der Medien allgemein, aber natürlich der rechtlich-öffentlichen Medien in erster Linie. Daß sie eben nicht nur ein Versorgungsproblem haben, sondern für die Identität ihrer – ich nenne es jetzt Gemeinschaft mangels eines besseren Wortes, sie können es auch Generation nennen, verantwortlich sind, sie sind letztlich für das Funktionieren ihrer Demokratie verantwortlich. So gesehen ist kulturelles Schaffen auch demokratieerhaltend; auch wenn der einzelne Künstler in seinem Vorgehen sehr oft außerordentlich undemokratisch ist, ja es gerade sein muß, denn Kunst kommt ja nicht per Abstimmung zustande. Aber das Gesamte ist etwas Demokratiestützendes. Wenn dieser gemeinsame Nenner fehlt, dann existiert die Gemeinschaft faktisch nicht. Es ist für alle Künstler aber sehr sehr schwierig geworden, überhaupt noch materiell arbeiten zu können. Ich rede nicht einem Versorgungsdenken das Wort. Ich bin nicht der Ansicht, daß jeder, der ein Gedicht geschrieben hat, einen Anspruch darauf hat, daß die Gemeinschaft, sprich der Staat oder der Liebe Gott ihn nun ernährt. Ich bin aber auch nicht für einen Darwinismus, der marktwirtschaftlich sagt, der Beste setzt sich eh durch. Nein, der Beste setzt sich nicht durch. Es braucht einen politischen Willen, und jetzt bin ich, glaube ich, an meinem Punkt, der dann auch fürs Radio zählt, es braucht einen politischen Willen, ein gewisses Niveau der Gemeinschaft zu wollen. Ich möchte jedoch nicht so verstanden werden, daß kulturelle Identität nur in der eigenen Heimat stattfinden kann. Es ist zwar der Ort, wo wir uns am besten auskennen, wo wir uns vielleicht auch am wohlsten fühlen möchten, Kunst machen ist ja immer auch so etwas wie Liebesflehen, eine Bitte um Zuneigung, es ist nicht nur das, aber auch; wenn das aber nicht funktioniert, und es funktioniert sehr oft nicht, kann man kulturelle Identität auch woanders herstellen. Sehr oft sind für Künstler gerade die Trennungen zu etwas Fruchtbarem geworden, der Abschied von einer Hoffnung, denken Sie an Nabokov, der, falls er in St. Petersburg geblieben wäre, vielleicht der hochbegabte Schnösel geblieben wäre, der er dort war, und nicht zu diesem wunderbaren Schriftsteller geworden, der er in Amerika geworden ist; ein amerikanischer Schriftsteller. Und das ist natürlich durch dieses fast unfaßbare Leid der Einsamkeit auch zustande gekommen, aber auch durch die Befruchtung durch eine ganz andere Gesellschaft. Ich meine, ein Staat muß also auch ein bißchen etwas tun, um die Leute bei sich zu halten, zu seinem Besten.«

*Emma Guntz:*
»Ich komme aus Frankreich, aus dem Elsaß, aus Straßburg, und ich möchte an das anknüpfen, was André Weckmann zur elsässischen Identität gesagt hat, wie er es definierte: elsässische Identität im Gegensatz zur Monokultur ist ambivalent, ist Januskopfigkeit, ist Alsacien- und Elsässer-Sein, oder: französischer Staatsbürger und gleichzeitig Teilhaber an der deutschen Sprache. Und wie gesagt, es ist gerade dieses »und«, dieses »plus« und dieses Doppelköpfige, das stört. Und was ich jetzt kurz umreißen möchte, was sehr interessant und wichtig für uns ist, ist inwiefern dieser Anspruch auf dieses Janusköpfige, auf dieses Bikulturelle, auf diese Mischkultur, inwiefern das ein Thema für die Medien ist; in den regionalen Medien, in den französisch-nationalen Medien und in den benachbarten Medien über dem Rhein. Gleich vorneweg ist festzuhalten, daß weder für französisch-nationale Medien noch für deutsche Medien und deutschsprachige Medien im deutschsprachigen Raum diese Ambivalenz ein Thema ist; bestimmt nicht bzw. kaum für Insider, für Print-Medien ja, für den Rundfunk manchmal, für das Fernsehen nein. Was da über die Sender kommt, ob das jetzt der Südwestfunk oder der Norddeutsche Rundfunk ist, das ist allgemein Nostalgik, das ist Wein, Weib und Gesang, das ist Sauerkraut und Riesling. Alles andere wird sorgfältig vermieden, als ob man von der deutschen Seite, vom deutschsprachigen Raum aus, vermeiden wollte, auf all das anzuspielen, was irgendwie Gelegenheit geben könnte, zu vermuten, daß von deutscher Seite irgendwelche kulturellen oder andere Ansprüche gemacht würden. Ganz kurz, am Tag bevor ich nach Liechtenstein abfuhr, rief mich Hamburg an, ob ich eine Sendung

moderieren wollte. Sie wollten eine Straßburg-Sendung machen, in der sie nur Kuriositäten, zum Beispiel einen Schnecken-Wettlauf, filmen wollten, und ob ich noch andere Kuriositäten kennen würde. Auf französischer Seite ist die elsässische Problematik im Fernsehen ebenfalls kein Thema, das Elsaß ist eine touristische Region, ist eine französische Region, und am besten wird darüber nicht gesprochen. Aber es wurde in letzter Zeit ein bestimmter Fortschritt erzielt. Es war noch vor zehn Jahren unmöglich, in regionalen, seien es Print- oder Funkmedien, zum Thema dieser Ambivalenz zu Wort zu kommen. Das hat sich geändert. Vielleicht ist es zurückzuführen auf die, sagen wir mal, langjährige Informationsarbeit, das langjährige Nachhaken von Leuten wie André Weckmann, Eugène Philipps und den anderen, die den Elsässern, die ja 30 Jahre lang bearbeitet wurden von den Medien, von der Schule und von der Öffentlichkeit, daß es doch viel schöner und nützlicher und karrierefördernder sei, einfarbig zu sein, mono zu sein, als zweifarbig und bivalent... Es hat sich aber einiges geändert, und zwar in Bezug auf die Politiker und die jungen Intellektuellen. Vielleicht ist es auf die Arbeit der Kulturschaffenden zurückzuführen oder ganz einfach darauf, daß 30% der im Elsaß angesiedelten Industrie deutsch ist, daß es 60.000 Grenzgänger gibt, Grenzarbeiter. Auf jeden Fall ist in den Printmedien die Zweisprachigkeit, die Ambivalenz jetzt ein Thema. Die Frage stellt sich nur, wie kann jetzt das Publikum, das daran gewöhnt ist, in der Bipolarität einen Nachteil zu erblicken, wie kann das jetzt dazu gebracht werden, darin einen Vorteil zu sehen?«

*Urs Frauchiger:*
»Ich versuche vielleicht ein bißchen wider den Stachel zu löcken und auf eine gewisse Gefahr hinzuweisen, daß man Identität einfach mit Kultur gleichsetzt und andererseits Entfremdung mit Kommerz und in den Medien wie ein gebanntes Kaninchen schaut, ist es Kultur oder ist es Kommerz. Ist es Kultur, dann ist es gut. Und die großen Kämpfe, ich würde sagen, auch das sind Verteilungskämpfe natürlich, die sich im Augenblick in den elektronischen Medien abspielen. Und ich würde auch sagen, das große Lamentieren, in das ich selber von Herzen einstimme über den Kulturabbau, den ich auch tatsächlich für etwas unglaublich Gefährliches halte, kommt daher, daß man zu sehr, ganz sehnlich – wie man es jetzt übrigens im Osten tut: wenn man sich zum Demokraten erklärt, ist man ein guter Mensch und kriegt Geld, wenn man sich zum Kulturschaffenden erklärt in den Medien, ist man auch

ein guter Mensch, kriegt zwar kein Geld, aber immerhin – diese Einstellung wird bei solchen Kongressen doch etwas gehätschelt, und das tut auch schon gut.

Es wird oft gesagt, wir machen am Tag Kommerzradio, weil man da Geld verdient, am Abend verdient man eh kein Geld, da machen wir dann Kultur. Ich möchte schon etwas provokativ mal sagen, was wir uns zuerst einmal überlegen müssen. Gibt es keine Möglichkeit in den Medien, auf anständige Weise durch Kultur auch Geld zu verdienen? Es gibt sie, wir wissen es. Das Radio verkauft seine Hörspiele zum Beispiel, verkauft Musikaufnahmen auf Kassetten. So gäbe es eine ganze Reihe von Dingen, wenn man sie nicht absolut setzt und wiederum mit der absoluten Gewinnmaximierung gleichsetzt – natürlich, das darf nicht einsetzen –, es gäbe sehr viele Möglichkeiten.

Und für mich aber noch viel interessanter, und da schließe ich auch ein bißchen an das an, was Urs Widmer gesagt hat, ist die Frage, wieviel Kultur man eigentlich in den sogenannten kommerziellen Teilen machen könnte. Ich komme mir fast vor, wie wenn man in ein Haus hineinkommt: da schaut man ja auch nicht, wieviele Originale sind da, teure, und sagt dann, das ist ein kulturelles Haus. Sondern es ist eine Atmosphäre, die man zuerst einmal spürt, da sind Menschen, wie gehen die miteinander um, wie sprechen sie. Und ich glaube, für mich ist ein Kulturradio zuerst einmal das. Also, in den Informationsteilen, beim Börsenbericht und beim Fußballmatch sehe ich zuerst mal, ob ein Radio Kultur hat und nicht in den sogenannten kulturellen Teilen. Ich glaube, dort müßten wir zuerst einmal ansetzen. Und ich glaube darum auch, daß Identität sich dort festmacht. Wir haben gehört, wir sind heute hauptsächlich visuell, man unterscheidet eigentlich sehr gern Wort und Visualität. Vielleicht weil ich Musiker bin, glaube ich, Identität macht sich zuallererst immer an der Musik fest. Ich glaube auch, Sie haben auch schon festgestellt, wenn Sie im Radio ein bestimmtes Publikum wollen, müssen Sie eine bestimmte Musik spielen als Grundfarbe und nicht bestimmte Informationen bringen oder eine bestimmte Sprache sprechen. Ich glaube, das ist für uns ein wichtiger Hinweis, der Klang von etwas. Die schweizerischen Nachrichten zum Beispiel: es gibt nichts Trockeneres, nichts Schweizerischeres als diese schweizerischen Nachrichten. Ich liebe sie heute, ich sehne mich im Ausland danach, diese trockene, käfertrockene Sprache zu hören, auch mit diesen sprachlichen Ungelenkheiten, das kommt aus dem Krieg natürlich, wo eine Zeit lang Beromünster der Sender war, wo man die Wahrheit hörte, und dieser Ton wurde beibehalten. Ich meine solche eigentlich kleinen Dinge, die machen es am Schluß aus. Die anderen haben gesagt, man muß da auch Infotainment machen, man muß das spannend machen, es ist ein bißchen wie mit alten Beizen, aus denen man kein chinesisches Restaurant, keinen Pub gemacht hat und die ganz schwere Zeiten hatten, doch plötzlich geht alles dort hinein und findet etwas, was man sonst nicht mehr gefunden hat. Das hat mit Konservativismus dann gerade überhaupt nichts zu tun, sondern mit einer Grundhaltung, die für mich kulturell ist. Das ist für mich kulturell. Diese Farbe, die durch die Musik gegeben ist, die durch das Betriebsklima eines Senders gegeben ist.«

*Elisabeth Reichart:*
»Ich möchte an Urs Frauchiger anschließen und vorerst beim Medium Wort bleiben, bei den Zeitungen, Zeitschriften, die es in Österreich gibt. Nachdem ich vor allem Prosa schreibe, ist es naheliegend für mich. Ich würde sagen, wenn die österreichische Literatur so schlecht wäre wie die österreichischen Zeitungen und Zeitschriften, dann müßte man aus der Kulturnation Österreich zumindest die Literatur streichen. Das Pech für uns Schriftsteller ist natürlich, daß gerade Literatur, die nicht geschmäcklerisch ist, sondern Ansprüche stellt an den Leser, daß die auf Vermittlung angewiesen wäre. Sie entsteht, besteht natürlich auch unabhängig davon. Aber es wäre natürlich wünschenswert, sowohl für die Schriftsteller wie auch für die Leser, wenn es da eine Zwischeninstanz gäbe, unter der man normalerweise das Feuilleton versteht. Aber das ist in Österreich einfach nicht vorhanden.

Hinzu kommt etwas, was wiederum mit nicht vorhandener Identität zu tun hat, daß sich nämlich sogenannte Kulturjournalisten sehr leicht, sobald sie in den wenigen halbwegs erträglichen österreichischen Medien publizieren, selbst als provinziell verstehen, wenn sie österreichische Literatur besprechen. Daher finden Sie in manchen Zeitungen und Zeitschriften nur, mit Ausnahme von Handke vielleicht und früher Bernhard, Besprechungen, Interviews usw. von zum Beispiel englisch übersetzter Literatur, oder eventuell noch anderer deutschsprachiger Literatur. Ja, so schaut's eben aus, und die Literatur gibt's eben zum Glück trotzdem weiterhin.

Zu den visuellen Medien nur ganz kurz: Würde der ORF, also das österreichische Fernsehen mit zwei Kanälen, auch nur einen kleinen

Prozentsatz von dem Geld ausgeben, das für den Ankauf amerikanischer Schund-Serien verwendet wird, dann könnte sicher jeden Monat ein österreichisches Fernsehspiel mit österreichischen Künstlern produziert werden, doch dies wird nicht gemacht. Es gibt ab und zu Eigenproduktionen, aber äußerst selten. Das ist die Situation, in der wir leben.«

*Konrad Paul Liessmann:*
»Da alle ihre persönliche Situation, ihr Metier, in dem sie arbeiten, stark in den Vordergrund gestellt haben, tue ich das auch und sage mal, ich lebe ja, wenn auch auf einer anderen Ebene, vom Wort, ich lebe vom Buch und davon, daß über das Wort, logos, abstrakt gedacht werden kann. Es ist also völlig klar für mich, daß ich das Fernsehen hasse und hassen muß und das auch gehörig tue und ich für mich das Problem damit erledigt habe, daß ich nicht fernsehe. Was heißt das aber jetzt? Das heißt nicht, und jetzt möchte ich doch philosophisch die Dinge versuchen auf den Begriff zu bringen, zurückzugehen zu dem, was Frau Krings uns vorgegeben hat, jedoch von allgemeinerer Natur war und vielleicht nicht mit einem individuelleren Raisonnement beantwortet werden kann. Ich möchte Ihnen einige Probleme skizzieren, wo ich Schwierigkeiten habe. Ich glaube, wir reden hier über Identität und über Kultur und über Medien und meinen im Grunde immer etwas anderes; meinen etwas anderes auf einer anderen Stufe oder für einen anderen Begriff. Natürlich ist Medium alles, wo irgendetwas vermittelt wird. Das sagt ja schon das Wort, das ist völlig klar, also von der Sprache angefangen über die Schrift bis hin zu Fernsehsendungen ist alles Medium. Aber, und das scheint mir schon mal der erste wichtige Punkt zu sein, wenn die Frage gestellt wird als Zusammenhang von kultureller Identität und Medien, scheint mir doch das naheliegendste zu sein, daß *die* kulturelle Identität, die Medien schaffen, jene ist, die sie aufgrund ihrer Struktur schaffen können. Das hat mit Inhalt vorerst noch gar nichts zu tun. Eine Gesellschaft, in der die Schrift dominiert, ist eine Schriftkultur, und eine Gesellschaft, in der das Fernsehen dominiert, ist eine Bildkultur. Ob ich das jetzt negativ oder positiv bewerte, sei mal dahingestellt. Aber eins ist auch wiederum klar: ein Medium ist nie identisch mit einem anderen Medium, das heißt, es kann nie dasselbe leisten. D.h., ich kann über die Schrift Dinge transportieren, die ich über das Bild nicht transportieren kann und umgekehrt. Ich halte diese Larmoyanz auf

der einen Seite und die Euphorie auf der anderen Seite nicht für sehr zielführend, weil nicht die Frage zu stellen ist, geht jetzt eine Kultur unter, wenn die Schriftkultur verschwinden sollte oder bedroht ist, oder bekommen wir auf Datenautobahnen die euphorische Bildkultur ins Haus geliefert. Die Frage sollte wirklich die sein, die sich Platon schon gestellt hatte, als er darüber räsonnierte, was für die Menschen die Erfindung der Schrift bedeutet. Das war für die Antike das, was für uns das Fernsehen ist, ein völlig neues Medium. Alle haben es so begrüßt, wie die meisten das Fernsehen begrüßt haben. Platon, der selbst auch nahezu von der Schrift gelebt hat, war sehr skeptisch. Er hat das nicht sehr begrüßt, aus der einfachen Überlegung heraus, weil er wußte, daß durch jedes Medium, das neu auftaucht, ein altes Medium verdrängt wird. Wir gewinnen nicht nur etwas, sondern wir verlieren auch etwas. Und man glaubt's ja kaum, weil es schon so lang zurück ist: durch die Erfindung der Schrift haben wir unendlich viel verloren. Nämlich, so Platon, unser Gedächtnis; denn Schrift ist nichts anderes als die erste Form der Auslagerung des Gedächtnisses. Vor der Einführung der Schrift konnte jeder die Ilias auswendig, nach der Einführung der Schrift niemand mehr. Das ist ein Verlust. Wir müssen immer nachschauen, und weil wir träge sind, schauen wir erst gar nicht nach, und deswegen ist die Ilias auch verschwunden. Das heißt also, es verschwinden Dinge, dafür kommen andere dazu, man hat neue Möglichkeiten, die ganze Literatur ist durch das Buch ja in gewisser Weise in dieser Form erst möglich geworden. Unser Denken hat sich zweifellos mit diesem Medium der Schrift und des Buches verändert. Unsere Wirklichkeit, Erfahrungsmöglichkeit hat sich verändert. Und die Frage sollte nicht sein, mediale Apokalypse ja oder nein, sondern wir sollten präzise erfragen, was wir durch eine zunehmende Bildkultur verlieren. Ob dann die Frage, die wir vorher diskutiert haben, sozusagen von Regionalbewußtsein, Regionalkultur, im Sprachenvergleich, ob also hier ein Zusammenhang besteht mit einer allgemeinen Medialisierung, das wäre dann eine zweite Frage, die zu diskutieren wäre. Und da formuliere ich nur eine ganz kurze These dazu: es liegt in der Struktur vor allem der elektronischen Bildmedien eine ungeheure Universalisierungstendenz. Das heißt, sie sprengen, ob wir es wollen oder nicht, regionale Formen der Kommunikation oder regionale Formen medialer Vermittlungen. Universalisierung hat in dem Zusammenhang einen positiven Aspekt, die Kommunikation kann über diese Medien weltweit zustandekommen, und das liegt ja auch im Wesen des

Bildes, daß es leichter verständlich ist, weil es die Sprachlichkeit nicht mehr braucht. Die Universalisierung hat auch einen negativen Aspekt, das will ich auch mal so behaupten, nämlich in der Tat eine gewisse Form von Nivellierung. 99% aller Literaturverfilmungen zeigen zum Beispiel, daß das, was Literatur im Stande ist zu transportieren, in keiner Weise in irgendeiner Form ins Bild übersetzt werden kann. Das andere ist, wie immer man jetzt diese Universalisierung wieder beurteilen mag: was bedeutet das für gewachsene oder schon verschwunden gewesene und jetzt wieder hervorgeholte Regionalkultur, von der heute doch so viel die Rede ist? Liechtensteinische und vorarlbergische und schweizerische, was es da alles gibt. Ich behaupte, daß Regionalkultur im Rahmen dieser universalen Medienkultur und des universalen Medienmarktes herabsinkt auf folkloristische Reizarrangements.«

*Hans Jörg Rheinberger:*
»Ich möchte vielleicht ein Stichwort aufgreifen, das jetzt bei einigen Rednern gefallen ist: Universalismus versus Partikularismus, vielleicht ist das auch insofern angemessen, als ich noch einmal versuchen möchte, mich auch aus meiner persönlichen Position heraus als Wissenschaftler diesem Problem zu stellen. Denn gerade, was die Medien angeht, so scheine ich einen Widerspruch festzustellen, den man vielleicht so formulieren kann. Auf der einen Seite würde ich Ihnen völlig zustimmen, daß die neuen bildgebenden Medien so etwas wie eine inhärente Tendenz zur Universalisierung an sich haben. Auf der anderen Seite ist, wenn wir uns die Entwicklung der westlichen Zivilisation anschauen, die Wissenschaft eigentlich immer schon das universalistische und universalisierende Unternehmen gewesen. Und es scheint so, als ob ausgerechnet dieses quasi a priori universalisierende Unternehmen Wissenschaft völlig aus dieser universalistischen bildgebenden Medienlandschaft herausragt. Es scheint so zu sein, als ob mit diesen optischen Mitteln gewissermaßen das, was den Prozeß der Wissenschaften und ihrer Entwicklung ausmacht, und die ja unsere Gesellschaft so weit durchdrungen haben, daß wir es schon gar nicht mehr realisieren, und übrigens natürlich auch die Grundlage für den ganzen elektronischen Medienrummel darstellen, daß ausgerechnet sie – so paradox es klingen mag – sich aus diesem Geschäft ausklinken. Mit all den Konsequenzen für die kulturelle Alltagswahrnehmung, die das mit sich bringt, und wir sehen in den letzten zehn, fünfzehn Jahren

die Sache sich einigermaßen drastisch zuspitzen, was den noch aus dem 19. Jahrhundert auf uns herübergekommenen ungebrochenen Wissenschaftsoptimismus angeht. Von dieser Situation sind wir heute weit entfernt. Wir verhandeln auch die Wissenschaft gewissermaßen als angstgebendes Potential, und es scheinen uns die medialen Formen zu fehlen, um mit diesen jeweils als Bedrohungspotential erfahrenen Phänomenen umgehen zu können. Das ist eine Beobachtung, die ich hier einfach einmal zu bedenken geben wollte, ohne daß ich eine weiterführende Antwort jetzt anbieten kann.«

*Einwurf aus dem Publikum:*
»Ich bin froh, daß wir einen Philosophen am Tisch sitzen haben, der in sich den Widerspruch verkörpert hat, indem er nämlich auf die Differenzierung aus war und in einer Verallgemeinerung geendet ist. Die ganze Geschichte, die Sie erzählt haben, ist deshalb obsolet, weil wir die Ilias ja heute auch noch kennen. Das heißt, sie ist eben nicht verlorengegangen. Das Beispiel, an dem Sie es extemporiert haben, stimmt in sich nicht und stimmt auch nicht für die Medien. Ich glaube, wir sollten uns weder von Euphorie noch vom Kulturpessimismus tragen lassen, sondern man sollte einfach mal hingucken, was wirklich ist und was noch nicht genutzt ist und was man nicht sieht. Die Einschaltquote ist nicht das Problem, es geht doch immer um ein Massenmedium. Die Fragmentierung der Medienlandschaft erlaubt einige der subversivsten, kulturellsten, anarchischsten Kommunikationsformen, die tatsächlich eine Form von Kommunikation und Kunstproduktion und Publikumfindung ermöglichen, und zwar in dem Bereich, wo man selber anbieten kann und sich was holen kann. Das sind Möglichkeiten, über die haben wir noch gar nicht nachgedacht, wie wir sie nutzen können. Die Medienlandschaft ist offen. Sie ist noch nicht bestimmt. Es gibt bestimmte globale Konzernbildungen, in die können wir einsteigen, wenn wir wollen. Wenn wir uns auf eine feuilletonistische intelligente oder unintelligente Form des Lamentierens beziehen, dann, wie soll ich mich ausdrücken, dann haben wir unsere Aufgabe verfehlt.«

*Elisabeth Reichart:*
»Ich wollte gerade Herrn Liessmanns These aufgreifen: Was verlorengeht, ist meines Erachtens die Phantasie. Die Schrift ist sozusagen das ausgelagerte Bild gewesen. Also auch das Gedächtnis, aber auch das

Bild. Das erkennt man noch bei manchen Schriftformen, beispielsweise der chinesischen oder der alten ägyptischen Schrift. Und das Bild ist in uns geblieben, und die Fähigkeit der Phantasie hängt eben auch mit der Fähigkeit der Bildherstellung im Kopf zusammen. Und das kann jeder, denke ich mal, nachvollziehen, der irgendeinen Film anschaut, da werden einem ja die Bilder abgenommen. Und das heißt also, wenn das überhand nimmt, dann geht die Phantasie zurück. Und ich glaube, das ist wirklich lebensbedrohlich in Zukunft.«

*Urs Widmer:*
»Die Schriftsteller sind, glaube ich, schon das Gedächtnis, die das Erinnern zu ihrer Aufgabe gemacht haben, so ungenügend auch immer. Ich denke nämlich schon, daß die Ilias verloren ist. Wenn ich Sie darüber befragen würde, würden Sie nicht viel davon wissen. Sie wissen einfach, daß es das gibt. Meine Erinnerung sagt mir auch, daß sich schleichend und langsam die Medienlandschaft für die freien Künstler schon verschlechtert hat. Irgendwie hat sich die bürgerliche Gesellschaft oder schon die Renaissance die freien Künstler ja angeschafft als ihre idealisierten und verteufelten Stellvertreter, denen man sozusagen alles zuschieben konnte und die auch dann das Schöne schufen. Jetzt sieht es doch so aus, als sei dieser Aspekt irgendwie aus dem Ganzen rausgefallen. Man muß sich wohl einen Job suchen. Ich will damit sagen, früher haben die Medien als Vertreter der Macht und des Geldes doch sehr viele Räume zur Verfügung gestellt, diese Ökonomie abzusichern (ich rede ja nur von der Ökonomie, noch nicht von der Qualität). Ich kann mich erinnern, daß die »Presse« in Wien einmal ein ganzes Buch in einer Nummer von mir gedruckt hat, in einer Weihnachtsbeilage. So etwas ist heute gar nicht mehr denkbar. Unvorstellbar. Vor allen Dingen in deutschen Rundfunkanstalten, die da immer bereiter waren als die schweizerischen, konnte man, und man hat es hoffentlich gut getan, relativ komplizierte Sachen unterbringen. Ich sage das deshalb, weil man ja oft sehr viel arbeitet: Da schreibt man einen Aufsatz, und für den kriegt man seine zwanzig Mark, und dann konnte man ihn nochmals verkaufen für 2000. Das ist kein Riesengeld, aber es ist sehr, sehr wichtig. Und selbst mir, der ja inzwischen privilegiert ist, gelingt es immer weniger, so etwas überhaupt noch unterzubringen, weil die sogenannten Sendegefäße nicht existieren. Ich glaube nicht, daß das gejammert ist, sondern es ist auch ganz korrekt, das einmal zu sagen, schließlich hat der Rundfunk ja auch einen Verfas-

sungsauftrag, sowohl der deutsche als auch der österreichische, und den sollen die zum Teufel noch mal auch ein bißchen erfüllen. Oder wir verändern die Verfassung und streichen den Artikel.«

*Konrad Paul Liessmann:*
»Nur eine Richtigstellung: ich habe nicht behauptet, daß die Ilias verschwunden ist. Ich habe nur behauptet, sie ist aus dem Gedächtnis verschwunden. Wir wissen, wir haben alles archiviert, aber nichts mehr im Kopf. Das heißt, wir gehen mit diesen Dingen immer schon als veräußerlichten um, sie sind sozusagen nicht mehr in uns. Ich will dem nicht unbedingt nachtrauern, ich möchte nur das »daß« feststellen, und es ist also etwas anderes, als das, was man mir hier unterstellt hat. Ich möchte auch die Möglichkeiten, die neue technische Medien bieten, nicht gering schätzen. Ich habe nur gesagt, man muß auf die Struktur achten, und so wie die Erfindung vor allem der nicht-bildlichen Schrift unser Denken revolutioniert und überhaupt erst jedes logische Denken ermöglicht hat, dem wir unsere Wissenschaft und vielleicht auch wirklich das verdanken, was man in hohem Maße einmal abendländische Kultur genannt hat, so ist auch anzunehmen, daß wenn ein neues Medium auf einer anderen Ebene sich durchsetzt, sich unser Denken und unsere Wirklichkeitswahrnehmungsformen und Wirklichkeitsinterpretationsformen einfach strukturell ändern werden.

Und jetzt möchte ich zu der zuletzt von mir geäußerten These über den Zusammenhang von Universalismus und Partikularkultur meine Zusatzthese formulieren, im Zusammenhang mit der Diskussion von heute Vormittag. Ich glaube nämlich, daß das, was wir als Re-Nationalisierung betrachtet haben, auch als Re-Ethnisierung gedeutet werden könnte, als Formen von verzweifelten und deshalb um so gefährlicheren Aufständen gegenüber diesen Universalisierungen, die gerade aus der modernen Medienwelt kommen. Es heißt da immer, wenn man sich in einem Mediennetz drinfühlt und in der Tat weiß, man ist jetzt mit allen kompatibel, man ist anschlußfähig für die ganze Welt, um es einmal so zu sagen, dann könnte es ja sein, daß bestimmte Charaktere, irgendwann einmal sagen: jetzt reicht's! Jetzt möchte ich mal wieder etwas haben, was ganz besonders für mich gedacht ist und meine kleine Gruppe, meine sozusagen Regionalidentität zum Ausdruck bringt. Diese Dialektik und auch jetzt das sowohl positive als auch das explosive Potential, das darin ist, zu verkennen, hieße einfach zu verkennen, daß jede Form medialer Wirklichkeitserschließung ein widerspruchsvoller Prozeß ist und nie ein eindeutig linearer in Richtung Fortschritt oder Rückschritt, wobei ich überhaupt dafür wäre, diese beiden Begriffe endlich einmal sein zu lassen.«

*Emma Guntz:*
»Es fiel bei Ihnen vorhin das Wort als Regionalkultur als folkloristisches Arrangement, war natürlich provokatorisch gedacht – «

*Einwurf Konrad Paul Liessmann:*
»Eine der erfolgreichsten Sendungen des österreichischen Fernsehens ist der ›Musikantenstadl‹. Das ist die Zukunft der Regionalkultur, die mediale Zukunft der Regionalkultur.«

*Emma Guntz:*
»...steht aber vollkommen im Widerspruch zu dem, was ich vorhin sagte, daß Regionalkultur für das Elsaß eben nicht heißt, sich zurückzubesinnen, nostalgisch zu sein, sondern gerade grenzüberschreitend ist. Und ich plädiere hier für die kleinen Dinge, für die Sie plädiert haben. Und ganz bescheiden möchte ich zurückkommen auf das, was wir brauchen. Ich beneide Sie ein bißchen, denn Sie reden alle ganz selbstverständlich, Sie sind nicht amputiert, Sie versuchen nicht, sagen wir, eine andere Kulturkomponente zu erhalten. Bei uns geht es nicht darum, daß wir eine Elite erhalten, sondern Restbestände für eine ganze Bevölkerung wieder aufwerten, und nicht nur deshalb, weil es ein Vorteil, sondern weil es auch eine Verantwortung ist. Gerade deshalb, weil es ein Modell sein könnte, und weil es ganz einfach grenzaufweichend und grenzüberschreitend ist, und die kleinen Schritte sind für uns da ganz wichtig. Ich habe vorhin aufgehört und habe gesagt, im deutschen Fernsehen ist das kein Thema, und es ist auch gar kein Thema für das nationale französische Fernsehen. Aber im Regionalfernsehen gibt es ganz kleine Schritte: Eine gut moderierte Sportsendung in Regionalsprache ist wichtig. Und es ist mir gelungen – da gebe ich Ihnen recht, man muß es nur wagen – seit zehn Jahren jede Woche fünf Minuten Lyrik in drei Sprachen durchzuziehen. Es muß gewagt werden, und es kann auch gelingen.«

*Hans Jörg Rheinberger:*
»Zwei Sätze zu dem, was Herr Liessmann schon angedeutet hat, und

was ich gerne unterstützen möchte. Ich glaube, wenn man versucht, einen allgemeinen Gesichtspunkt einzunehmen, daß man Kultursysteme definieren kann als Systeme, die über die Zeit hinweg eine Information aufbauen. Und zwar außerbiologische Informationen. Das erste davon ist übrigens nicht die Schrift gewesen, sondern ich glaube, daß man sicherlich die Werkzeugreproduktion als so ein Information aufbauendes System ansehen kann. Die Schrift ist das par excellence, und ich glaube, daß auf der Schrift unsere ganze Wissenschaftskultur beruht. Und wenn wir jetzt zu den bildgebenden und bildlich verfahrenden Medien kommen und versuchen, uns ein bißchen mit der Struktur näher vertraut zu machen, dann werden wir plötzlich feststellen, daß wir Schwierigkeiten haben uns vorzustellen, was denn da eigentlich das reproduzierende und informationsakkumulierende und informationsweitergebende Moment ist. Da gibt es so einen Bruch, und dieser Bruch ist unter medientheoretischen Gesichtspunkten vielleicht eines der interessantesten Phänomene.«

*Urs Frauchiger:*
»Lassen Sie mich noch ganz kurz etwas sagen, und ich berufe mich da weniger auf Platon, weil der ja auf dem Mediensektor noch nicht so viel Erfahrung hatte, und meine eigene Ilias, die mal aus etwa 500 Versen bestand, ist bis auf das *andra moi ennepe mousa* geschrumpft. Ich halte mich lieber an McLuhan, von dem man heute wieder sprechen kann, der festgestellt hat, daß man weder etwas verliert mit neuen Medien noch etwas gewinnt, sondern daß sich alle Funktionen neu mischen und vollkommen neu verteilt werden. Wir werfen uns jetzt gegenseitig vor, daß wir entweder klagen oder daß wir zu euphorisch seien. Ich glaube, wer in unserer Zeit nicht klagt, dem ist nicht mehr zu helfen. Ich glaube aber, wir sollten ein bißchen darüber hinauskommen. Und ich möchte also Ihre Behauptung, die Sie ja dann doch zur These erhärtet haben, umkehren: ich sehe eigentlich in den Medien im Augenblick eine universale Folklore. Auch der Musikantenstadl ist für mich nicht im geringsten Folklore, das ist ein großstädtisches entsetzliches Entfremdungsritual schlimmster und traurigster Art. Hingegen ist für mich der örtliche Tenor, der in einem Lokalsender auftritt – da empfinde ich wieder etwas von Nähe. Also, ich empfinde es umgekehrt.«

*Günther Schatzdorfer*

# Europa

Ich möchte euch sagen, daß ich heimatlos bin. Kein Wohnsitz wird je daran etwas ändern. Wo und wie ich aufwuchs, war ich so fremd, daß ich mich fast überall getrost wohl und zuhause zu fühlen vermag. Die familiären Strukturen, die äußeren Lebensumstände und die erlebte Geschichte haben mich zu einem gelernten Fremdling gemacht. Anfangs, in den ersten Jahren meines Bewußtseins, habe ich noch nach Heimat in größeren Gebilden gesucht und hätte sie wohl auch leichtfertig finden können: in einer Religion. In einer Ideologie. In einem Staat. In einer Nation. Wenigstens in einem Verein oder einer Partei. Doch zu meinem Glück haben mich die Menschen, welche diese Gebilde und sich ihrer bedienen, in aller Regel so gründlich enttäuscht, daß ich mich ihnen auf Dauer nicht anschließen wollte und diese mir so unabsichtlich das höchstmögliche Maß an geistiger und persönlicher Freiheit beschert haben. Die Enttäuschung, unter der ich stets am meisten gelitten habe, war und ist die Intoleranz. Ich wollte nirgends beheimatet sein, wo jemand aus einer Gesellschaft ausgegrenzt wird oder werden kann, der ein bißchen mehr oder weniger grau ist, als es die Statuten verlangen. Da ich selbst alle Farben von hell- bis dunkelgrau spiele, hätte ich mich aus jedem dieser Gebilde selbst ausschließen müssen, um deren Prinzipien Gerechtigkeit zu tun. Um dieser Schmach zuvorzukommen, bin ich erst gar nicht beigetreten. Meine Heimat kann nur dort sein, wo Heimat für alle ist. Den Ort gibt es nicht. Und Europa? Ach, Europa! Verstreut in ihm stehen die Häuser meiner Ahnen, in denen ich zu leben versuche, die längst unbewohnbar geworden sind, zerstört von Faschismus, Nationalsozialismus, Stalinismus, Tourismus, Konsumismus, Campanilismus. Paläste wie Hütten. Ihre Ruinen finden sich in Gebilden, die sich Staaten nennen und deren Bevölkerungen sich nicht einig sind, was ein Staat denn nun eigentlich sei. Was eine Nation. Was Europa. Vom Rande der Weichsel-Tiefebene bei Lancut, von den Hügeln des böhmischen Erzgebirges bei Stankau, von den Kirchtürmen von Albona in Istrien, von der Veranda einer Villa am Traunsee, von der Hausbank vor einem armseligen Bauernhaus im Innviertel und von der Mole von Duino aus betrachte ich die Welt, die Welten, die Europas. Und ich beschreibe sie in deutscher Sprache, die ich erlernt habe, weil es sich so ergeben hat. Sie taugt nur beschränkt, um meine slawischen oder italienischen Gefühle auszudrücken. Sie, die Sprache der Barbaren, und dennoch *die* Sprache der europäischen Literatur, klappert mit ihren Konsonanten und Abstraktionen, welche das schönste Bild, welche die tiefste Liebe zu säkularisieren vermögen. Dennoch pflege und kose ich sie, ist sie doch meine nahezu perfekte Komplizin bei der Verwirklichung meiner Ansinnen, bei Liebeserklärungen wie bei Intrigen, einzige treue Verbündete, die mich in all meine Exile begleiten wird.

Ich möchte euch sagen, daß ich ein großer Bewunderer der römischen Kultur bin. Ovids »Amores«, Senecas Briefe zum Beispiel haben einen tiefen Eindruck in mir hinterlassen und wohl auch mein Weltbild mit geprägt. Ich schätze sie in dem Maße, in dem ich die Barbarei Roms verachte, den Cäsarenwahn, welche das damalige Europa in Unglücke stürzten, Millionen Menschen psychisch und physisch verletzten oder gar ums Leben brachten. Ich bewundere aber die römische Kultur deshalb, weil sie dennoch absorbierte, was sie versklavte. Etruskisches, griechisches, arabisches, gallisches, germanisches, illyrisches Leben und Wissen flossen ineinander, befruchteten sich, stießen sich ab, zogen sich an, forderten sich heraus und verschmolzen. Mit diesem Surrogat schrieb Rom das zweite große Kapitel des Abendlandes. Rom schrieb es aber auch – was ich verurteile – mit Blut. Bei seinem Ende hinterließ es Europa im Chaos, voller Wunden, aber auch in den Diözesangrenzen der diokletianischen Reichsreform. Erste führten zu den Tragödien der Völkerwanderung, letztere sicherten Verwaltungs- und Machtbezirke weltlicher und geistlicher Herren bis ins Mittelalter, teilweise sogar bis heute. Innerhalb dieser Grenzen bildeten sich Staaten, in denen sich Völker mischten. Schon die römischen und später gar nicht mehr römischen Legionen hatten Bastarde hinterlassen, die Völkerwanderung zeugte weitere. Die Grenzen waren keine völkischen, sondern umzirkelten bloß den Einflußbereich der jeweiligen Potentaten. Wirtschaftliche und ideologische Maßnahmen zur Machtausübung und Machterhaltung formten Gebilde, welche man Staaten nannte und deren Eigentümer der Bevölkerung einredeten etwas zu sein, was sie nie und nimmer war: eine Nation. Die so begründete scheinbare Identität war eine klare Abgrenzung gegenüber den benachbarten Herrschern, deren Einflußbereichen, Revieren und den dort lebenden Untertanen. Selbst aus der Fremde gekommen, machten sich die Völker auf Geheiß ihrer Fürsten einander zu Fremden. Die

Franzosen, Erben fränkischer Stämme und damit ihrem Ursprung nach zum Gutteil Germanen, welche gallisches Land besetzten, keltische und andere Ureinwohner verdrängten oder assimilierten, von Normannen und Briten infiltriert, spanischen, deutschen, österreichischen, toskanischen und langobardischen Einflüssen ausgesetzt und davon mitgeprägt, halten sich für eine Nation und für eine romanische obendrein. Welche Lächerlichkeit! Auch eine deutsche Nation hat es nie gegeben. Alemannen vielleicht. Friesen. Sachsen. Franken. Schwaben, durchmischt mit der Restbevölkerung römischer Siedlungspolitik. Die Bayern waren neuesten Erkenntnissen nach wahrscheinlich ein slawischer Stamm. Der Deutsche ist eine pure Erfindung. Sachzwänge haben ihn kreiert. Napoleon mit seinem gesamteuropäischen Führungsanspruch und dessen blutige Durchsetzung einte die Fürsten der Mischvölker gegen sich. Dazu kam, daß die industrielle Revolution nach geschlossenen Absatzmärkten und gesicherten Ressourcen verlangte, was innerhalb der Kleinstaaterei nicht gewährleistet war. Nicht die Ideale der Burschenschaften oder der romantischen Dichter haben Deutschland vereint, sondern der Kapitalismus. Nicht Garibaldi hat Italien erfunden, sondern die Theoretiker und Profiteure der Marktwirtschaft. Je größer das Volk, desto größer die Produktion, desto freier der Markt. Der Mensch wurde zum mehrwertbildenden Wertschöpfungsobjekt geformt. Macht bekam den Namen Umsatz. Die Produktion konnte gesteigert werden; immer mehr neue Technologien und die eben erschlossenen Ressourcen der Kolonien ermöglichten dies. Doch Plünderer sind sich stets nur darin einig, daß die Beute ungleich verteilt worden ist. Dieser Neid und die Stagnation der Binnenmärkte verschärften die Spannungen, lösten letztendlich den ersten weltweiten Wirtschaftskrieg aus. Die Marktordnung, die er hinterließ, war nur der Spiegel seiner Ursachen und Ursache eines zweiten. Vielleicht wird es eines Tages Historiker geben, welche nicht mehr von zwei, sondern einem dreißigjährigen Krieg sprechen. Denn die Zwischenkriegszeit war – wie der Begriff schon andeutet – keine Friedenszeit, sondern eine Fortsetzung der Kriegsziele mit wirtschaftlichen Mitteln. Völkische Argumente wurden als Vorwand ins Treffen geführt, um die Emotionen hochzuschaukeln. Parolen wie »Volk ohne Raum« entlarven die wahren Motive, welche noch heute am Ende dieses Jahrhunderts gerade in jener Stadt und Region tödliche Spuren hinterlassen, wo die Katastrophe des 20. Jahrhunderts begann. So sind wir weiter von Europa entfernt denn je. Und wir entfernen uns noch weiter von ihm in dem törichten Glauben, Religionen oder ethnische Herkunft schüfen diese Probleme. Die Wahrheit ist einfach, primitiv und trotzdem oder deshalb brutal: chauvinistische Profitgier ist dabei, den Kontinent aufs neue ins Unglück zu stürzen. Sie vermag ihn auch zu ruinieren, mit ihm vielleicht überhaupt die abendländische Kultur. Und wieder lassen sich große Teile der Völker mißbrauchen, irreführen und glauben zu verteidigen, was sie ja doch nicht sind: Nation. Europäer sind die letzten, die sich Nationalismus erlauben können, die letzten, die ein Recht darauf haben. Aber wir alle sind Barbaren vor der Geschichte.

Ich möchte euch sagen, daß ich Reste Europas gefunden habe: Torsi römischer Visionen, Splitter griechischer Ikonen, Fragmente hebräischer Gesetzbücher, Überbleibsel slawischer Handwerkskunst und die Neige josefinischer Toleranz. Bruchstücke, allesamt ausgelaugt vom unbeirrbaren Strom der Geschichte, gebleicht von der Sonne des Karstes, durchtränkt und befleckt vom ölschwarzen Wasser der Adria, gerade dort, wo die Wellen der Hoffnung im Sand der Geschichte versiegen. Hier ist Europa noch in dem Maße spürbar, wie der Ort von ihm ignoriert wird. Es ist spürbar auch in dem Ausmaß, in welchem die hier lebenden Menschen aufgegeben haben, an es zu glauben: in Triest. Vergessen von jenen, denen sich in Brüssel, Bonn und anderswo stolz die Backen blähen, wenn sie das Wort »Europa« in den Mund nehmen. Hier wäre es täglich zu finden: in den Gesichtszügen der Menschen, welche die Spiegel ihrer Stammbäume sind; in ihren Sprachen, Bräuchen, Gewohnheiten, auf ihren Speisekarten und in ihren täglichen Streitereien und Eifersüchteleien. Hier wäre das Herz Europas, schon zahlreichen Bypass-Operationen unterzogen, die allesamt nichts gefruchtet haben, weil Körper und Kreislauf nicht mehr existieren, für die es schlug. Und Europa? Ach, Europa! Aber ich kann euch gewiß sagen, daß meine europäische und individuelle Heimatlosigkeit in Triest den geeigneten Wohnsitz gefunden haben.

*roger manderscheid*

f a m i l y
der vater trägt das vaterland auf dem rücken
die mutter ist mit handschellen an den schweizer käse gebunden
opa bedeutet einen umweg von zwanzig minuten
die kinder bellen nur wenn ein fremder das haus betritt
oma stirbt seit zehn jahren
der hund ist mitglied der krankenkasse
essen und trinken hält die familie zusammen
oder die angst allein auf dem trockenen brot zu sitzen
man kommt sich so nahe wie auf einem foto
manchmal geht ein jäher riss durch die kartoffel
die mutter schwankt dann über dem abgrund eines kochtopfs
der vater lädt fluchend das vaterland ab
später das berufsklima
noch später einen ganzen lottoblock und beginnt aufzuweichen
er hatte sich früher auch mal was anderes vorgestellt
irgendwo auf der fernsehwelt fällt ein schuss
die zimmerpflanzen machen geräusche beim älterwerden
der hund kommt aus der schule
wenn der goldfisch eine katze wäre würde er singen
aus dem liebestraum ist ein eigenheim geworden
jeden morgen werden die sardinen aus den büchsen genommen
und zum trocknen an die wäscheleine gehängt
HIMBEERSAFT schreit die oma
auf der scheibe ist die hölle los
RUHE sagt der vater
die kinder bellen obschon kein fremder das haus betreten hat
ANGORAWOLLE ruft die mutter
man hört den eisschrank surren
der hausfrieden bricht aus
eine fliege stürzt von der decke und ertrinkt in der limonade
der hund sagt etwas
RUHE wiederholt der vater
LASS IHN DOCH sagt die mutter
die tochter strickt einen meterlangen schal für ihren freund
KNURR sagt das kind

ZACK sagt der vater
DIE HAST DU VERDIENT sagt die mutter HÖR ZU BELLEN AUF
da beginnt auch der hund zu weinen
so hatte die mutter sich ihr leben nicht vorgestellt
sie hat einen bauch
der vater hat zwei
die sache ist einfach zu ernst
weihnachten liegt hinter dem fernseher
FEIERABEND heisst eine Sendung
als einer lacht erschrecken die anderen
als der lacher das sieht erschrickt er
die familie platzt vor lachen
in der mitte des zimmers steht das aquarium wie ein rettungsboot
die fische gleiten ohne ein wort zu sagen aneinander vorbei

# die denkmalfreudigste stadt der welt

der mann, der im dorf eintraf, berichtete, überall in der stadt, an allen ecken und enden, würde fieberhaft gearbeitet; am boulevard der könige würden altprächtige villen wohlhabender bürger abgetragen, dem boden gleichgemacht, und durch moderne hochbauten ersetzt, in denen sich bald die bankherren aus aller welt einnisten würden. die stadtmütter und stadtväter hätten einstimmig beschlossen, aus der grössten kleinstadt mitteleuropas eine metropole zu machen, in deren avenuen sich bald autolawinen ergössen, für minuten verschwindend in unterirdischen durchfahrten, auftauchend auf turmhohen, eleganten brücken, in katakombenähnlichen parkhallen innehaltend, eine wahrhaft grossstädtische duftorgie nach sich ziehend, sowie eine fast sinfonische geräuschkulisse errichtend mitten in dieser still vor sich hinbrummelnden oase der weltvergessenheit. überall in der stadt seien denkmalpfleger dabei, die wenigen denkmäler, die es dort gebe, zu waschen, zu putzen, auf hochglanz zu bringen. ob vielleicht wahlen anstünden, fragte der mann, der im dorf eingetroffen war, die umstehenden, man finde nämlich nicht einen öffentlichen platz mehr, auf dem nicht hinter gewaltigen bretterverschlägen ein geheimnisvolles pochen, hämmern, schlagen und rufen ertöne. DAS IST NICHT ERFUNDEN. DAS MÜSSEN SIE SICH ANSCHAUEN. man munkle, die stadtverwaltung sei dabei, denkmäler zu errichten, kunstdenkmäler, stadtbrunnen, skulpturen. man haue, schneide, giesse die herrlichsten ideen in stein, holz, beton oder bronze. so sei die stadt auf dem weg, dank ihrer feinsinnigen stadtväter und stadtmütter, die denkmalfreudigste stadt der welt zu werden. unter den stadtbewohnern flüstere man, berichtete der mann, der im dorf eingetroffen war, weiter, die zwanzig oder dreissig denkmäler, die die stadt in auftrag gegeben habe, seien fantastisch, so zwar, dass schon jetzt bis ins kleinste detail reichende beschreibungen über ihr künftiges aussehen von mund zu mund gingen. er selber, sagte der mann, der im dorf eingetroffen war, habe es sich nicht versagen können, vor den bretterverschlägen stehen zu bleiben, um durch schlitze, ritzen und astlöcher zu schielen. so habe er eine ganze reihe erhabener monumente erspähen können.

*erstes denkmal*

zum beispiel habe er vier oder fünf personen ausmachen können, um einen massiven bronzetisch auf bronzestühlen sitzend, d i e familie, nehme er an, nach dem sonntagsspaziergang vielleicht, die in der rechten alle ein bierglas emporstemmten, aus bronze ebenfalls. auch die bierdeckel auf dem tisch seien aus bronze und wirkten täuschend echt. es handle sich bei diesem denkmal darüberhinaus um einen brunnen, denn aus ohren, nasen, augen und mündern sei wasser in dünnen strahlen herausgespritzt, oder vielleicht sogar bier. wenn es sich um echtes bier handle, das wäre natürlich der clou, sagte der mann, der eben, aus der stadt kommend, im dorfbistro eingetroffen war.

*zweites denkmal*

hinter einem anderen verschlag habe er eine weibliche person sehen können, die sich im kreis um den platz herum bewegt habe, lächelnd und kopfnickend, ihre beiden hände zum händeschütteln ausgestreckt. das sei mehr als fantastisch gewesen. zuerst habe er seinen augen nicht trauen wollen. es habe sich bei dieser aus ebenholz und elfenbein geschnitzten, lebensgrossen person um das erste automobile denkmal der welt gehandelt: ein geheimmechanismus müsse die puppe fortbewegt haben, die im übrigen charmant sei und sich auf den zweiten blick als ein naturgetreues abbild der frau bürgermeisterin herausgestellt habe. ein einziges mal nur sei sie beim probegang über eine schaufel gestolpert, die ein arbeiter dort vergessen gehabt habe, da sie ja nicht habe sehen können, weil sie ja kaum künstliche augen habe, die wirklich schauen könnten.

*drittes denkmal*

auf dem schobermessplatz gebe es gleich zwei aufregende monumente: dort habe er einen blick auf einen starken mann werfen können, in doppelter lebensgrösse, aus weissem carrara-marmor geschlagen, mit hochgestreckten armen, in den mächtigen händen einen löwen haltend, den er, bis zu dieser minute, für einen echten löwen halten müsse:

wutschnaubend habe das tier immer wieder versucht, aus den klauen des stärksten mannes der welt zu entfliehen. auch dieses monument zum andenken an herkul grün sei als brunnen konzipiert, denn aus den ohren des echten löwen sei wasser herausgespritzt und zwar in alle richtungen, wohin eben das ohr des erregten löwen sich gerade bewegt habe. vielleicht handle es sich bei der flüssigkeit um echt mondorfer quellwasser?

*viertes denkmal*

beim zweiten projekt auf dem schobermessplatz könne man einen rennfahrer aus stahl auf einem rennrad aus stahl sitzen sehen, wobei das originelle dieses grossartigen entwurfs darin bestehe, dass der künstler die beiden räder des rennrads durch übergrosse frankenstücke dargestellt und dem ehemaligen tour-de-france-sieger und bergsteigerkönig flügel auf den rücken montiert habe, aus stahl auch diese, aber wider alle erwartung leicht wirkend und luftig. auch dies monument ein brunnen: hier falle das wasser aus der alu-flasche, die der rennfahrer, genau wie in der realität, sich mit hochgehobenem rechtem arm über kopf und nacken ausgiesse. unaufhörlich stürze das wasser herab, unaufhörlich.

ABER ALL DIESE KLEINEREN SENSATIONEN UND MÄSSIGEN MODERNISMEN KÖNNEN SIE GETROST VERGESSEN IM VERGLEICH ZU DIESEM EINZIGARTIGEN DENKMAL, DAS SCHON HEUTE IN GANZ EUROPA ALS DAS ZUKÜNFTIGE WAHRZEICHEN DER STADT ZU GELTEN HAT: ALLEIN DIESES MONUMENT DER MONUMENTE, MIT DEM VERGLICHEN DIE MEERJUNGFRAU VON KOPENHAGEN, DER MÄNNEKE PISS IN BRÜSSEL, DER EIFFELTURM IN PARIS, DAS KOLOSSEUM, DIE AKROPOLIS, DIE MISS LIBERTY, DIE TOWER-BRIDGE USW. VERBLASSEN, HAT MICH ALLE ANDEREN, KLEINEREN PROJEKTE VERGESSEN LASSEN: SCHLAGARTIG.

*fünftes denkmal*

wenn in den kommenden wochen und monaten das monsterprogramm der feierlichen enthüllungen und einweihungen in gang gekommen sei, könne man ferner besichtigen und bestaunen: ein monument mit kreisrunder grundfläche, die aus kleinen gläsernen menschen-köpfen bestehe, und über die köpfe hinschreitend, majestätisch gereckt, den blick in die ferne gerichtet, aus stroh skulptiert, wenn man bei solch avantgardistischem material das wort skulptieren überhaupt anwenden dürfe, ein mensch, DER MENSCH, ein politischer mensch, schätze er, zu erkennen an seinem eingebrannten lächeln, ein minister gar, weil das lächeln professionell gewirkt habe, unter beiden armen, wie man früher ein fünfpfundbrot vom bäcker nachhaus getragen habe, je einen menschen, aus lehm gebacken, tragend, zwei arbeitslose, leicht zerlumpt und im gesicht einen ausdruck höchster verzweiflung, der ihn erschüttert habe. im kreis um das denkmal herum, aber darin integriert, aus papier-maché, eine runde hechtender reporter, deren kameras reihum echt blitzlichtartig funkelten. dieses zu herzen gehende denkmal der nationalen solidarität werde in zukunft den platz der verfassung schmücken, der zwar schon ein bedeutendes nationaldenkmal beherberge, in den augen der stadtverwaltung nichtsdestoweniger für so ehrwürdig gehalten worden sei, ein zusätzliches monument zu tragen. ob man die beiden vom schreitenden menschen getragenen arbeitslosen am ende doch noch vom künstler vergolden lasse, sei eine frage, die noch der klärung bedürfe. für den volksmund kämen so zu der GOLDENEN FRAU gewissermassen DIE GOLDENEN MÄNNER hinzu, was den leicht feministischen anhauch, der insbesondere morgens früh im herbst über diesem historischen platz schwebe, auf die angenehmste art wieder korrigiere.

### *das monument der monumente*

was da vorläufig noch verhüllt und also top-geheim sei, sprenge sozusagen im sack schon sämtliche herkömmlichen dimensionen. eine gigantische gestalt habe er hinter den vorhängen herauszuspüren geglaubt und für einmal im leben habe er, der mann aus dem dorf, der nur ab und zu die stadt besuche, glück gehabt: als er sich anschickte, einen der säcke zu lüpfen, um einen verstohlenen blick auf das kunstwerk zu werfen, sei nämlich der künstler aufgetaucht, ein freundlicher, verlotterter mann von dreiundfünfzig jahren, wie derselbe ihm sofort mitgeteilt habe, der mit diesem auftrag den auftrag seines lebens habe einheimsen können, wie derselbe sofort hinzugefügt habe, um ihm, dem mann aus dem dorf, anschliessend das aussergewöhnliche denkmal zu beschreiben. die figur messe von kopf bis fuss, ohne unterkellerung und wasserstrahl, dreihundertachtzig meter und sieben zentimeter. sie stelle eine geschlechtslose person dar, die unter dem linken, angewinkelten arm einen ovalen, nach unten leicht ausgehöhlten weidenkorb trage, von hundertsechzig metern länge und hundert metern breite, und in ihrer rechten, über die schulter gelegt, eine spitzhacke, deren stiel mehr als hundert und deren hacke selber über achtzig meter messe. neben dem rechten schuh, das gebäude mit dem pyramidalen dach, sei in wirklichkeit eine tragelaterne. *beginnen wir ganz unten,* habe der künstler gesagt, der vor begeisterung mit den händen in der luft zu wühlen und mit ausgetrockneten lippen nach derselben zu schnappen begonnen habe, *mit den schuhen.* in den schuhen und von da in die erde hinunterreichend, habe er einen parkplatz angelegt, dessen einfahrt sich in den absätzen, versteckt, befinde. im innern der geräumigen laterne seien die büros der denkmalverwaltung und des überwachungspersonals des parkplatzes untergebracht. von der laterne aus führe ein tunnel zum rechten schuh, in dem sich der haupteingang zum denkmal befinde. durch waden und knie hinauf und hinunter seien rolltreppen in ewiger bewegung, im rechten bein nach oben, im linken zurück nach unten. der künstler habe das wort EWIGE BEWEGUNG gebraucht, dessen sei er sich vollkommen sicher, sagte der mann aus dem dorf; über oberschenkel, bartinneres, bauchfell und lungenflügel könne und dürfe er heute und hier noch kein wort verlieren, habe der künstler hinzugefügt, vieldeutig grinsend, das alles bleibe sein geheimnis. die vier jackenknöpfe, immerhin zehn meter im durchmesser lang, seien als werbeflächen schon jetzt auf ein jahr im voraus ausgebucht für projektionen und übertragungen aller art: video-clips über das innenleben der parteien, horrorfilme, predigten, autorennen. fortan würde auf dem künstlichen see im korb der figur täglich eine feierabendregatta stattfinden. im magen gebe es künftig theateraufführungen, in der niere kammermusikkonzerte, in der blase schwimmwettbewerbe, im dickdarm kurse der sommerakademie, im dünndarm sprachkurse für ausländer, aus der gallenblase sende dann rtl-plus, aus der nierennebenrinde rtl-einfach, im blinddarm gebe es, trotz klerikaler einwände, sexualkundeunterricht für kinder und im querverlaufenden grimmdarm tanzunterricht für das dritte alter. das sei aber noch nicht alles: blaskonzerte fänden nämlich im linken ohr statt, während das rechte ohr eine ökologische nische beherberge und zum teil an die nationale föderation der amateurhöhlenforscher vermietet sei. die nationale vereinigung der musik- und gesangvereine sei scharf auf den mastdarm, der von seiner form her für musikalische darbietungen unterschiedlichster art hervorragend geeignet sei. übrigens habe er den ausgang dieses darmes, die place d'armes, dem luxemburger schriftsteller n.j. gewidmet. auf beiden schultern des denkmals habe er landeplätze für helikopter vorgesehen und im nabelinnern habe sich die bereitschaftspolizei eingerichtet. beide augen des denkmals seien von ihm erfundene, neuartige, computergesteuerte scheinwerfer, die in dunklen nächten bis hinauf nach blankenberghe strahlten, eine zusätzliche orientierungshilfe für schiffe in seenot. *mein lieber mann,* habe der künstler geseufzt, *haben sie vielleicht eine ahnung.* plötzlich habe derselbe ihm dann vor begeisterung auf die schulter gehauen und so laut gelacht, dass die arbeiter alle zusammen zu ihnen hergeschaut hätten und einer davon sogar seinen zeigefinger an die schläfe gesetzt habe. *nein, nein,* habe er dann noch gebrüllt, *verrückt bin ich nicht. nie und nimmer. wenn einer das glaubt, irrt er fatal. etwas habe ich allerdings vergessen.*

*ein einfall, auf den ich besonders stolz bin,* habe da der künstler noch gesagt, sagte der mann, der im dorf, aus der stadt kommend, eingetroffen war: *im innern der spitzhacke habe ich nach vielen kontrovers geführten diskussionen mit den auftraggebern eine rutschbahn für kinder einbauen dürfen, die lebhaften zuspruch finden wird. durch den stiel der hacke, durchmesser: dreieinhalb meter, werden die kleinen auf einer miniatur-sesselbahn nach oben gezogen. schön, oder? dass ich das allerschönste nicht vergesse: in der zipfelmütze, in schwindelnder höhe also, weit über den höchstpunkt des eiffelturms hinaus, habe ich eine panoramaterrasse untergebracht, von der aus man bequem den gesamten verlauf der landesgrenzen einsehen kann. hier nehmen sie,* habe der künstler dann lächelnd gesagt, *eine freikarte für das eröffnungskonzert im linken ohr mit dem grossen rtl-sinfonieorchester. danke schön. danke. recht herzlichen dank.* bei dieser riesenfigur, die übrigens aus glas sei und also durchsichtig, handle es sich um einen ins gewaltige, ins gigantomane, ins transzendentale sozusagen gesteigerten gartenzwerg, aus dessen zipfelmütze ein wasserstrahl dreissig meter hoch in die luft sause und beim zurückrieseln als feinster nieselstaub den seglern auf dem weidenkörbchensee wohltemperierte abkühlung verschaffe. diese beschreibung sei, was er sehr bedaure, nicht vollständig. die zeit reiche nicht aus, von den trödlermärkten in der bauchspeicheldrüse, dem altar in der rechten jackentasche, den tennisfeldern neben dem rippenfell, dem golfplatz im gebirge der hinterbacken und seiner privatwohnung in der linken herzkammer erschöpfend zu berichten. *auf wiedersehn im linken ohr,* habe der etwas verlottert aussehende, durchaus sympathische mann ihm, dem besucher aus dem dorf, noch zugerufen, ehe er, der künstler, torkelnd, wie besoffen vom glück des erfinders, hinter den militärgrünen, sackartigen vorhängen verschwunden sei.

*(aus: Mein Name ist Nase. Geschichten aus drei Jahrzehnten. Echternach, 1993)*

*Robert Menasse*

# Lange nicht gesehen

## Erzählung vom Ende der Nachkriegsordnung

Wenn ich ein abstraktes Bild sehe, sehe ich nichts als ein abstraktes Bild. Der Rorschachtest löst bei mir lediglich ein Wiedererkennen des Rorschachtests aus. Sehe ich eine schwebende Jungfrau, dann sehe ich eine Frau, die aufgrund einer Reihe von versteckten technischen Vorkehrungen des Magiers zu schweben scheint. Dafür, daß man die Vorkehrungen nicht sieht, wird der Illusionskünstler bezahlt, ich kann also auch hier meinen Augen trauen. Und in Hinblick auf die ewige Plausibilität der kleinen Welt, in der ich lebe, hat es den Affekt, daß ich wohl nicht richtig sehe, ohnehin nie geben können. Was alles möglich ist, weiß ich nicht. Aber wenn ich es sehe, weiß ich, daß es wirklich ist. Etwas zu sehen und es nicht für möglich zu halten, ist mir also genauso fremd, wie angesichts des Wirklichen die Augen zu verschließen, weil ich ganz andere Möglichkeiten, womöglich vergebene, darin erblicke und dies nicht ertrage.

Das alles stimmt natürlich nicht, wie ich einsehen mußte. Nicht bloß deshalb, weil ich doch einmal mit eigenen Augen etwas gesehen habe, das ich nie für möglich gehalten hätte. Aber damit hat es begonnen.

Wie jeden Abend machte ich mit meinem Hund eine Runde um den Häuserblock. Unzählige Male war ich schon bei meinen Abendspaziergängen an der Pik-Dame-Bar vorbeigegangen, ohne je auch nur auf die Idee gekommen zu sein, hineinzugehen. Warum ich an jenem Abend aber plötzlich eintrat, um ein Bier zu trinken, weiß ich nicht. Vielleicht war meine diffuse Lebenssehnsucht gerade stärker als meine Angst, die prinzipiell jede Enttäuschung einkalkuliert und sie daher vermeidet, vor allem wenn es so einfach ist, wie beim Vorbeigehen an einem dubiosen Wiener Vorstadtlokal, auch wenn Gelächter bis auf die Straße dringt.

Ich muß den Eindruck eines Blinden gemacht haben, als ich mit meinem Hund in dem Lokal stand und hilflos mit weit aufgerissenen Augen durch die beschlagenen Brillengläser starrte. Was ich wie durch einen langsam sich lichtenden Nebel sah und ewige Augenblicke lang nicht glauben konnte, war eine Horde betrunkener und grölender

Männer, die um einen Tisch herumstanden – auf dem die Lechner tanzte.

Die Lechner Maria. Ich kannte sie als den Inbegriff des Braven und Biederen seit der Schulzeit, wir sind in derselben Klasse gesessen. Abschreiben hat sie nie lassen, aus Angst, daß dies ihr eigenes schulisches Fortkommen beeinträchtigen könnte. Noch bei der Matura hatte sie zwei Zöpfe gehabt, bestanden hatte sie natürlich mit Auszeichnung. Unmittelbar nach der Maturaprüfung ist die halbe Klasse in die Stadt gefahren, um zu feiern. Wir waren überrascht, daß die Lechner mitkommen wollte, aber nicht lange, denn sie war die einzige, die mit der Straßenbahn nicht schwarzfahren wollte, und wir mußten endlos auf sie warten, weil sie erst irgendwo Vorverkaufsfahrscheine besorgen wollte.

Getrunken hat sie dann nur Soda mit Himbeer. Verrucht ist uns die Webora vorgekommen mit ihrem ewigen süßen Martini. Die ist dann plötzlich mit dem Kaiser verschwunden, der hat überhaupt schon immer Ouzo bestellt.

Später habe ich die Lechner noch ab und zu durch Zufall getroffen, aber bis zu ihrem dreißigsten Lebensjahr ist sie ungebrochen das zehnjährige Mädchen geblieben, das brav seine Hausaufgaben macht. Mit vierundzwanzig hatte sie ihr Jusstudium abgeschlossen, mit fünfundzwanzig, nach dem Gerichtsjahr, die Richteranwärterprüfung bestanden und vier Jahre später die Übernahmsprüfung. Alles bei ihr ist stets glatt gegangen, konfliktlos, ohne Ablenkung, im idealen Zeitplan, dann war sie Richterin, und ich hatte sie aus den Augen verloren. Und jetzt, ungefähr fünf, nein beinahe sechs Jahre später sah ich sie also wieder, betrunken kreischend und lachend auf einem Tisch tanzend, von dem sie ununterbrochen beinahe herunterstürzte, während sie die Hände, die sich ihr unter dem Vorwand, ihr Halt zu geben, entgegenstreckten, verächtlich abwehrte, unter dem Vorwand, sie abzuwehren.

Die Musik, die den kleinen schummrigen Raum der Bar ausfüllte, kam aus einem Radio, wie ich merkte, denn als das Lied zu Ende war, kamen Nachrichten. Deutsche Demokratische Republik. Es sei begonnen worden, die Berliner Mauer abzureißen, sagte der Sprecher. Die Nachkriegsordnung löse sich auf. Nochmals war durch das Geschrei und Gelächter hindurch deutlich das Wort Nachkriegsordnung aus dem Radio zu hören. Maria stand auf dem Tisch, die Hände in die Hüften gestemmt. Plötzlich sah sie mich, sie lachte auf, entweder weil sie mich erkannte, oder weil die Männer, die ihr vom Tisch herunterhalfen, sie – nein, weil sie mich erkannt hatte, denn sie kam gleich zu mir her. Sie hatte diesen starren, glänzenden Blick, wie Glasaugen, die in einer weichen Maske stecken, die jederzeit zu zerfließen droht. Sie stolperte, beinahe wäre sie aufkreischend mir um den Hals gefallen, Servus Holzer, sagte sie, lange nicht gesehen. Mein Hund begann zu bellen, ich hatte einen Schweißausbruch, die Augengläser, die beinahe wieder klar schienen, liefen neuerlich an. Das müssen wir feiern, sagte sie, aber nicht hier.

An den engen rosa Pulli der Kellnerin, die plötzlich vor mir stand, kann ich mich noch erinnern, ganz kurz der Gedanke an einen gläsernen Frauenkörper, gefüllt mit Soda mit Himbeer, die große schwarze Kellnerbrieftasche, die sich wie ein dunkler Schlund öffnete, auf dessen Grund es glitzerte, ein Arm in blau-weiß gestreiftem Hemd, der von irgend woherkam und, ich weiß nicht wie und von wem, weggeschlagen wurde, so viel Bewegung unmittelbar um mich herum, und ich war so starr.

Auf der Straße hängte sich Maria bei mir ein. Erzähl! Ich mußte plötzlich lachen. Ich hatte nichts zu erzählen. Ich habe bisher ein Leben geführt, von dem nur erwähnenswert ist, daß es in eigentümlicher Konsequenz nie einer Erwähnung wert war. Als ich einmal einen gewissen Stolz zu empfinden begann, daß ich ein aufsehenerregendes Leben führe, merkte ich allzubald, daß der banale Anlaß dieses Stolzes bloß dumme und belanglose Schülerstreiche waren. Als ich noch einmal glaubte, der Meinung sein zu dürfen, daß ich ein kämpferisches und intensives Leben beginne, merkte ich, daß ich konsequenzlose studentische Scharmützel beinahe allzu wichtig genommen hätte. Als ich mein Studium abbrach, trat ich in eine Bank ein, in der ich heute noch arbeite.

Mein Leben seitdem läßt sich erst recht in beschämend wenigen Worten vollkommen beschreiben: Pünktlichkeit, Freundlichkeit und jener Fleiß, der seine Objekte in derselben harmonischen Geschwindigkeit sich vermehren sieht, wie er sie wegerledigt. Ich habe nicht den Wunsch, eine Autobiographie zu schreiben, aber der Gedanke, daß, hätte ich den Wunsch, diese schon mit dem Kauf von Papier fertiggestellt wäre, da sie füglich nur aus leeren Seiten bestehen müßte, irritierte mich sehr. Diese Unzufriedenheit ist unverständlich, denn ich habe keine Sorgen. Aber sie ist verständlich, denn ich bin nie glücklich gewesen. Ich gerate meinem Vater nach. Er ist ein korrekter Mann, freundlich ohne Überschwang, mit einer stillen, ewig ängstlichen Frau, meiner Mutter.

Ich wäre lieber meinem Großvater nachgeraten. Im Jahr 1968, ich war gerade vierzehn, hat er mir zum ersten Mal aus seinem Leben erzählt. Im Februar 1934 hat er als Sozialdemokrat am Arbeiteraufstand teilgenommen, später im Spanischen Bürgerkrieg in den Internationalen Brigaden gekämpft, dann ist er in die englische Emigration und mit der British Army als Befreier zurückgekommen. Ist auch kein Sieg gewesen, hat er gesagt. Warum? Schau dich doch um. Na, du wirst schon noch sehen, was ich meine. Und angerechnet ist uns das auch nie worden, die ganzen Jahre des Kampfes, nicht einmal für die Pension. Heute reicht's gerade dazu, auf einem Parkbankerl zu sitzen. Soll ich vielleicht Tauben füttern? So grausliche Viecher. Als Großmutter schwer krank wurde, haben sie gemeinsam eine Überdosis Schlaftabletten geschluckt. Damals war ich siebzehn und bin in der Schule fast durchgefallen. Mein Selbstgefühl habe ich in jener Zeit sicherlich aus der Verachtung bezogen, die ich für all die empfand, in deren Leben alles immer so glatt, problemlos und harmonisch ablief, daß ihnen immer die richtige Antwort, aber nie eine Frage einfiel. Ich verachtete also fast alle, natürlich auch die Lechner. Ich war überrascht, wie sehr ich das Wiedertreffen mit ihr genoß. Jetzt, mit fünfunddreißig, war sie plötzlich eine Achtzehnjährige, bei der sich das simple Hochgefühl, das man empfinden mag, wenn man schon rauchen darf, grotesk übersteigert zeigte. Aber es hatte einen Sog, von dem ich, ängstlich und verspannt, also auf unklare Weise augenblicklich erregt, mitgerissen wurde. Und als wir nach einem Lokalbummel, der meine Kräfte beinahe überstiegen hätte, mitsammen ins Bett gingen, da hatte ich das Gefühl, von Maria erst zum Mann gemacht zu werden. Ich meine dies in Hinblick auf die eigentümlichen Idealbilder, die gesellschaftlich von Männlichkeit und Weiblichkeit existieren und die in der Sexualität im Ideal einer Lust kulminieren, die ich nur aus Pornofilmen kannte, die mir aber in meinem eigenen Leben unerreichbar schien. Ich wurde von Maria in einer Weise mit Lust bedient, während ich selbst die überraschendsten Ekstasen bei Maria auszulösen imstande war, daß ich – ich kann es nicht anders sagen – plötzlich ein anderer war.

Und ich sah auch die Welt jetzt mit anderen Augen. Mit Verwunderung fragte ich mich, wie es möglich war, daß sie mir so fraglos selbstverständlich werden konnte, und wie mir hatte genug sein können, was sie mir bot. Dieses Geregelte, das sich so unermüdlich in sich selbst erschöpfte, dieses glatte Funktionieren, für das man in der Regel mit keinem Genuß belohnt wurde. Natürlich habe ich Maria gegenüber sofort ein gewisses Suchtverhalten entwickelt. Wir waren zwei in die gerade Bahn geworfene Menschen, die plötzlich entdeckt hatten, daß die lustvolle Ausgelassenheit und Narretei des Faschings, den ich auch nie lustvoll erlebt hatte, jederzeit konsequenzlos hergestellt werden könne. Wie viele Lokale es in der Stadt gab und wie viele Genüsse, die wir uns leisten konnten. Und wie viele Orte für die Liebe. Und nie mußte man sagen: Ich liebe dich. Und nie mußte man verschweigen: Ich dich nicht.

Denn wir waren kein Liebespaar, sondern gewissermaßen Kollegen, die ein gemeinsames Interesse pflegten, nämlich die Herstellung von Ausnahmen.

Ausnahmen, die zur Regel wurden. Wir vereinbarten Exzesse nach dem Terminkalender, konsumierten Genüsse, die auf einem Markt angeboten wurden, der genauso durchkalkuliert ist wie die Geschäfte der Bank, für die ich arbeite. Und plötzlich produzierten all diese Reize nur neue Sehnsüchte: nach einem Erholungsurlaub, nach Reformkost und Obstsäften, nach einem guten Fernsehprogramm.

Wenn ich in der Früh aufwachte, war mein Gesicht aufgedunsen, und meine Augen waren verschwollen. Zwei Aspirin gegen die Kopfschmerzen wurden mir bald zur Gewohnheit, so wie früher das Frühstücksei. Vor der Arbeit noch die Zeitung zu lesen gelang mir kaum mehr, mein Blick wanderte über die Zeilen, ohne daß ich auffaßte, was ich las.

Wenn ich zu Fuß durch den Stadtpark zur Arbeit ging, hatte ich Erstickungsängste im Sturm der Tauben, die wie riesige graue Flocken um die alten Frauen mit ihren Futtertüten wirbelten.

Als ich Maria vergangenen Freitagabend von zu Hause abholte, wollte sie, bevor wir ausgingen, erst die Nachrichten im Fernsehen anschauen. Es ist toll, sagte sie, es passiert ja jetzt jeden Tag etwas Überraschendes. Sowjetunion, DDR, Tschechoslowakei. Schau dir das an, sagte sie. Sie wirkte müde und abgespannt. Als die innenpolitischen Nachrichten kamen, begann sie zu erzählen, was für einen unglaublichen Fall, wie sie sagte, sie heute im Gericht habe bearbeiten müssen. Eine Zumutung, sagte sie, womit sie sich herumschlagen müsse.

Es ging um ein Verfahren über die Bestellung eines Sachwalters. Ich fragte sie, was das sei. Auf deutsch gesagt, ein Entmündigungsverfahren, sagte sie. Für eine Person, die an einer psychischen Krankheit leidet oder geistig behindert ist und alle oder einzelne Angelegenheiten nicht ohne Gefahr eines Nachteils für sich selbst zu besorgen imstande ist, ist auf ihren Antrag oder von Amts wegen ein Sachwalter zu bestellen. Gut, also stell dir vor: Ein neunundachtzigjähriger Mann geht immer wieder blind im ersten Bezirk herum, rempelt die Leute an, stolpert, reißt Menschen fast nieder, kurz: erregt öffentliches Ärgernis. Der Mann wurde polizeibekannt, weil es immer wieder Hinweise bei der Polizeiwachstube gab, Beschwerden, sogar Anzeigen, oder weil es auf der Straße zu Szenen kam, bei denen vorbeikommende Polizisten einschreiten mußten und so weiter. Das Problem entstand ja vor allem dadurch, daß der Mann sich nicht als Blinder kennzeichnete, etwa durch eine Blindenschleife, und auch keine Hilfsmittel verwendete, die einem Blinden ein selbständiges Bewegen auf der Straße ermöglichen, also zum Beispiel einen Blindenstock oder einen Blindenhund. So ein Blindenhund ist ja sehr praktisch, wie du weißt, du hast ja selbst einen, sagte sie grinsend. Kurz und gut, es stellt sich heraus, der Mann ist gar nicht blind. Er hat keinen Blindenausweis, und er war bei einer Einvernahme durch einen Beamten im Kommissariat Innere Stadt geständig, außer einer Altersweitsichtigkeit keine Beeinträchtigung seines Sehsinns zu haben. Er wurde abgemahnt, aber in der Folge hat er diese Vorspiegelung von Invalidität, so steht es in meinem Akt, fortgesetzt, was zu regelmäßigen Störungen der öffentlichen Ordnung geführt hat. Daraufhin hat die Polizei das Gericht veranlaßt, ein Verfahren einzuleiten. Da dem Mann keine Betrugsabsicht nachgewiesen werden kann, etwa Erschleichung einer Invalidenrente – er hat ja nicht einmal die Menschen auf der Straße angebettelt, im Gegenteil, er hat sie niedergerannt –, kam es natürlich zu keinem Strafprozeß, und plötzlich habe ich den Akt auf meinem Schreibtisch im Pflegschaftsgericht und soll klären, ob ein Sachwalter bestellt werden muß. Mit so einem haarsträubenden Unsinn muß ich meine Zeit verbringen, sagte Maria.

Ich fragte sie, warum denn der Mann so getan habe, als ob er blind sei.

Eben, sagte sie, das habe ich auch wissen wollen. Ich habe also einen Termin für seine Anhörung gemacht, und die war heute. Du, der Mann ist einfach ein Querulant, glaube ich. Weißt du, was er gesagt hat? Mir ist bekannt, hat er gesagt, daß Invalidität das begehrteste Privileg in Österreich und daher das Lebensziel jedes Österreichers ist. Aber er wollte sich weder als Invalide ausgeben, noch sonst ein Privileg haben. Und schon gar keine Almosen. Aus diesem Grund habe er auch diese sogenannte Ehrengabe nicht angenommen, diese viertausend Schilling, die die Republik Österreich den Überlebenden der Judenverfolgung gespendet hat. Es sei einfach so, hat er gesagt, daß er das alles nicht mehr sehen könne, was man sieht, wenn man offenen Auges durch die Straßen geht. Es sei also ein natürlicher und gesunder Reflex, daß er davor die Augen verschließe. Ich habe ihn gefragt, was denn so schrecklich an dem ist, was es zu sehen gibt. Daraufhin hat er mir elendslang sein Leben erzählt, ich habe versucht, ihn zu unterbrechen, aber er hat einfach immer weitergeredet. Er soll meine Frage beantworten, habe ich gesagt. Genau das versuche ich ja, hat er geantwortet.

Ich fragte Maria, was er denn erzählt habe.

Was weiß ich, sagte sie, er hat geredet und geredet, sein ganzes Leben wollte er mir erzählen, du kannst dir ja vorstellen, ich meine, das ist ja bekannt, daß es sehr schwierig war für diese Generation. Aber ich halte eben diese alten Männer nicht mehr aus, die heute noch so gern vom Krieg erzählen, oder vom Bürgerkrieg.

Welcher Bürgerkrieg, fragte ich. Erste Republik oder Spanien?

Wie bitte? Ach so, Spanien. Ja, von Spanien wollte er auch erzählen, glaube ich, ich weiß es wirklich nicht, viel gekämpft hat er halt, und so habe ich ihn noch einmal gefragt: Was ist denn das Schreckliche, das Sie sehen, sind das die Bilder aus der Vergangenheit, die Sie nicht losbekommen?

Der Fernsehapparat lief noch immer. Jetzt begann die Werbung zwischen Wetterbericht und den Kulturnachrichten. Ich war hochgradig irritiert, wollte am liebsten aufstehen und den Apparat ausschalten, befürchtete aber, Maria zu unterbrechen.

Nein, hat der Alte gesagt, es sind die Bilder der Gegenwart. Ich verstehe das nicht, habe ich gesagt, er könnte doch froh sein, daß es Frieden gibt und nicht mehr diese politischen Wirren und dieses furchtbare Elend. Und stell dir vor, was er jetzt sagte. Er sagte: Na sehen Sie es denn nicht, Frau Rat? Nein, habe ich gesagt, ich sehe es nicht, was so furchtbar sein soll. Darauf er: Sehen Sie, Frau Rat, ich möchte mich jetzt, auf meine alten Tage, besser anpassen, drum mache ich eben die Augen zu, damit ich es auch nicht sehe.

Das hat er gesagt? fragte ich.

Ja, sagte Maria, der Mann ist krank im Kopf.

Und was hast du gemacht?

Nichts. Ich hatte nur zu klären, ob die Voraussetzungen für Sachwaltschaft vorliegen. Die liegen nicht vor. Ich kann ihm ja nicht einen

Sachwalter mitgeben als Blindenhund. Der Mann rennt wahrscheinlich jetzt gerade wieder in der Stadt als Blindgänger herum. Ein kleiner Spinner, was willst du machen?

Ich saß zurückgelehnt da, mit geschlossenen Augen, in meinem Kopf hallte Marias Stimme nach und dröhnte eine Waschmittelwerbung. Können wir nicht diesen verdammten Apparat ausschalten? fragte ich.

Nein, warte, sagte sie, ich will noch die Kultur sehen.

Ich war nicht mehr imstande, ein Wort mit ihr zu reden. Sie merkte natürlich bald, daß etwas zerrissen war, auch wenn sie offenbar nicht verstand, warum.

Wir gingen essen, sprachen aber kein Wort, ausgenommen beim Bestellen. Ich trank schneller und mehr als gewöhnlich. Maria sah mich fragend an. Als sie mich schließlich fragte, was ich denn hätte, verstand ich nicht gleich. Ich hatte meine Sinne nicht beisammen. Ich hatte erwartet, eine Sprechblase zu sehen, wenn sie etwas sagt, und das Gesagte lesen zu müssen und nicht zu hören. Aber ich konnte den Satz nicht sehen. Was hast du denn? fragte sie nochmals.

Ich gab keine Antwort. Als ein Rosenverkäufer das Lokal betrat, beugte sich Maria weit über den Tisch zu mir herüber, berührte mich am Arm und sagte: Schenk mir eine Rose und laß mich allein!

*Jochen Kelter*

# Ein Ort unterm Himmel

Den Bewohnern des Dorfes, in
dem ich lebe, zugewandt

Ich bin in der Großstadt geboren, bin ein Großstadtkind. Eine Großstadtpflanze, hätte man früher wohl gesagt. Aber das stimmt nicht. Eine Pflanze bewegt sich nicht von ihrem Ort. Ich aber bin fortgegangen. Kind der Großstadt stimmt. Aber dann habe ich große und kleine Städte besucht, bewohnt und probiert, inländische und ausländische, schwarze und weiße. Und wohne auf dem Dorf.

Großstadtkind. Erschrecke noch, wenn an Orten, an denen er in der Stadt nicht fällt, mein Name genannt wird, wenn ich im Weichbild des Orts unverhofft namentlich angerufen werde. Finde noch Gefallen an den zahllosen Namen auf Türschildern, die ich Personen, denen ich im Inneren des Hauses begegne, nach Gutdünken zuordnen kann. Fühle mich immer noch wohlig angerührt inmitten von Unbekannten, deren Bahnen sich kreuzen, die auseinanderlaufen, fortstreben an Orte, die ich mir ausmalen kann oder auch nicht. Wohne im Dorf. Schreibe auf dem Dorf.

Die Stadt ist kein Ort der Literatur mehr, oder nur einer noch unter mehreren möglichen. Aus der Stadt sind wir ausgebrochen mit achtzehn, mit zwanzig, in die Nachbarstadt, in weiter entfernte Städte, um nun die Lichter zu finden, die Boulevards und die Streitgespräche, die Eitelkeit und die Frauen: das Leben, die Welt. Die, dachten wir, müßten in einer Stadt zuhause sein.

Aber wir fanden Zubringerschleifen und Asphaltschneisen, Brandmauern, Parkhäuser und verwaiste Plätze, auf denen es zog. Die Städte haben, als der große Krieg aufzog, als sich die letzte Walzermusik im Sirenenalarm verlor, ihren Platz in der Literatur verloren und ihn unter den großen Wiederaufbauern, den Herrn des Betons auch im Leben niemals mehr wiedererlangt.

Und so habe ich mich von den Städten verabschiedet. Nicht wissentlich. Eher schon willentlich. Der Weg aus der Stadt bis ins Dorf war lang, Teil des Lebenswegs. Das Haus, in dem ich aufgewachsen bin, steht nicht mehr, der Radfahrweg unter den Bäumen der Allee ist zugeparkt, der Fußgängerweg aufgesprungen, wo der Wochenmarkt war, geht's nun achtspurig lang. Vom Ende des Dorfs, wo die Wiesen und Lagerhallen aneinanderstoßen, wo Streifen Land, Wohnblöcke und merkwürdig kahle, merkwürdig verkrümmte Bäume das dörfliche Weichbild an seinen Rändern erhärten, von dort, wo die Hämmer der Maschinenfabrik in den Himmel schießen, wo man die Gemarkungsgrenzen der nächsten Ortschaft erkennt, bin ich fortgezogen. Jetzt wohne ich in der Mitte des Dorfs. Jetzt halte ich es aus, im Zentrum zu wohnen und am Rand.

Vor den Fenstern die alten Bäume. Und wenn sie blühn, ist mein Herz voll, auch wenn es leer ist wie eben jetzt. Eben jetzt blühn die Kastanien ins Badezimmer, vors Küchenfenster wie in meinem Leben nicht. Ich habe Glück gehabt und habe Fachwerk vorm Arbeitszimmer. Hinterm übernächsten Haus modert es und steht leer. Ich fühle mich wohl. Höre den Bach, laufe zwischen Schuppen, Apfelbäumen und schiefen Türen bis ans Ende des Dorfs, wo Gerippe von Werkhallen ragen, Eisenteile in den Wiesen rosten, wo die Wohnblöcke stehn. Im Gemeindehaus halte ich beiläufig Ausschau nach Zonenerschließungs- und Überbauungsplänen.

Jeder erschafft sich den Ort, wo er wohnt. Mehr noch: wir geben alles daran, ihn zu erfinden. Wir erfinden Geranien und beschlagene Eingangstüren, lächelnde Gartenzwerge und geschwungene, goldgeschmückte Wirtshausschilder. Wir erfinden Gärtchen und Zäune und Farben und unser Licht. Ich zum Exempel bewohne einen Ort unterm Himmel, weil ich ohne die Farbe blau nicht sein kann. Einen Ort, der sich im Grünen verliert, der in grünen Wiesen, unter grünen Bäumen verschwindet, weil ich die Farbe grün nicht missen mag und jederzeit die Möglichkeit haben möchte, mich zu verbergen, zu verschwinden und unsichtbar zu werden für alle Zeit oder eine kleine Weile. Ich brauch den Wind, der mir das Hemd vom Körper, der mich fortzieht. Und also habe ich einen windigen Ort erfunden.

Weil ich sanfte, weil ich weiche Formen mag, habe ich mir einen Ort erschaffen, der hinunterschwingt von den Kuppen des Seerückens über Hügel und Buckel bis abwärts ins Moos, bis an den See und den Fluß. Mitten durch mein Dorf führt die Nationalstraße. Über die rauscht die Welt durch unser Dorf. Die hat man breit angelegt, damit die, die fortwollen, hinaus in die Welt, rasch vorwärtskommen, weiter weiter. Die Lichtkegel der Fahrzeuge blinken nächtens am Eingang des Orts, schwimmen durchs Dorf und sind schon verschwunden. Der Lärm von der Straße verliert sich im Rauschen des Bachs.

Aber von der Straße her mache ich, der ich sie oft benutze, in Kuhlen gegossen oder auf unmerkliche Erhebungen aufgebaut Weichbilder aus, die einen ganz und gar der Gegenwart entheben. Man hat mitunter eben noch Zeit, auf die Bremse zu treten oder aufs Gaspedal und sich zu erinnern, daß man aus dieser Welt mit Benzingestank, Autohupen und Zeitgenossen stammt, die solchem Weichbild allemal harte Währung vorziehen und sich auf eiliger Fahrt vielleicht ungeduldig ausmalen, was denn profitbringend hinzustellen wäre vor so eine Aussicht.

Womit wir bei den Menschen wären. Denen, die Natur, Landschaften, Städte ohne ihre Menschen, einfach nur pur beschreiben, sei zu mißtrauen. Mit Recht. Wir sind ja gewarnt. Birken und Buchenwald. Geigen und Gaskammern.

Die Menschen, von denen mein Wohl abhängt, mein Wehe, mein Kontostand, leben in Zürich und Stuttgart, Hamburg und sagen wir Frankfurt. In den großen Städten mithin, und hin und wieder gar in Weingarten und Winterthur. Nun, ich habe ein Telefon, einen prompten Postdienst zu meiner Verfügung und das Glück, weniger als eine Autostunde von einem großen Flughafen entfernt zu wohnen. Lediglich die Zugverbindungen lassen zu wünschen. Ich habe sowieso keinen ordentlichen Beruf und brauche in der Stadt keinen Schreibtisch und keinen Schalter. Ich bin an die Welt angeschlossen und also im Dorf nicht hinter dem Mond.

Aber wohnen wir wirklich auf dem Land? Oder doch nur beim nächsten Ort, vor der nächsten Stadt? Knapp 400 angestammte Ortsbürger und 30 Bauernbetriebe auf 2400 Einwohner sprechen nicht die Sprache des Dorfs, vielmehr für Vorort. Ich fühle mich nicht benachteiligt, finde es nicht betrüblich oder herabsetzend, in einem Vorort zu leben. Einem Vorort zur Welt.

Die Menschen, die ich gern habe, die mit einem Stück meines Lebens verbunden oder gar verwachsen sind, leben in Bremen, Paris, Sarajevo oder New York. Ich hab meinen Flughafen und das gute Gefühl, in ihrem Vorort zu leben. Selbst bis München gelange ich ja, wenn's sein muß, ohne ein Gasthaus aufzusuchen. Und selbstverständlich sind Jerusalem, London oder Genf Vororte meines Dorfs, wo sich irgendwo jemand in Gedanken oder leibhaftig anschickt, mich heim- oder aufzusuchen. Einen Ort unterm Himmel, einen Vorort zur Welt, einen Ort, für Menschen jederzeit erreichbar, möchte ich bewohnen, den habe ich erfunden, ihn will ich erschaffen.

Unser Dorf liegt am Wasser, beim Wasser, überm Wasser. Das Wasser ist der See. Durch den See fließt der Fluß. Der Fluß ist im See und der See im Fluß. Unser Dorf liegt in der Nähe der Grenze. Das Wasser ist eine sichtbare Grenze, die Grenze eine unsichtbare. Ich habe zumeist ein Bein drüben und eines herüben, das Herz diesseits, den Kopf jenseits, meine Zuwendungen und Abneigungen versuche ich, beidseitig der unsichtbaren Linie zu verteilen und stelle mir bisweilen vor, überm Wasser unter den Wolken fände alles wieder zusammen.

Daß die unsichtbare Grenze besonders hoch, besonders schwer zu überspringen ist, war nach der Atom-Katastrophe von Tschernobyl festzustellen. Blieb das Vieh jenseits der Grenze in den Ställen, so stand es fünf Kilometer weiter, diesseits des imaginären Limes, in den Wiesen und kaute das Gras, das drüben als strahlenbelastet, hier herüben als unbedenklich eingestuft wurde. Während drüben der Salat untergepflügt wurde, fand er hier herum, der nahenden Feiertage wegen reißenden Absatz. Und in einem Restaurant, das für seine Naturkost auch auf der anderen Seite bekannt ist, wurden in jenen Tagen die Gäste von jenseits des Wassers mit der Bemerkung bedient, man sei schon gewärtig, daß die von der anderen Seite derzeit nichts Frisches zu sich nähmen; derweil die Einheimischen unverdrossen bunte Gemüseportionen verzehrten.

Die gedachte Grenze ist besonders hoch, sie ist besonders schwer zu überwinden. Löcher in der Grenze sind dem offiziellen Warenaustausch, dem meist illegalen Kulturaustausch und heimlichem Verwandtenbesuch vorbehalten. Ein Krieg, so geht die Überzeugung, käme mit Sicherheit an den Gestaden des Sees zum Stehen, würde unweigerlich die Flußwindungen respektieren. Allenfalls die Wolken über uns gehörten allen. Aber auch da gibt es Vorbehalte. Die indes sollten von jenen Wolken aus der Ukraine verscheucht worden sein. Unsere gedachten Grenzen, die wir mit allerlei gewachsener Eigenart, aus dem Arsenal der Geschichte und mit unserer Sprache zu befestigen pflegen, laufen Gefahr, unwirklich zu werden. Tun wir das Gegenteil: denken wir sie fort, solange uns Zeit bleibt.

Im Reich der Inka waren die heiligen Orte offenbar jene, die unter dem Himmel, die nahe bei den Göttern lagen. In einer Zeit, der unsern, in der wir alle nur noch im nächsten Ort wohnen, unsere Grenzen aber in die Wolken wachsen und der Tod von hoch oben kommt, gilt es, stelle ich mir vor, Orte zu schaffen, die nur noch unterm Himmel sind, die Grenzen, die uns hindern, fortzudenken, zumindest im Kopf zu überspringen, der Gefahr, sie anzuwenden, beizukommen. Einen Ort unterm Himmel, der den Menschen, die unter den Wolken wohnen, offensteht, nur ihnen verantwortlich ist, möchte ich mit allen, die im gleichen Dorf wie ich wohnen, teilen. Vielleicht schenken wir uns eines Tags bei einem schönen Fest unterm Himmel gegenseitig sogar unsere Paßbüchlein her.

*Evi Kliemand*

# Skizzen am Rande – Streifzug durch ein Kulturgefüge

*Intragna, April 1994*

Im Lexikon findet sich zwischen Identifikation und Ideogramm das Wort *Identität* als *vollkommene Gleichheit zweier Dinge, Einerleiheit, Wesensgleichheit* – das führt uns nicht sehr weit – jedenfalls nicht in der Kultur.

Etwas weiter reicht vermutlich das Wörterbuch der Psychologie: *personal identity; Vollständige Übereinstimmung in allen Einzelheiten – Bezeichnung für eine auf relativer Konstanz von Einstellungen und Verhaltenszielen beruhende, relativ überdauernde Einheitlichkeit in der Betrachtung seiner selbst oder anderer.*

Noch weiter bringt mich eine Stelle aus Christina von Brauns Essay *Die Schatten werden kürzer.* Obwohl im Referat zitiert, hier vorangestellt die ganze Passage:

> »...die Verdrängung des Wirklichen durch den Schatten, durch das Spiegelbild taucht in vielen Texten der neueren Zeit auf. Schlemihls Trauer über den Verlust des Schattens ist einer übermächtigen Angst vor der Wiederkehr der entlassenen Schatten gewichen. – Wir, heute, ich, jetzt, stehen an dem Punkt, wo es keinen Schatten mehr gibt. Daher die Sehnsucht nach Geschichte: Wenn es mich schon jetzt nicht gibt – weil sich mein Ich im Jetzt aufgelöst hat, so will ich mich zumindest vergewissern, daß es mich gab. Oder genauer: Ich will wissen, wie es zu meinem Verschwinden kam. Geschichte: die Suche nach dem verlorenen Schatten, der Blick in eine Zeit, in der meine Gegenwart nicht identisch war mit der Gegenwart. Laternen haben etwas Beruhigendes: Wenn sie meinen Schatten nach hinten zu werfen vermögen, so können sie ihn auch nach vorne werfen. Wenn es mir gelänge, mich von der Gegenwart, von der übergroßen Nähe zum Licht, wieder zu entfernen, müßte meine Gegenwart auch wieder spürbar werden, müßte ich mich selbst sehen können. An meinem Schatten.
>
> Soll das heißen: Am besten stehle ich mich unmerklich an der Laterne vorbei? Oder: Ich versuche, durch eiligeres Gehen den Schatten, der mit meinem Körper verschmolzen ist, zum Vorschein

zu bringen? Kann ich meine Gegenwart durch ein beschleunigtes Übergehen der Gegenwart zurückgewinnen? (...)
Freilich, mir wird schon klar: Die Sache ist komplizierter. Ich bin nämlich eine Frau. Das kann man sehen. Jedenfalls ich kann es sehen. Und was die anderen angeht, so mögen sie hinschauen oder auch nicht, es ist nicht so wichtig. Denn ich kann mich sehen: Als Frau bin ich per Definition ein Schatten. Ein durch Geschichte gewordener Schatten. Ich bin der Schatten, den sich die Gegenwärtigen – jene, die über keinen Schatten verfügen, jene, die freiwillig oder unfreiwillig auf ihr Selbstbild verzichtet haben – als Ersatzschatten zugelegt haben. Ich bin die leibgewordene Projektion ihrer Scheinwerfer, dieser Laternen, deren Nähe sie suchen. Mal werfen mich ihre Lichter nach vorne, mal nach hinten.
Das hat für mich freilich den Vorteil , daß ich mich selbst sehen kann. Ich bin zwar nicht, aber mein Verschwinden ist deutlich sichtbar. In meinem Schattendasein nimmt Geschichte noch immer Gestalt an.
Das Schattendasein des Ahasveros fand nicht im Imaginären statt, sondern in der erbarmungslosen Wirklichkeit. Mein Schattendasein hingegen, meine Wirklichkeit, kann nur im Imaginären überleben.
Ahasveros also, aber ein Ahasveros mit vielen Schatten, mit gleichzeitigen Schatten, mit übermächtigen Schatten und kleinen Schlagschatten. Statt der Frau ohne Schatten eine Frau mit unzähligen Schatten. Wanderschatten, die übereinander herfallen, einander verstärken oder überlagern. Schatten, die einander im Licht stehen. Schatten mit Schattierungen.
›ich bin ein schatten/ den andere schatten/ der zukunft entgegenwerfen...‹, schreibt Hans Magnus Enzensberger.
›Ich bin? Zwischen all den Schatten ein Ich? Ich denke, nein. Die Inszenierung meiner vielseitigen Schattenexistenz wird meine Existenz an sich überflüssig machen. Aber: Das Hinsehen, das lasse ich mir nicht nehmen....‹ (aus: *Vor der Jahrtausendwende: Berichte zur Lage der Zukunft. II. Band. Hrsg. P. Sloterdijk. edition suhrkamp, 1990).*

Meine Damen und Herren,

vor kurzem habe ich hier an diesem Ort, dem TaK, aus meinem jüngsten Textband »Die Schättin« gelesen. Die Schättin – die Schatten – Umrisse einer Identität.

Nichts besonderes, was ich Ihnen heute bringe, es stückelte sich so zusammen, ein Sammelsurium. Ich habe mich für ein Notizheft entschieden. Passend für den Augenblick, durch zwei umfassende Ausstellungen (im italienischsprachigen Kulturraum) bin ich zur Zeit doch sehr die Malerin. Skizzen denn:

*Skizzen am Rande – Streifzug durch ein Kulturgefüge*
Der Kulturraum, in dem Sie sich befinden, ist durch seine Zwischenlage ein interessantes Podium für ein Gespräch, das eine mitteleuropäische Identität oder einen Sprachraum umreißen will.
Wie war das in Goethes *Märchen* doch?
Wie lauteten jene Antworten der Schlange auf die Fragen des Königs?
»Was ist besser als Gold? Licht. Was besser als Licht? Das Gespräch.«
Möge denn das Licht-den-Stein ins Rollen bringen und den *Schein* bald in ein Gespräch verwandelt haben.

Der Kulturraum, in dem Sie sich begegnen, unterscheidet sich in vielem nicht von anderen Räumen und ist in manchen seiner zahlreichen Aktivitäten und kulturellen Strukturen und Bestrebungen scheinbar austauschbar. Unverfänglich bleibt Kultur auch dabei nicht.

Lassen Sie mich, von meiner Warte aus, bei einem eigenen beruflichen Aspekt beginnen: Der Sinn für ein Werkganzes ist etwas vom Essentiellsten, was Kunst zu übermitteln weiß. Es ist der Zwischenraum – der Raum zwischen den Stationen, zwischen den Werken, der zu spielen beginnt – und spricht.

Nähme ich ein Œuvre zum Modell, es fächerte sich mir durch immer neue Aspekte auf. Das hat mit Zusammenschau zu tun.

Bildende Kunst bewegt sich jenseits vom Verbalen, sie vermittelt sich über alle Sprachgrenzen hinweg. Doch auch sie ist – wie alles – auf Kommunikation angewiesen.

*Identität im deutschsprachigen Kultur- und Medienraum* – schon mit diesem vorgegebenen Titel zum Thema, so befürchte ich, werde ich mich aufs Glatteis begeben.

Allein, wenn ich bedenke, daß es kaum eine Familie gibt, wo nicht ein

Elternteil (oder zumindest ein Großelternteil) seinen Fisch aus einem anderen Fluß gezogen hat, so umreißt das schon lebendig die Identität eines Kulturgefüges, das ein Raum verkörpert. Wieviel Ströme braucht Identität? Von wievielen Strömen kann sie gespeist werden?

Das Publikum, ich erinnere mich, lachte herzhaft, als ein Kubaner in Disentis zu einer Tagung im Rahmen der 700 Jahrfeier der Eidgenossenschaft (zum Thema Solidarität) ernsthaft vermutete, in der Schweiz sprächen alle ihre vier Landessprachen.

Und weil das, wie Sie wissen, nur für die Ausnahme gilt, müßten wir jetzt annehmen, daß es den deutschsprachigen Kulturraum als ein umgrenztes Gebilde tatsächlich gibt.

Wir leben in Europas größtem ›Faltenwurf‹. Schon jeder Berg erbringt seinen Nord-Südhang, und Gipfel entscheiden über die Richtung der Flüsse.

Gern würde ich mich in den Kulturraum der Schweiz vertiefen, der mir – wie der hiesige Raum – sehr am Herzen liegt.

Außen sind die Ränder und innen die Grenzen, sagte einer, als er an die Schweiz zurückdachte.

In den Luzerner Neuesten Nachrichten las ich über die Wieder-Einweihung der Kappelbrücke folgendes: »Kurzmeyer begrüßte und dankte sechssprachig (in den vier Landessprachen, dazu auf englisch und luzerndeutsch)...«

Aller Zwischenraum ist Raumgewinn, meine Damen und Herren.

Es fiel mir auf, daß bei den Fernseh- und Radioprogramm-Hinweisen, die täglich von der Neuen Zürcher Zeitung auf zwei Seiten vermittelt werden, unter der Überschrift »Fremdsprachige Programme« auch die Sender der italienisch- und der französischsprachigen Schweiz zu finden sind. Ob wir mit dem Fremden insgeheim leichteren Umgang hegen als mit dem Anderen? Das Fremde kommt uns nicht so nah – im Anderen könnte sich ein Stück von uns selbst verborgen haben.

Identisch denn. Rückführbar auf viele Formen. Identisch bestenfalls mit sich selber, im immerwährenden fluxus verbindlich bleibend. So sähen wir sie gerne: Identität als Ausgangspunkt für ein System oder ein System als Ausgangspunkt für Identität? Schon sitze ich in der Falle.

Gibt es das Spezifische eines Kulturraumes überhaupt?

Ist das eine Abstraktion, ein Zusammenschluß, entstanden aus dem Bedürfnis auf einen einfachen Nenner zu gelangen?

Wir knipseln uns im Nu durch die Fernsehkanäle und Rundfunkprogramme über Sprachgrenzen hinweg, vernetzen uns mit unseren Systemen. Daß uns dies einander auch in Vielem näher brachte, ist klar. Ist Näherrücken Raumgewinn?

Das Selbstverständnis des deutschsprachigen Raumes innerhalb der Schweiz steht in engstem Zusammenhang mit den anderen Landessprachen – den lateinischen – derart kann Identität nur aus einem Zusammenspiel erwachsen.

Nicht nur Vereinslokale der Gäste, Gastarbeiter, Ein- und Zuwanderer sprechen eine andere Sprache. Und ich entsinne mich noch jener Frau, die sagte: wenn ich die Augen fest zudrücke, höre ich nur deutsch. Sie befand sich auf einer Piazza – mitten in Italien.

Sprache? Mit und ohne Territorialanspruch?

In der Informationsflut tarnt sich meist auch ein Kollektiv. Das Radio durchdringt Grenzen, unendlich ist es nicht. Informationskanäle. Dresden nannte sich zu einer Zeit »das Tal der Ahnungslosen«, weil das Westfernsehen nicht bis in jene Senke vorgedrungen war.

Nicht bloß Lokalsender sind begrenzt. Und um der Landschaft hier nicht gleich entfliehen zu wollen, bei Radio Vorarlberg angefangen, über Radio Gonzen, DRS Regionalstudio St. Gallen, bis hin zu Radio Grischuna, im Dreiländereck ist Liechtenstein noch ohne eigenen Lokalsender geblieben, es blieb ein sozusagen grünes Gürkchen im Sandwich zweier Medienzentralen, jener Österreichs und der Schweiz.

Manchmal hat Unbehelligtsein auch seinen Reiz, Mehrheiten, Minderheiten, Raumverlust und Raumgewinn.

Verzaubert sind die Täler doch.

Eine Sprachminderheit wie das Rätoromanische, das Rätoromanische also erscheint beispielsweise am Schweizer Fernsehen fast nur zur Geisterstunde. Am übernächtigten Blick werdet ihr sie bald erkennen – die Rätoromanen... (Und es kommt mir herzlich gelegen, gleich auch eine freundliche Parallele zum sorbischen Sprachraum mitzudenken, indem ich eine Vertreterin aus Budyšin hier herzlich grüße.)

Kultur am Rande, wenn durch Fernsehen und Rundfunk Kultur nicht selbst zu einer Geisterstunde wird.

»Nachrichtendienst«, lesen wir bei Walter Benjamin, »und Müßiggang, Feuilletonist, Reporter, Bildberichterstatter, stellen eine Klimax dar, in der das Warten, das ›parat sein‹ mit anschließendem ›losschießen‹ gegenüber der sonstigen Leistung immer wichtiger wird.«

Ich biete, meine Damen und Herren, gleich ein Gegenbild.
In den Landeszeitungen Liechtensteins werden Sie einmal seismografisch gewisse kulturelle Unternehmungen datierend nachvollziehen können, die Sie sonst nirgendwo anders aufgezeichnet finden.
Die Tageszeitung als Dokumentationsorgan für Kulturgeschichte? Kunstgeschichte? Scheinbar doch.

Wo kein anderer Ort, kein anderes Vehikel zur Verfügung steht für den »Transport«, nichts sonst »parat ist«, wird anderes oft stellvertretend. Es ist schon viel, fehlende Stufen wahrzunehmen. Ob allein, zu zweit oder im Verein, manche Stufen mußte man selber sein, mußte man verkörpern. Mit einem Gefühl der Verantwortung für mehr. Denn *Land* war oft nicht in Sicht.

Durch die Fenster Liechtensteins – ich rede jetzt nicht von Medien-Fenstern – sehen Sie die Schweizer Berge – und von dort könnten Sie die Berge Liechtensteins betrachten.

Das Tal als Umriß einer möglichen kulturellen Identität?

Das Tal als ein kultureller Raum? Im deutschsprachigen Raum zwischen Chur und Bregenz sind manche Trennlinien aufgehoben, obzwar der Talboden von Grenzen zu berichten weiß, unter anderem schieden sich einst am Rhein die Konfessionen.

Trennlinien können durch verschiedene Medienräume, Wellenlängen, entstehen. Das, was sich nur tangiert, durchdringt sich nicht.

Auch finanzielle Förderung betont jeweils spezifisch Grenzen oder schafft Übergänge, wo es zuvor keine gab. Kultur im Wechselspiel wirtschaftlicher Mobilität. Zwischen Öffentlichem und Privatem gibt es eine Schwelle, wobei das Persönliche im Kulturellen beides zu durchdringen hat.

Rückführbar auf etwas, einen Ort, auf einen Hintergrund, auf sich selber? Oder Rückführbarkeit auf eine Nation? Da spalten sich die Geister. Identität durch Naturalisation? Vielleicht.

Ich kenne eine Niederlassungsbewilligung, deren Formulierungen weitsichtig auf einen Kulturraum schließen ließen, darin hieß es: eingereist am 28. Juli 1946 (das ist das Geburtsdatum), Zweck des Aufenthalts: Kunst und Literatur.

In Aufenthaltsbewilligungen oder Identitätspapieren (immer in der Mehrzahl) mag es im Fall eines Kindes heißen: eingereist am…, es folgt wieder das Geburtsdatum (was recht poetisch anmutet, eingereist, also zur Welt gekommen), Zweck des Aufenthalts: Verbleib bei den Eltern.

Kunst braucht Referenzen, wie die kulturellen Aspekte überhaupt. Nicht daß sie daraus wüchsen, aber als Teil der Welt, in der sie aufscheint, deutlich wird, braucht sie Referenzen.

Kunst ist ihrem Wesen nach verbindlich, obzwar ihre Verbindlichkeit nicht darin besteht, daß sie erfüllt, was erwartet wird.

Auch erlöst uns der Europagedanke nicht davon, genauso brav wie bisher den Aufgaben vor Ort – und mit der nötigen Weitsicht – nachzugehen. Möglicherweise werden die Aufgaben vor Ort dadurch noch dringlicher.

Hüten Sie sich, meine Damen und Herren, vor dem Erlangen eines Überblicks. Überblick, Einblick (auch in der Kunst) bezahlen Sie mit Last auf Ihren Schultern. Mit Verbindlichkeit.

Verbindlichkeit gegenüber Zeltlager und Pilgerzug.

Kunst ohne ein Dach über dem Kopf ruft vorerst nach Zelten. Die Zelte, für die ich mich persönlich einsetzen konnte, waren Werkmonografien oder Kataloge, Anthologien, Werk-Dokumentationen oder Artikelreihen zu Ausstellungen. Oftmals kooperativ im Drei- und Vierländereck. Es wurde auch zur Spurenlese durch unbeschriebene Bereiche des 20. Jahrhunderts. Geschichte hat mit viel Gegenwart zu tun.

Was sich nicht verkörpert, sich nicht verkörpern kann, sich nicht zu überliefern wußte, davon kann sich nichts absetzen, und davon kann auch nicht ausgegangen werden. Aus dem Flüchtigen zu schaffen ist faszinierend – doch aus dem Nichts, dem Vakuum? Irgendwann sucht das Gebilde die Gegenwart im Raum. Hat das mit Gespräch zu tun, jenem Gespräch über die Zeit hinweg? Der Empfindung gleichzeitiger Präsenz? Vermutlich ja.

Auf ein Beispiel einer unlängst ans Licht getragenen Kulturlandschaft (halb ländlich – halb urban), Entwicklung, die ich aus nächster Nähe beobachten durfte, ebenfalls in einer Randregion und in Zwischenlage, mit Aufgabenfeldern, die eine sprachliche Minderheit der Schweiz betreffen, möchte ich verweisen: das Tessin. Dort entstand innerhalb weniger Jahre eine eigentliche Museumslandschaft für die zeitgenössische Kunst, deren junge Institute das kulturelle Profil der ganzen Schweiz auf hohem Niveau mitprägen und die natürlich auf vielerlei Weise durch ihre Lage grenzüberschreitend wirken.

Kulturelles Handeln hat nicht selten mit simpler Civilcourage zu tun. Wie schrieb Walter Benjamin: »Was die Erfahrung vor dem Erlebnis auszeichnet, ist, daß sie von der Vorstellung einer Kontinuität, einer

Folge nicht abzulösen ist. Der Akzent, der auf das Erlebnis fällt, wird um so gewichtiger sein, je weiter sein Substrat von der Arbeit dessen, der es macht, abgelegen ist – der Arbeit, die sich ja eben dadurch auszeichnet, daß sie von Erfahrung weiß, wo es für den Outsider höchstens zu einem Erlebnis kommt.« (2a *Passagenwerk*)

Es erkennen – und geistesgegenwärtig das davontreibende Bündel aus dem Fluß zu zerren, es ans Ufer zu packen und zu versuchen, ein Zelt dafür aufzuschlagen. Das ist alles. Wie rasch ganze Lebenswerke davontreiben, wissen viele aus Erfahrung. Ich glaube, diesbezüglich liegt vor unseren Füßen immer eine ganze Welt.

Identität einer Landschaft? Den hier angesprochenen Themenkreisen kommt in ihren Anliegen sowie inhaltlich eine für den hiesigen Kulturraum maßgeblich gewordene Publikation nach, an deren Entstehen ich stark mitbeteiligt gewesen bin, der *Liechtensteiner Almanach 1989 – Kunst und Literatur zwischen Chur und Bregenz* (Verlag HP Gassner, Vaduz 1989; vgl. auch einen Beitrag dazu in ALLMENDE 21/22, 1989), ein Buch, das ein breites Spektrum des liechtensteinischen Kulturraums erstmals erfaßte und zugleich die angrenzenden Gebiete miteinbezog. Das ganze Tal. Ein Buch und Nachschlagewerk also, das aufgebaut war auf regionalem Raum und Raumgespür, grenzüberschreitend, um Identität zu ermöglichen. Daß Präsenzen Orte erst heraufbeschwören, wer ahnt das nicht. Ein Raumgespür, das auf seine Weise Geografie übersteigt und Gestalt entwirft. Der springende Punkt ist oft an Rändern angesiedelt.

Daß Grenzen dort auftreten, wo sie nicht vermutet werden, merken wir spätestens dann, wenn wir vor der Tür darüber stolpern.

Fluxus der Kulturen, des Zeitgeschiebes, der unterschiedlichen Zeitgesetze und Gesetzmäßigkeiten schafft Gefälle. Migrationen von einem Zeitgefüge ins andere, trennen, prallen aufeinander. Überlebensstrategien ganzer Kulturen. Das Wilde zieht dabei den Kürzeren. Erschreckend global. Auch hierfür benötigen wir dringend Zelte. Zelte, für all das, was wir aus dem Gedächtnis abgespalten haben – denn selbst unser Gedächtnis rettete es nicht mehr.

Die Vielfalt zu erhalten, dem Globus das bare Überleben, hieße das, auch Zeit als ein pluralistisches Gebilde wahrzunehmen?

Wer Identität in einer Mitte sucht, oder diese nur auf den Menschen beschränkt, sucht in der Tat vergebens.

Sybille Rosenbaum erzählte mir letzthin von ihren drei Mammutbäumchen, die sie einmal im Rucksack vom Westen in den Osten geschmuggelt habe, um sie dort einzupflanzen.

Danach hatte ich einen Traum:

Ein schöner Zug fuhr da und brachte das Mädchen mit seinem schönen neuen Gepäck vom Osten in den Westen. Bei der Ankunft – und eigentlich schon während der raschen Fahrt – verwandelte sich der Zug in einen jener früheren Züge und trug die schönen neuen Gepäckstücke wieder zurück. Das Mädchen rannte neben dem Zug her, sprang auf, sprang ab, versuchte seine Koffer aus dem Wagen zu holen, doch es kam kaum nach, so schnell ging die Fahrt, und wieder drüben schlug die Richtung um, und der Zug verwandelte sich in den neuen und fuhr davon; jetzt waren es die Schaffner in ihren alten Uniformen, die ratlos ihre Hände von den Hebeln nahmen, die es gar nicht mehr gab...

Manchmal wird Kultur im Rucksack verschleppt, verpflanzt und gerettet.

Tibets Klöster in Vorarlberg, im Appenzell, Auslagerungen.

Wladimir Rosenbaum hatte zwar keine Mammutbäumchen, wie ich weiß, irgendwohin über eine Grenze geschmuggelt, jedoch jüdische Flüchtlinge in die Schweiz, quer durch die Partisanenwälder des Piemonts.

Die Tausendtäler der verlorenen Identitäten, der wiedererlangten, ziehen sich durch alle Kulturräume der Welt hindurch. Und wem gehört die Welt?

Gibt es eine Identität des Kollektivs?

Ich glaube doch – ich befürchte, sie ist machbar.

Es gibt Landschaften, Räume, die leiden unter Phantomschmerzen. Glieder, die es nicht mehr gibt, doch sie schmerzen noch. Ich muß an den riesigen Wurzelstock eines anderen Mammutbaumes denken. Der Baum wurde bald nach Henry Goverts' Tod in dessen Garten in Vaduz gefällt. Ich habe vor wenigen Wochen zufällig den Bagger beobachtet, der dabei war, den verbliebenen Wurzelstock aus der Erde zu graben. Obwohl das Haus schon nicht mehr steht, gleichsam *vom Winde verweht* auch dieses, wird es für mich Goverts' Garten bleiben.

Kulturraum hat mit Vorstellung zu tun – als Teil der Realität.

Also doch ein Überleben im Imaginären?

Wie heißt es in Christina von Brauns Essay doch: »...so will ich mich zumindest vergewissern, daß es mich gab. Oder genauer: Ich will wissen, wie es zu meinem Verschwinden kam. (...) der Blick in eine Zeit, in der meine Gegenwart nicht identisch war mit der Gegenwart.« Und an anderer Stelle: »Die Sache ist komplizierter. Ich bin nämlich eine Frau. Ein durch Geschichte gewordener Schatten (... )

Eine Frau mit unzähligen Schatten. Wanderschatten, die übereinander herfallen, einander verstärken oder überlagern (...)

Ich bin? zwischen all den Schatten ein Ich? Ich denke, nein.

Aber: das Hinsehen, das lasse ich mir nicht nehmen...«

Meine Damen und Herren, Identität eines Kulturraumes? Das sind viele fahrende Züge zur gleichen Zeit. Wir hätten sie furchtbar gern nur in einem Zug gewußt, in eine Richtung fahrend. Gern hätten wir sie dort dann abgeholt, wäre sie ausgestiegen, die Identität.

Der die gleiche Sprache spricht, ein seltsamer Satz, und heißt gar nichts.

Die gleiche Sprache drückt sich manchmal in Gebärden aus, in einem Klang, in einem Blick.

Ich konnte ihn an den Kadenzen seiner Sätze erkennen.

Die Nivellierung der Umgangsformen, die Gleichschaltung der Sprachen, der Gesellschaft, der Medien, macht, daß alle Stimmen gleich zu tönen beginnen. Hüpfen hilft da nichts, wenn alle Sätze in die gleiche Länge bzw. gleiche Kürze fallen. Mir ist, als fände ich im charmanten Grinsen Charles Clerc oftmals noch den langen schönen Satz eingegraben, den er formuliert hätte, hätte er nicht den Auftrag, fürs Fernsehpublikum alles in fünf strammen Wörtern auf einen Punkt zu bringen.

In der Kunst des plakativen Sprechens sind wir längst perfekt. Ich höre die Sprachlehrerin, derweil sie gewisse Wörter aus dem Lehrprogramm strich: »Wer gewisse Wörter noch verwendet, bleibt einsam«, sagte sie.

Die Fremdheit zwischen Gleichsprachigen ist ungeheuer, ob einer nur halb hinhört oder bei der Sache ist, das ändert am Informàtionsfluß nichts. Information als Verselbständigung der Sprache bleibt ohne Warnsystem.

Was hüpft, lebt, meine Damen und Herren, was noch lebt, zeitigt auch seinen Eros.

Ohne Eros begegneten wir weder einer Landschaft noch einer

Wissenschaft bewußt. Ohne Eros keine gemäße, keine ganze Wahrnehmung – und keine Wahrnehmbarkeit. Kein Begegnen. Lassen Sie mich das hier behaupten. Auch die präziseste Perzeption fußt auf selektiven Strukturen, und Perzeption ist ohne jenen Sinn, der die Teile zusammenbringt, nichts.

Es gibt keinen Kulturraum ohne den Mut zum Einzelnen, zur einzelnen Erscheinung.

Wo es nicht um bares Überdauern geht, bekommt zuviel Staat und zuviel Verein dem kulturellen Eros nicht.

Bei soviel rationalisiertem Alltag und den Menschenmaßen, zu denen wir gehören, mit denen wir uns einherbewegen, grenzt der Mut zum Einzelnen an baren Übermut.

Die Psychologie wird sagen: im Gegenteil.

Der Übermut beginnt erst dort, wo wir dem Einzelnen nicht mehr begegnen, ihn überhörend aus den Augen verloren haben. Es ist der Verlust von Raum.

Ich komme zum Schluß, einen Bildtitel Paul Klees aufgreifend *Eidola wer ich war*:

›Eidola wer ich war‹
Das Rudern um die Wette
etwas bleibt auf der Strecke
und kein Bein
ins Innere zu setzen
keins nach draußen
die Schwelle kommt ins
Gleichgewicht
›eidola wer ich war‹
entrinnt ihr nicht
das Kind mit der Pflanze
und dem Drachen nicht und
jenes nicht mit dem Baum
ausgefädelt
Ohne Titel
eine ganze Welt
denn was sie hält
wird aufgetrennt
eidola wer ich war

Keine Aufforderung zur Beliebigkeit, meine Damen und Herren, Raum ist eine Realität.

Identisch, womit?

Mit sich selber, seiner einzigartigen Vielfalt, seiner Vielfältigkeit Form gebend. Heißt das, wir könnten darin leben?

> »Weißt du, der Raum ist unendlich, weißt du, du brauchst
> nicht zu fliegen,
> weißt du, was sich in dein Aug schrieb,
> vertieft uns die Tiefe«

Paul Celan in: »Die Niemandsrose«.

*Hermann Bausinger*, geboren 1926 in Aalen, Studium der Germanistik, Volkskunde, Geschichtswissenschaft und Anglistik; Staatsexamen und Promotion 1952 in Tübingen; 1960-1992 Professor an der Universität Tübingen und Leiter des Ludwig-Uhland-Instituts für empirische Kulturwissenschaft; Forschungsschwerpunkte: Alltagskultur, Kultur und Sozialgeschichte, Erzählforschung, Volks- und Jugendliteratur und Dialektprobleme, volkskundliche Grundfragen; Mitherausgeber der »Enzyklopädie des Märchens« der Untersuchungen des Ludwig-Uhland-Instituts und der ALLMENDE.

*Hans Brunhart*, geboren 1945 in Balzers. Nach einem Germanistikstudium an den Universitäten Freiburg (Schweiz) und Basel, übernahm er 1972 die Leitung der Liechtensteinischen Landesbibliothek und des Landesarchivs. Er war seit seiner Studienzeit verschiedentlich auch publizistisch tätig. 1974 wurde Hans Brunhart zum Regierungschef-Stellvertreter ernannt, 1978 zum Regierungschef des Fürstentums Liechtenstein. Dieses Amt bekleidete er während vier Amtsperioden bis 1993. Am 22. Oktober 1993 wurde Hans Brunhart von S.D. Fürst Hans Adam II der Titel »Fürstlicher Rat« verliehen. Die Universität Innsbruck verlieh ihm die Würde eines »Senators h.c.«. Hans Brunhart ist Inhaber der 1993 gegründeten ECAG, Euroconsult AG in Schaan.

*Manfred Buhr*, geboren 1927 in Kamenz; 1947-51 Studium der Philosophie und Geschichte an der Universität Leipzig; 1956 Promotion zum Dr. phil. an der Philosophischen Fakultät der Universität Leipzig; 1962 Habitilation an der Philosophischen Fakultät der Universität Greifswald; 1965 Professor der Deutschen Akademie der Wissenschaften zu Berlin; 1969-90 Direktor des Zentralinstituts für Philosophie der Akademie der Wissenschaften der DDR. Seit 1993 Leiter des Projekts »Das geistige Erbe Europas«. 1969-92 Mitglied der Deutschen, später der Akademie der Wissenschaften der DDR. 1988 Auswärtiges Mitglied der Akademie der Wissenschaften der UdSSR; 1991 Korrespondierendes Mitglied der Königlichen Akademie Messina; 1989 Ehrendoktor der Universität Oulu.

*Emma Guntz*, geboren 1937 in Bruchsal (Baden). Nach dem Abitur am dortigen humanistischen Gymnasium, Philologiestudium an der Universität Heidelberg mit dem Hauptfach Anglistik und den Nebenfächern Geschichte und Latein. Wissenschaftliches Staatsexamen, Referendarexamen. Lebt seit ihrer Heirat mit einem Elsässer in Straßburg. Freie Mitarbeiterin der »Dernières Nouvelles d'Alsace«, des »Nouvel Alsacien«, von Radio Alsace und FR 3 Alsace. Initiatorin der Abenteuerspielplätze in Straßburg. Präsidentin eines Jugendvereins. Mitglied des I.D.I., Internationales Institut für regionale Sprachen und Kulturen, René-Schickele-Medienpreis 1987.

*Jeanne Hersch*, geboren 1910 in Genf. Studium der Philosophie in Genf, Paris, Heidelberg und Freiburg i.Br. Promotion 1946 mit einer Arbeit über »Das Sein und die Form«. 1933-55 Unterricht an der »Ecole internationale de Genève«, danach verschiedene Lehrtätigkeiten. Mitglied im schweizerischen Schriftstellerverband, im PEN-Club sowie in einem UNESCO-Beirat. Dr. h.c. der theologischen Fakultät der Universität Basel 1973, 1979 Montaigne-Preis (F.V.-Stiftung, Hamburg), 1980 Max Schmidheiny-Preis, St. Gallen, 1985 Max Petitpierre-Preis, Neuchâtel, 1987 Albert-Einstein-Medaille, Bern, 1992 Karl-Jaspers-Preis, Heidelberg, 1993 Dr. h.c. Universität Oldenburg.

*Ralph Kellenberger*, geboren 1952 in St. Gallen; Studium der Staatswissenschaften an der Hochschule St. Gallen; Mitarbeiter des Instituts für Politikwissenschaft und des Rektorats, Sekretär einer Kommission der Hochschule. 1988 Promotion zum Dr. rer. publ. HSG mit einer politikwissenschaftlichen Dissertation über Kulturpolitik. Danach verschiedene Projektaufträge im Kulturbereich (u.a. Archivsichtung der schweizerischen Kulturstiftung »Pro Helvetia« und Inventarisierung des Kultursammlungsgutes von Appenzell IR) sowie Geschäftsführung des parteipolitisch unabhängigen Vereins »Liberales Forum« in St. Gallen. 1992-95 Forschungsarbeit über kulturelle Identität im Fürstentum Liechtenstein.

*Jochen Kelter*, geboren 1946 in Köln, lebt auf der Schweizer Seite des Bodensees im Thurgau. Mitglied des PEN der BRD. Sekretär der Schweizer Autorengruppe Olten. Der Text »Ein Ort unterm Himmel« ist dem gleichnamigen Buch entnommen, Edition Isele, 1989.

*Mars Klein*, geboren 1946 in Luxemburg, lebt in Howald. Literatur- und Linguistikstudium an den Universitäten Marburg und Trier. 1975 bis 1985 Lehrtätigkeit am Gymnasium. Seit 1985 Professeur-Attaché im Kulturministerium. Verwaltungsratsmitglied der luxemburgischen Literaturstiftung »Fondation Servais«. Journalistische und feuilletonistische Mitarbeit in der geschriebenen und audiovisuellen Presse, mit den Schwerpunkten Luxemburger Gesellschaft, Kulturpolitik, Reiseliteratur, Satire.

*Evi Kliemand*, geboren 1946 in Grabs/SG, aufgewachsen in Vaduz. Ausbildung in den Städten Genf, New York, Zürich, St. Gallen (Schule für Gestaltung); Schriftstellerin, Kunstschaffende (Ateliers seit 1970 in Liechtenstein und im Tessin); Ausstellungen und Lesungen im In- und Ausland. Publikationen zur Kunst und Kunstgeschichte der Region. Präsidentin der Fondazione Ermano Maggini Intragna TI.

*Konrad Paul Liessmann*, geboren 1953 in Villach, Univ. Doz. am Institut für Philosophie der Universität Wien; Essayist und Kritiker. Wichtigste Veröffentlichungen: Kierkegaard. Zur Einführung, Hamburg 1993. Günther Anders. Zur Einführung, Hamburg 1993. Ästhetik der Verführung. Kierkegaards Konstruktion der Erotik aus dem Geiste der Kunst, Frankfurt a.M. 1991; Ohne Mitleid. Zum Begriff der Distanz als ästhetische Kategorie, Wien 1991.

*Roger Manderscheid*, geboren 1933 in Itzig (Luxemburg). Hoher Beamter im Handels-, später im Kulturministerium, arbeitete auch als Zeichner und gründete den »Lochness-Verlag Luxemburger Autoren« und die »Letzeburger Konschtgewerkschaft«. Veröffentlichte Gedichte, Erzählungen (»Der taube Johannes«, 1963), Theaterstücke (»Den Ubbu gët Kinnek«, 1980), Kurzprosa (»Leerläufe«, 1978) und ein Filmtagebuch (»Stille Tage in Luxemburg«, 1973).

*Robert Menasse*, geboren 1954 in Wien, Studium der Germanistik, Geschichte und Philosophie; 1981-1988 Gastdozent an der Universität Sao Paulo, von Mai 1993 – Mai 1994 Stipendiat des DAAD in Berlin. Veröffentlichungen in verschiedenen Literaturzeitschriften und Zeitungen. Werke: Sinnliche Gewißheit, Roman. Die sozialpartnerschaftliche Ästhetik, Wien 1990. Selige Zeiten, Brüchige Welt, Roman, Salzburg 1991. Land ohne Eigenschaften, Wien 1992. Preis: Doderer-Preis 1991, Hans-Erich-Nossack Förderungspreis der Deutschen Industrie 1992.

*Leonhard Paulmichl*, geboren 1938 in Stilfs, Vintschgau, Südtirol. Studium in Bonn, München und Innsbruck. Promotion über Peter Altenberg. 1965-66 Journalist bei der Tageszeitung »Dolomiten« in Bozen, 1966-67 in der Pressestelle Südtirol-Referat des Amtes der Tiroler Landesregierung tätig. 1967-75 Leiter der Abteilung Hörspiel und Literatur des ORF-Landesstudios Vorarlberg, 1975-82 im ORF-Büro in Bozen tätig, seit 1982 Landesintendant des ORF-Landesstudios Vorarlberg.

*Günther Schatzdorfer*, geboren 1952 in Gieskirchen. Studienaufenthalte in Wien, Berlin und Bremen. Lebt in Salzburg und Duino. Der Schriftsteller und Maler schreibt Essays, Features, Hörspiele, Lieder, Fernsehspiele, Prosa und Lyrik. Ist auch als Reisejournalist tätig. Zahlreiche Ausstellungen, Veröffentlichungen in Zeitungen und Zeitschriften. Beiträge für österreichische, deutsche, schweizerische und italienische Funk- und Fernsehanstalten. Texte für mehrere Kabarett-Programme. Beteiligung an diversen Anthologien. Rauriser Förderungspreis für Essay 1979, Friedrich-Torberg-Preis für Hörspiel 1981. Der Text »Europa« entstammt dem Band »Küstenland«, 1994.

*André Weckmann*, geboren 1924 in Steinburg/Unterelsaß. Germanistikstudium in Straßburg. Kulturreferent bei der Präfektur Unterelsaß, dann Deutschlehrer und Schriftsteller. Lebt in Straßburg und schreibt in den drei elsässichen Sprachen Essays, Erzählungen, Romane und Lyrik. Preise u.a. 1976 Johann-Peter-Hebel-Preis, 1986 Jacob-Burckhardt-Preis, 1990 Carl-Zuckmayer-Medaille.

*Andreas J. Wiesand*, geboren 1945 in Sielbeck/Eutin. Studium der Politik, Erziehungswissenschaft, Publizistik und Soziologie an der FU Berlin und der Universität Hamburg. Promotion über die berufliche und publizistische Mobilität von Journalisten. 1969/70 Mitarbeiter, dann Leiter der Presseabteilung der Rowohlt-Verlage; ab 1989 geschäftsführender Gesellschafter und wissenschaftlicher Leiter des Zentrums für Kulturforschung, Bonn; seit 1992 Gründungsbeauftragter des Europäischen Instituts für Kulturforschung; seit 1990 Professor an der Staatlichen Hochschule für Musik und Theater, Hamburg; seit 1989/90 Fachberater und Dozent in europäischen Studiengängen; Mitgliedschaft in verschiedenen fachlichen Vorstands- und Aufsichtsgremien; Rundfunkrat und Fernsehauschuß der Deutschen Welle seit 1990; Mediacult Wien, Vorstand seit 1993.

# Tagungsprogramm

**»Identität im deutschsprachigen Kultur- und Medienraum«**

Internationale Tagung, 27. bis 29. April 1994, Haus Stein-Egerta, Schaan, Fürstentum Liechtenstein

Kulturbeirat der Regierung des Fürstentums Liechtenstein und Peter Kaiser Stiftung Vaduz in Zusammenarbeit mit dem Deutschen Kulturrat, dem Österreichischen Kulturrat und dem Schweizer Musikrat

**Mittwoch, 27.4.1994**

*Grundsatzreferat »Identität im deutschsprachigen Kultur- und Medienraum«*
Referent: Prof. Dr. Hermann Bausinger (Tübingen)

*Öffentliche Lesung an der Tagung teilnehmender Autoren*
Autoren: Evi Kliemand (Triesenberg), Roger Manderscheid (Luxemburg), Jochen Kelter (Tägerwilen), Robert Menasse (Wien), Günther Schatzdorfer (Salzburg)

**Donnerstag, 28.4.1994**

Moderation: Prof. Dr. Peter Wegelin (Teufen)

*Streitgespräch »Deutschsprachiger und/oder mitteleuropäischer Kulturraum«*
Referenten: Prof. Dr. Manfred Buhr (Berlin)
Günther Schatzdorfer (Salzburg)

*Referate »Von innen gesehen: ein Kulturraum (?)«*
Referenten: Dr. Robert Menasse (Wien)
Prof. Dr. Andreas Johannes Wiesand (Bonn)

*Diskussionsrunde »Identität im deutschsprachigen Kulturraum«, eingeleitet durch Statements aus*
Luxemburg: Prof. Mars Klein (Luxemburg)
Elsaß: André Weckmann (Straßburg)
Südtirol: Dr. Leonhard Paulmichl (Altenstadt)
Liechtenstein: Alt-Regierungschef Hans Brunhart (Balzers)

**Freitag, 29.4.1994**

Moderation: Prof. Angelica Bäumer (Wien)

*Einführung »Kulturelle Identität – muß das sein? Oder: Unser Kulturraum ist auch nicht mehr das, was er nie gewesen ist«*
Referent: Dr. Ralph Kellenberger (Bendern)

*Referate »Zwischen den Kulturräumen (Innen- und Außensicht)«*
Referenten: Prof. Dr. Jeanne Hersch (Genf)
Dr. Kathinka Dittrich Van Weringh (Moskau/Köln)

*Diskussionsrunde »Grenzüberschreitung und Zusammenarbeit im deutschsprachigen Kulturraum«*

Moderation: Eva Krings (Bonn)

*Einführung Fallstudie »Braucht Liechtenstein ein Radio?«*
Referent: Dr. Roman Banzer (Triesen)

*Podiumsveranstaltung »Kulturelle Identität und Medienmarkt«*
Teilnehmer: Urs Frauchiger (Zürich), Emma Guntz (Straßburg), Dr. Konrad Paul Liessmann (Wien), Dr. Elisabeth Reichart (Wien), Prof. Dr. Hans Jörg Rheinberger (Berlin/Vaduz), Urs Widmer (Zürich), Regina Wyrwoll (München)

Wissenschaftliche Leitung: Dr. Ralph Kellenberger
Veranstaltungsort: Haus Stein-Egerat, FL-9494 Schaan

# TeilnehmerInnen-Liste

*Allgäuer, Robert,* Publizist, Buch- und Kunsthandlung, Schalunstr. 17, FL-9490 Vaduz

*Banzer, Roman,* Leiter der Arbeitsstelle für Erwachsenenbildung (bis Ende 1994), Stein-Egerta 26, FL-9494 Schaan

*Bally-Fahr, Ursula,* Geschäftsführerin Schweizer Musikrat, Bahnhofstr. 78, CH-5000 Aarau

*Bäumer, Angelica,* Prof., Weihburggasse 21/11a, A-1010 Wien

*Bausinger, Hermann,* Prof. Dr., Ludwig-Uhland-Institut, Schloß, D-72070 Tübingen

*Biedermann, Josef,* Rektor des Liechtensteinischen Gymnasiums, Marianumstr. 45, FL-9490 Vaduz

*Boekraad, Mardoecke,* Fraktionsmitarbeiterin Grüne Fraktion Europaparlament, Epiceastr. 59, B-1170 Brüssel

*Brunhart, Hans,* Alt-Regierungschef, Palduinstr. 102, FL-9496 Balzers

*Buhr, Manfred,* Prof. Dr., Judith-Auer-Str. 3, D-10369 Berlin

*Dähler, Samuel,* Direktor des Konservatoriums für Musik, Bahnhofstr. 11, CH-2502 Biel

*De Hermida, Maria Pilar,* Mitglied der Geschäftsleitung der Berner Kantonalbank, Bundesplatz, CH-3000 Bern

*Dittrich Van Weringh, Kathinka,* Dr., Kulturdezernentin, Kulturdezernat der Stadt Köln, Richartzstr. 2, D-50667 Köln

*Eckhardt, Andreas,* Prof. Dr., Generalsekretär, Deutscher Musikrat e.V., Am Michaelshof 4a, D-53117 Bonn

*Frauchiger, Urs,* Direktor der schweizerischen Kulturstiftung Pro Helvetia, Hirschengraben 22, CH-8001 Zürich

*Frommelt, Josef,* Direktor der Musikschule, Präsident der Europäischen Musikschulunion EMU, St. Florinsgasse 1, FL-9490 Vaduz

*Guntz, Emma,* 25, rue de la Côte d'Azur, F-67100 Straßburg

*Hasenbach, Eva,* Geschäftsführerin des Liechtenstein-Instituts, Im Schwibboga 10, FL-9487 Bendern

*Hersch, Jeanne,* Prof. Dr., 14, av. Pierre Odier, CH-1208 Genf

*Hofmann, Christine,* wissenschaftliche Adjunktin, Bundesamt für Kultur, Hallwylstr. 15, CH-3003 Bern

*Kellenberger, Ralph,* Dr., Marschallgut, CH-7304 Maienfeld

*Kelter, Jochen,* Generalsekretär Gruppe Olten, Schriftsteller, Hauptstr. 87, CH-8274 Tägerwilen

*Kind, Arnold,* Präsident des Kulturbeirats der Fürstlichen Regierung, Großfeldweg 358, FL-9491 Ruggell

*Klein, Mars,* Professeur-Attaché, Ministère des Affaires culturelles, L-2912 Luxemburg

*Kliemand, Evi,* Schriftstellerin und bildende Künstlerin, Atelier Lavadina 152, FL-9497 Triesenberg

*Knaus, Jakob,* Dr., Musikredaktor DRS, Schweizer Radio, Studio Bern, Schwarztorstr. 21, CH-3000 Bern

*Koblanck, Astrid,* Österreichischer Kulturrat, Literar-Mechana, Linke Wienzeile 18, A-1060 Wien

*Krings, Eva,* Geschäftsführerin des Deutschen Kulturrates, Adenauerallee 7, D-53113 Bonn

*Liessmann, Konrad Paul,* Dr. univ. Doz., Bandgasse 30/4, A-1070 Wien

*Manderscheid, Roger,* Schriftsteller, 42, rue Jean Bertels, L-1230 Luxemburg

*Mattes, Roland,* Dr., Amt für Kulturpflege, Regierungsgebäude, CH-9001 St. Gallen

*Menasse, Robert,* Dr., Schriftsteller, Girardigasse 10/20, A-1060 Wien

*Paulmichl, Leonhard,* Dr., Intendant ORF, Landesstudio Vorarlberg, Feldkreuzweg 42a, A-6804 Altenstadt

*Pfister, Dieter,* Geschäftsführer, KMU AG, Baslerstr. 33, CH-4102 Binningen

*Reichardt, Elisabeth,* Dr., Schriftstellerin, Ruckergasse 12/20, A-1120 Wien

*Rheinberger, Hans Jörg,* Prof. Dr., Deidesheimerstr. 27, 14197 Berlin

*Riedl, Norbert,* Leiter der multilateralen kulturellen Auslandsabteilung des BMUK, Minoritenplatz 5, A-1010 Wien

*Schmidt-Mühlisch,* Dr., Zeitung Die Welt, Kochstr. 50, D-10969 Berlin

*Schatzdorfer, Günther,* Schriftsteller, Aigner Str. 27, A-5026 Salzburg

*Stumm, Reinhardt,* Redaktor, Basler Zeitung, CH-4002 Basel

*Tschernokoshewa, Elka,* Dr. habil., Leiterin der Abteilung Empirische Kulturforschung/Volkskunde, Sorbisches Institut, Bahnhofstr. 6, D-02625 Bautzen

*Urban, Fred,* Sonderbeauftragter/Regionalrat für Zweisprachigkeit im Elsaß, 35, avenue de la Paix, F-67070 Straßburg

*Weckmann, André,* Schriftsteller, 18, rue d'Orbey, F-67100 Straßburg

*Wegelin, Peter,* Prof. Dr., Hörli, CH-9053 Teufen

*Widmer, Urs,* Schriftsteller, Englischviertelstr. 4, CH-8032 Zürich

*Wiesand, Andreas, Johannes,* Prof. Dr., Zentrum für Kulturforschung, Am Hofgarten 17, D-53113 Bonn

*Wyrwoll, Regina,* Goethe-Institut, Zentralverwaltung, Helene-Weber Allee 1, D-80637 München

*Zander, Erwin H.,* Prof., Unter den Birken 221a, D-50996 Köln

*Zelényi, Annamaria,* Dr., Universitätsoberassistentin, Ringlo u. 92, H-1116 Budapest